山东农业大学马克思主义学院出版基金资助

2021年度山东农业大学"双高"建设文化类研究重点课题《强农兴农使命下校园文化育人与思想政治教育模式创新研究》阶段性研究成果

光明社科文库
GUANGMING DAILY PRESS:
A SOCIAL SCIENCE SERIES

·政治与哲学书系·

新时代大学生"四史"教育与"四个自信"研究

主　编｜陈慧文
副主编｜侯爱萍　齐廉允　孙巧峰　胡立芹

光明日报出版社

图书在版编目（CIP）数据

新时代大学生"四史"教育与"四个自信"研究／陈慧文主编．-- 北京：光明日报出版社，2022.6
ISBN 978-7-5194-6700-5

Ⅰ.①新… Ⅱ.①陈… Ⅲ.①大学生—思想政治教育—研究—中国 Ⅳ.① G641

中国版本图书馆 CIP 数据核字（2022）第 118189 号

新时代大学生"四史"教育与"四个自信"研究
XINSHIDAI DAXUESHENG "SISHI" JIAOYU YU "SI GE ZIXIN" YANJIU

主　　编：陈慧文	
责任编辑：鲍鹏飞	责任校对：张月月
封面设计：中联华文	责任印制：曹　净

出版发行：光明日报出版社
地　　址：北京市西城区永安路 106 号，100050
电　　话：010-63169890（咨询），010-63131930（邮购）
传　　真：010-63131930
网　　址：http://book.gmw.cn
E - mail：gmrbcbs@gmw.cn
法律顾问：北京市兰台律师事务所龚柳方律师
印　　刷：三河市华东印刷有限公司
装　　订：三河市华东印刷有限公司
本书如有破损、缺页、装订错误，请与本社联系调换，电话：010-63131930

开　　本：170mm×240mm
字　　数：268 千字　　　　　　　印　张：17.5
版　　次：2022 年 6 月第 1 版　　　印　次：2022 年 6 月第 1 次印刷
书　　号：ISBN 978-7-5194-6700-5
定　　价：95.00 元

版权所有　　翻印必究

前 言

新时代大学生承载着中国特色社会主义事业建设者和接班人的光荣使命和责任担当。心中有信仰，脚下才能有力量，坚定共产主义远大理想和中国特色社会主义共同理想，这是当代大学生完成新时代所赋予的使命担当的首要条件。中国共产党历来高度重视党史学习、历史教育、共产主义和社会主义教育，尤其是党的十八大以来，以习近平同志为核心的党中央把"四史"教育和坚定"四个自信"提升到了全面统筹和深入推进中华民族伟大复兴历史伟业的战略高度，充分彰显出新时代中国共产党人高瞻远瞩的理性思维与宽阔视野。因此，加强新时代大学生"四史"教育与"四个自信"研究，深刻领悟"四史"教育与增强"四个自信"的价值意蕴，探究其相互关系、实践路径与方法举措，意义重大而深远。

目 录
CONTENTS

第一章 "四史"教育的提出背景、主要内容与时代意义 ………… 1

第一节 "四史"教育的提出背景 ………………………………… 1

第二节 中国共产党主要领导人关于"四史"教育的重要论述 ……… 12

第三节 "四史"教育的主要内容、基本原则与价值意义 ………… 18

第二章 "四个自信"的生成逻辑、基本内涵与价值意蕴 ………… 55

第一节 "四个自信"的提出及其发展脉络 ……………………… 55

第二节 "四个自信"的生成逻辑 ………………………………… 64

第三节 "四个自信"的基本内涵和价值意蕴 …………………… 79

第四节 增强和坚定"四个自信"的主要路径与基本举措 ……… 102

第三章 "四史"教育与"四个自信"的逻辑与机制 …………… 114

第一节 "四史"教育与"四个自信"的逻辑原点 …………… 114

第二节 "四史"教育与"四个自信"的理论逻辑 …………… 129

第三节 "四史"教育与"四个自信"的现实逻辑 …………… 148

第四节 "四史"教育与"四个自信"的生发机制 …………… 159

第五节 "四史"教育与"四个自信"的运行机制 …………… 172

第六节 "四史"教育与"四个自信"的监管机制 …………… 179

第四章 新时代大学生"四史"教育的价值意蕴与实践路径 ……… 189

第一节 新时代大学生"四史"教育的时代价值 …………… 189

第二节 新时代大学生"四史"教育的科学思维 …………… 210

第三节 新时代大学生"四史"教育的实践路径 …………… 235

参考文献………………………………………………………………… 260

后　记…………………………………………………………………… 268

第一章

"四史"教育的提出背景、主要内容与时代意义

"欲知大道，必先为史。"中国共产党历来高度重视党史学习和历史教育。以习近平同志为核心的党中央领导集体，对历史教育的重视程度之高、阐发力度之大，且一以贯之、持之以恒，是新时代治党、治国、治军的重要特点之一。"四史"教育是对中国共产党的以马克思主义为指导，走社会主义道路，为中国人民谋幸福、为中华民族谋复兴、为人类谋大同的奋进历史的集中学习教育。其中，中国共产党领导中国人民实现中华民族伟大复兴是"四史"的主线主题，党史学习教育是重点。要坚持唯物史观和正确的党史观，以中国共产党关于党的历史问题的三个决议和党中央有关精神为根本遵循，实事求是地评价党史重大问题、重大事件、重要人物，旗帜鲜明地反对历史虚无主义。要深入学习党的十九届六中全会通过的《中共中央关于党的百年奋斗重大成就和历史经验的决议》，把党的历史经验学习好、传承好、发扬好，回望过去、立足现实、走向未来，解放思想、实事求是、守正创新，学思践悟，把"四史"教育统筹于推进中华民族伟大复兴的伟大实践中。

第一节 "四史"教育的提出背景

自2012年党的十八大以来，习近平总书记先后提出学习党史、国史、改革开放史、社会主义发展史，即"四史"。2021年在庆祝中国共产党成立一百周年时，党史学习教育、"四史"教育达到了一个阶段性高潮。立足于中华民族伟大复兴战略全局和世界百年未有之大变局，面向全党全国全社会开展党史学习教育、"四史"教育，是新时代的亮点。

一、"四史"教育正式提出

2012年11月29日，新任总书记习近平同志带领新一届中共中央政治局常委，首先来到中国国家博物馆参观复兴之路展览，回顾了自鸦片战争以来中华民族的奋斗进程，强调中国近现代史给人以深刻教育和启示，并首次提出了"实现中华民族伟大复兴是中华民族近代以来最伟大的梦想"（"中国梦"），"现在，我们比历史上任何时期都更接近中华民族伟大复兴的目标，比历史上任何时期都更有信心、有能力实现这个目标"。[1] 这样，习近平总书记就直接把中国共产党与中国近现代史、中华民族伟大复兴战略全局紧密联系起来了。

2013年1月5日，习近平总书记在新进中央委员、候补中央委员十八大精神专题研讨班上的讲话，立足于中国共产党的历史和中国特色社会主义事业发展历程，从历史和现实的角度，采用6个时间段分析了社会主义思想从提出到现在的历史全程。6个时间段，实际上就是社会主义发展史、中国共产党史、新中国史、改革开放史这"四史"的长镜头呈现。

2013年3月1日，习近平总书记在纪念中央党校建校80周年庆祝大会暨二〇一三年春季学期开学典礼上的讲话中，要求广大党员干部利用好历史这本"最好的教科书""要认真学习党史、国史。知史爱党，知史爱国"，这样才能更好地"了解我们党和国家事业的来龙去脉，汲取我们党和国家的历史经验，正确了解党和国家历史上的重大事件和重要人物"[2]。党史和国史，开始并提并列。习近平总书记不仅把学习党史国史作为中国共产党的一项优良学习传统、政治传统，还把其上升到党性教育重要内容的高度来强调。2015年12月，在全国党校工作会议上，强调党性教育是中国共产党的"心学"，为了加强党性教育，提高党性教育实效，各级党校和广大党员干部必须"深入开展党史国史教育、革命传统教育"。

2013年6月25日，习近平总书记在主持中共十八届中央政治局第七次集体学习时，强调"学习党史、国史，是我们坚持和发展中国特色社会主义、

---

[1] 习近平.中华民族伟大复兴是中华民族近代以来最伟大的梦想［M］// 习近平.论中国共产党历史.北京：中央文献出版社，2021：1-2.

[2] 习近平.知史爱党，知史爱国［M］// 习近平.论中国共产党历史.北京：中央文献出版社，2021：7.

把党和国家各项事业继续推向前进的必修课。这门功课不仅必修，而且必须修好"①。我们要继续加强对党史、国史的学习，在对历史的深入思考中做好现实工作，以更好走向未来。

在2016年12月7日召开的全国高校思想政治工作会议上，习近平总书记做了重要讲话。他强调要把社会主义核心价值观贯穿于高校办学育人全过程，"加强党史、国史、改革开放史、社会主义发展史教育"②等一系列教育，这样就将"四史"教育明确起来。

习近平总书记高度重视、十分关心广大青少年的成长教育。2018年9月10日在全国教育大会上的讲话中，他强调要在学生中加强中国历史特别是"中国近现代史、中国革命史、中国共产党史、中华人民共和国史、中国改革开放史等的教育"，清楚认识到"只有社会主义才能救中国，只有坚持和发展中国特色社会主义才能实现中华民族伟大复兴""增强学生的中国特色社会主义道路自信、理论自信、制度自信、文化自信"。③这样就把历史学习教育与"四个自信"紧密结合起来，让青少年肩负起民族复兴的时代重任。

2019年，在中华人民共和国成立70周年的庆祝活动中，习近平总书记特别强调要有大历史视野。他还强调要围绕中国共产党为什么"能"、马克思主义为什么"行"、中国特色社会主义为什么"好"等重大问题，加强思想舆论引导，坚定广大干部群众对中国特色社会主义的道路自信、理论自信、制度自信、文化自信，进一步激发全体人民爱党、爱国、爱社会主义的巨大热情。

2019年10月召开的党的十九届四中全会，是中国制度之治的重要会议。会议决定明确提出坚持以社会主义核心价值观引领文化建设制度，要"推动理想信念教育常态化、制度化，加强党史、新中国史、改革开放史教育"④，进一步从制度角度充分肯定了"三史"的长期性、重要性。2019年11月，习近

---

① 习近平.学习党史、国史是坚持和发展中国特色社会主义的必修课［M］//习近平.论中国共产党历史.北京：中央文献出版社，2021：15-16.

② 习近平.学好党史、新中国史、改革开放史、社会主义发展史［M］//习近平.论中国共产党历史.北京：中央文献出版社，2021：158.

③ 习近平.知史爱党，知史爱国［M］//习近平.论中国共产党历史.北京：中央文献出版社，2021：10.

④ 中共中央关于坚持和完善中国特色社会主义制度　推进国家治理体系和治理能力现代化若干重大问题的决定［N］.人民日报，2019-11-06（1）.

平总书记在考察上海时指出,要"引导广大党员、干部深入学习党史、新中国史、改革开放史,让初心薪火相传,把使命勇担在肩"。

二、"四史"教育全面展开

2020年,是开展"四史"教育的黄金年份。习近平总书记在重要场合、重要讲话中,反复强调"四史"教育的重要性、迫切性,这种密集式、高频率的讲话,推动了全党、全社会迅速掀起学习"四史"的高潮。

2020年1月8日,习近平总书记在"不忘初心、牢记使命"主题教育总结大会上发表讲话:"要把学习贯彻党的创新理论作为思想武装的重中之重,同学习马克思主义基本原理贯通起来,同学习党史、新中国史、改革开放史、社会主义发展史结合起来,同新时代我们进行伟大斗争、建设伟大工程、推进伟大事业、实现伟大梦想的丰富实践联系起来,在学懂弄通做实上下苦功夫,在解放思想中统一思想,在深化认识中提高认识,切实增强贯彻落实的思想自觉和行动自觉。"[1]"学习党史、新中国史、改革开放史、社会主义发展史"(以下简称"四史")成为我们党总结历史经验、吸取历史教训、汲取历史营养的主要载体和路径。这是进行伟大斗争、建设伟大工程、推进伟大事业、实现伟大梦想的现实要求,是坚决反对历史虚无主义的必然要求,更是我们党勇于自我革命、全面从严治党的思想和行动自觉。

学习"四史",不仅是对党员领导干部提出的要求,也是对青年一代提出的时代要求。2020年6月27日,习近平总书记给复旦大学《共产党宣言》展示馆党员志愿者服务队全体队员回信:"希望广大党员特别是青年党员认真学习马克思主义理论,结合学习党史、新中国史、改革开放史、社会主义发展史,在学思践悟中坚定理想信念,在奋发有为中践行初心使命。"[2]青年学生正处在理想信念、价值观形成的关键时期,学习"四史"对其树立起正确的历史观、国家观和民族观至关重要。

---

[1] 习近平.在"不忘初心、牢记使命"主题教育总结大会上的讲话[N].人民日报,2020-01-09.

[2] 习近平.学好党史、新中国史、改革开放史、社会主义发展史[M]//习近平.论中国共产党历史.北京:中央文献出版社,2021:160.

2020年7月24日在吉林考察工作结束时，习近平发表讲话，要把红色资源作为坚定理想信念、加强党性修养的生动教材，要求广大党员、干部深入学习党史、新中国史、改革开放史、社会主义发展史，永葆初心、永担使命，自觉在思想上、政治上、行动上同党中央保持高度一致，为实现中华民族伟大复兴而矢志不渝进行奋斗。

2020年8月28日在中央第七次西藏工作座谈会上，习近平强调"要深入开展党史、新中国史、改革开放史、社会主义发展史教育，深入开展西藏地方和祖国关系史教育，引导各族群众树立正确的国家观、历史观、民族观、文化观、宗教观"[①]。不断增强各族群众对伟大祖国、中华民族、中华文化、中国共产党、中国特色社会主义的认同。

2020年9月22日，习近平总书记在教育文化卫生体育领域专家代表座谈会上的讲话中，强调"要深化党的创新理论学习教育，推动理想信念教育常态化制度化，加强党史、新中国史、改革开放史、社会主义发展史教育，加强爱国主义、集体主义、社会主义教育，引导人们坚定道路自信、理论自信、制度自信、文化自信，促进全体人民在思想上精神上紧紧团结在一起"[②]。

2020年10月19日，习近平总书记在参观"铭记伟大胜利，捍卫和平正义——纪念中国人民志愿军抗美援朝出国作战七十周年主题展览"时，要求"要深入学习宣传中国人民志愿军的英雄事迹和革命精神，学好党史、新中国史、改革开放史、社会主义发展史，激励全党全军全国各族人民更加紧密地团结在党中央周围，牢记初心使命，坚定必胜信念，发扬斗争精神，增强斗争本领，为决胜全面建成小康社会、夺取新时代中国特色社会主义伟大胜利、实现中国梦强军梦不懈奋斗，为维护世界和平、推动构建人类命运共同体作出更大贡献"[③]。

2020年10月29日中共十九届五中全会通过的《中共中央关于制定国

---

① 习近平.学好党史、新中国史、改革开放史、社会主义发展史[M]//习近平.论中国共产党历史.北京：中央文献出版社，2021：161.
② 习近平.学好党史、新中国史、改革开放史、社会主义发展史[M]//习近平.论中国共产党历史.北京：中央文献出版社，2021：162.
③ 习近平.学好党史、新中国史、改革开放史、社会主义发展史[M]//习近平.论中国共产党历史.北京：中央文献出版社，2021：162.

民经济和社会发展第十四个五年规划和二〇三五年远景目标的建议》，要求"十四五"时期进一步"推动理想信念教育常态化制度化，加强党史、新中国史、改革开放史、社会主义发展史教育，加强爱国主义、集体主义、社会主义教育，弘扬党和人民在各个历史时期奋斗中形成的伟大精神"[①]。这是在党的正式文件中再次从制度角度强调"四史"教育。

2020年11月24日在全国劳动模范和先进工作者表彰大会上，习近平总书记强调："我国工人阶级和广大劳动群众是国家的主人，要加强政治理论学习，加强党史、新中国史、改革开放史、社会主义发展史学习，自觉做中国特色社会主义的坚定信仰者、忠实实践者。"[②]

三、"四史"教育的重点是党史教育

2021年，中国共产党成立一百周年。习近平总书记向全党发出动员令，强调在全党开展党史学习教育，是党中央立足党的百年历史新起点、统筹中华民族伟大复兴战略全局和世界百年未有之大变局、为动员全党全国满怀信心投身全面建设社会主义现代化国家而做出的重大决策。这一年，党史学习教育、"四史"教育成为庆祝建党百年活动的重要组成部分，掀起了以党史学习教育为核心的新高潮。

早在2021年2月1日，习近平同党外人士共迎新春时，就释放出明确信息，中共中央决定今年在全党开展中共党史学习教育，目的是激励全党不忘初心、牢记使命，在新时代不断加强党的建设。到2月20日习近平在党史学习教育动员大会上做重要讲话，要求"在全社会广泛开展党史、新中国史、改革开放史、社会主义发展史宣传教育，普及党史知识，推动党史学习教育深入群众、深入基层、深入人心"[③]。这是向全党发出的统一动员令。随后，2月26日中共中央印发《关于在全党开展党史学习教育的通知》，强调从党的百年伟大

---

① 本书编写组.中共中央关于制定国民经济和社会发展第十四个五年规划和二〇三五年远景目标的建议[M].北京：人民出版社，2020：26.
② 习近平.学好党史、新中国史、改革开放史、社会主义发展史[M]//习近平.论中国共产党历史.北京：中央文献出版社，2021：163.
③ 习近平.在党史学习教育动员大会上的讲话[J].求是，2021（7）：6.

奋斗历程中汲取继续前进的智慧和力量，要深入学习贯彻习近平新时代中国特色社会主义思想，巩固深化"不忘初心、牢记使命"主题教育成果，激励全党全国各族人民满怀信心迈进全面建设社会主义现代化国家新征程。

一切向前走，都不能忘记走过的路，走得再远、走到再光辉的未来，也不能忘记走过的过去，不能忘记为什么出发。2021年3月5日在参加十三届全国人大四次会议内蒙古代表团审议时，习近平总书记强调，在党史学习教育中要用好红色资源，组织广大党员、干部"重点学习党史，同时学习新中国史、改革开放史、社会主义发展史，做到学史明理、学史增信、学史崇德、学史力行，做到学党史、悟思想、办实事、开新局"[①]。

2021年4月，教育部办公厅面向全国大中小学思政课，发出了加强以党史教育为重点的"四史"教育通知，要求全面落实立德树人根本任务，抓好青少年学习教育，厚植爱党、爱国、爱社会主义的情感，牢固树立中国特色社会主义的道路自信、制度自信、理论自信、文化自信。

2021年5月25日，中共中央办公厅印发《关于在全社会开展党史、新中国史、改革开放史、社会主义发展史宣传教育的通知》，要求围绕庆祝中国共产党成立100周年，在全社会广泛开展党史、新中国史、改革开放史、社会主义发展史宣传教育，普及党史知识；要把握"四史"宣传教育内涵，引导广大人民群众特别是青少年弄清楚中国共产党为什么能、马克思主义为什么行、中国特色社会主义为什么好等基本道理，加深对党的历史和党的理论的理解认识；引导人民群众深刻认识中国共产党为国家和民族做出的伟大贡献，深刻感悟中国共产党始终不渝为人民的初心宗旨，学习中国共产党推进马克思主义中国化形成的重大理论成果，传承中国共产党在长期奋斗中铸就的伟大精神，坚定不移听党话、跟党走，在全面建设社会主义现代化国家伟大实践中建功立业。

2021年6月18日，中国共产党历史展览馆在北京市朝阳区北辰东路9号正式开馆。这是一座以中国共产党党史为主线全景式展示中国共产党矢志不渝奋斗之路的永久性展馆。当天习近平总书记前往参观"'不忘初心、牢记使

[①] 完整准确全面贯彻新发展理念　铸牢中华民族共同体意识[N].人民日报，2021-03-06（1）.

命'中国共产党历史展览",并带领重温入党誓词。他强调:"党的历史是最生动、最有说服力的教科书。我们党的一百年,是矢志践行初心使命的一百年,是筚路蓝缕奠基立业的一百年,是创造辉煌开辟未来的一百年。回望过往的奋斗路,眺望前方的奋进路,必须把党的历史学习好、总结好,把党的宝贵经验传承好、发扬好,铭记奋斗历程,担当历史使命,从党的奋斗历史中汲取前进力量。"[①]他要求要教育引导广大党员干部,通过参观学习来深刻认识中国共产党为什么能、马克思主义为什么行、中国特色社会主义为什么好,更加自觉地不忘初心、牢记使命,增强"四个意识",坚定"四个自信",始终在思想上、政治上、行动上同党中央保持高度一致,坚定理想信念,学好用好党的创新理论,赓续红色血脉,发挥先锋模范作用,团结带领全国各族人民,汇聚起全面建设社会主义现代化国家、实现中华民族伟大复兴中国梦的磅礴力量。

2021年7月1日,习近平总书记做了《在庆祝中国共产党成立100周年大会上的讲话》,深情回顾中国共产党百年奋斗的光辉历程,深刻总结中国共产党人的百年奋斗、牺牲、创造就是为了实现中华民族伟大复兴;强调要用历史映照现实、远观未来,从中国共产党的百年奋斗中看清楚过去我们为什么能够成功、弄明白未来我们怎样才能继续成功,从而牢记初心使命、以史为鉴、开创未来。

2021年7月12日,中共中央、国务院印发了《关于新时代加强和改进思想政治工作的意见》,指出要把思想政治工作作为治党治国的重要方式。为此要深入开展思想政治教育,加强党史、新中国史、改革开放史、社会主义发展史和形势政策教育,引导党员、干部、群众旗帜鲜明地反对历史虚无主义,继往开来走好新时代长征路。

2021年8月31日,中共中央政治局召开会议决定在11月召开十九届六中全会,继续深刻总结党的百年奋斗的重大成就和历史经验,从而更加坚定、更加自觉地践行初心使命,在新时代更好坚持和发展中国特色社会主义。

2021年11月11日,中国共产党第十九届中央委员会第六次全体会议通过

---

① 铭记奋斗历程担当历史使命 从党的奋斗历史中汲取前进力量[N].人民日报,2021-06-19(1).

了《中共中央关于党的百年奋斗重大成就和历史经验的决议》。决议稿除序言和结束语外，共有7个部分，聚焦党的百年奋斗重大成就和历史经验，重点突出总结中国特色社会主义新时代党和国家事业取得的历史性成就、发生的历史性变革和积累的宝贵经验，对重大事件、重要会议、重要人物的评价注重同党中央已有结论相衔接。充分肯定"在党成立一百周年的重要历史时刻，在党和人民胜利实现第一个百年奋斗目标、全面建成小康社会，正在向着全面建成社会主义现代化强国的第二个百年奋斗目标迈进的重大历史关头，全面总结党的百年奋斗重大成就和历史经验，对推动全党进一步统一思想、统一意志、统一行动，团结带领全国各族人民夺取新时代中国特色社会主义新的伟大胜利，具有重大现实意义和深远历史意义"[①]。

2021年12月24日，党史学习教育总结会议召开，习近平总书记做出重要指示。强调在全党开展党史学习教育是党中央立足百年党史新起点、着眼开创事业发展新局面做出的一项重大战略决策。"一年来，各级党组织认真贯彻党中央部署，按照学史明理、学史增信、学史崇德、学史力行的要求，精心组织实施、有力有序推进，整个党史学习教育求实、务实、扎实，广大党员、干部受到了一次全面深刻的政治教育、思想淬炼、精神洗礼，全党历史自觉、历史自信大大增强，党的创造力、凝聚力、战斗力大大提升，达到了学党史、悟思想、办实事、开新局的目的。"他指出"要认真总结这次党史学习教育的成功经验，建立常态化、长效化制度机制，不断巩固拓展党史学习教育成果。要聚焦学习贯彻党的十九届六中全会精神，推动全党学深悟透党的创新理论，弘扬伟大建党精神，坚定走好中国道路、实现中华民族伟大复兴的信心和决心，团结带领全国各族人民满怀信心奋进新征程、建功新时代"[②]。

四、"四史"教育重要书目

2021年之前，"四史"教育学习没有专门指定书目，主要是学习党的十九

[①] 习近平.关于《中共中央关于党的百年奋斗重大成就和历史经验的决议》的说明[N].人民日报，2021-11-17（2）.

[②] 不断巩固拓展党史学习教育成果　团结带领全国各族人民满怀信心奋进新征程建功新时代[N].人民日报，2021-12-25（1）.

大报告、《中国共产党章程》、《习近平关于"不忘初心、牢记使命"重要论述选编》、《习近平谈治国理政》第三卷以及中国主流党史学界、马克思主义理论学界的通史著作。其中最具权威性与影响力的党史书，首推2011年中共中央党史研究室出版的《中国共产党历史》两卷本，全书共两卷四册，近177万字，包括2002年已出版、此次再版的《中国共产党历史》第一卷，叙述时间是1921—1949年；2011年新出版的《中国共产党历史》第二卷，叙述时间是1949—1978年。迄今为止，可以说这是中国主流党史学界最大体量、最为规范的党史通史著作。

2021年，在中国共产党成立100周年之际，经党中央批准，由中央宣传部组织，中央党史和文献研究院等单位编写的《中国共产党简史》，2021年2月25日由人民出版社、中共党史出版社联合出版并公开发行。《中国共产党简史》夹叙夹议，有质有文，陈言务去，新意迭见，阐明了中国共产党为什么能、马克思主义为什么行、中国特色社会主义为什么好的道理，是一部思想深刻、通俗易懂的学习读本。3月15日，习近平《论中国共产党历史》《毛泽东邓小平江泽民胡锦涛关于中国共产党历史论述摘编》《习近平新时代中国特色社会主义思想学习问答》又集中亮相，与《中国共产党简史》一起成为党史学习教育的四本"指定书目"。

2021年8月30日，经党中央批准，中央宣传部组织有关单位编写的《中华人民共和国简史》《改革开放简史》《社会主义发展简史》正式出版，与2月份出版的《中国共产党简史》呼应起来，是党史学习教育的重要参考材料，是全社会开展"四史"宣传教育的重要用书。"简史"系列，坚持以习近平新时代中国特色社会主义思想为指导，全面贯彻习近平总书记关于党史、新中国史、改革开放史、社会主义发展史的重要论述，充分体现习近平总书记在庆祝中国共产党成立100周年大会上的重要讲话精神，以我们党关于历史问题的两个决议和党中央有关精神为依据，准确、深刻、简明地阐述了中华人民共和国70多年砥砺奋斗史、我国改革开放40多年壮阔实践史、社会主义500多年探索发展史，对于帮助广大党员干部和群众正确地学习理解历史，自觉地以史为鉴、开创美好未来具有重要意义。

其中《中华人民共和国简史》共7章40节，31万字，由人民出版社、当代中国出版社联合出版。主要记述了1949年10月至2021年7月这70多年间，中国共产党团结带领全国各族人民在经济、政治、文化、社会、生态文明建设以及国防和军队、"一国两制"和祖国统一、外交、党的建设等各方面取得的伟大成就和宝贵经验，突出展示了党的十八大以来，在以习近平同志为核心的党中央坚强领导下，中国实现了第一个百年奋斗目标，在中华大地上全面建成了小康社会，历史性地解决了绝对贫困问题，各项事业取得了历史性成就、发生了历史性变革，正在向着全面建成社会主义现代化强国的第二个百年奋斗目标、实现中华民族伟大复兴的中国梦迈进。[①]

《改革开放简史》共7章44节，约26万字，由人民出版社、中国社会科学出版社联合出版。本书叙述时间为1977年4月至2021年7月，清晰完整展示中国改革开放40多年砥砺前行的历史，阐明改革开放拉开大幕到全面展开、开创新局、在科学发展中深化、新时代全面推进的伟大历程。用事实和学理说明，改革开放是党推进中国特色社会主义制度自我完善和发展的伟大实践，是决定当代中国命运的关键一招，也是决定实现"两个一百年"奋斗目标、实现中华民族伟大复兴的关键一招。该书忠实记录和阐释了党领导人民不断走向新的革命征程的自我觉醒历史，忠实记录和阐释了党勇于革命、善于革命、不断把马克思主义基本原理与中国具体实际相结合的理论创新与实践创新的历史，忠实记录和阐释了党领导改革开放、推进中国特色社会主义事业、推动实现中华民族伟大复兴的历史。[②]

《中共中央关于党的百年奋斗重大成就和历史经验的决议》是"四史"教育学习的根本遵循。这篇马克思主义的纲领性文献，"是新时代中国共产党人牢记初心使命、坚持和发展中国特色社会主义的政治宣言，是以史为鉴、开创未来、实现中华民族伟大复兴的行动指南，同党的前两个历史决议既一脉相承又与时俱进"[③]，是学习"四史"尤其是学习党史的指导性文献。

各地高校、各级党校、各种研究院的专家学者，主动聚焦研究，围绕

---

① 《中华人民共和国简史》简介[N].人民日报，2021-09-28（5）.
② 《改革开放简史》简介[N].人民日报，2021-09-29（6）.
③ 习近平.关于《中共中央关于党的百年奋斗重大成就和历史经验的决议》的说明[N].人民日报，2021-11-17（2）.

"四史"特别是党史，先后出版了一系列专著、论文等，并深入基层进行社会宣讲，广大党员干部、青少年、人民群众积极投身"四史"学习教育。

第二节 中国共产党主要领导人关于"四史"教育的重要论述

"历史是最好的老师，也是最好的教科书。"中国共产党历来善于从历史中特别是党史等近现代史中汲取智慧和力量。党的主要领导人具有渊博的历史知识，关于历史教育有很多重要论述。其目的是强调要用党的奋斗历程和伟大成就鼓舞斗志、明确方向，用党的光荣传统和优良作风坚定信念、凝聚力量，用党的实践创造和历史经验启迪智慧、砥砺品格。

一、毛泽东论党史学习和历史教育

读史学史不仅贯穿毛泽东同志的一生，而且他多次号召在全党范围开展历史学习、党史教育。毛泽东对中国历史有很多真知灼见，特别善于从历史经验中获得启发，他关于历史学习、党史教育的一系列重要论述，至今仍是我们党开展党史教育的根本指导。

一个民族如果忘记了自己的历史，就不可能深刻地了解现在和正确地走向未来。毛泽东同志认为，指导一个伟大革命运动的政党，如果没有革命理论，没有历史知识，没有对于实际运动的深刻了解，要取得胜利是不可能的。延安时期，以毛泽东为首的中国共产党人开始组织研究党的历史、中国近现代史，并开展历史教育。党中央设立干部教育部，后又专门成立中央学习组，毛泽东同志亲任组长，要求各级党组织也设立相应机构，从上到下加强对党史学习和研究的领导。毛泽东同志强调："根据马克思列宁主义的理论和中国革命的实践之统一的理解，集中十八年的经验和当前的新鲜经验传达到全党，使党铁一样地巩固起来，而避免历史上曾经犯过的错误——这就是我们的任务。"①1941年5月19日,毛泽东在《改造我们的学习》一文中谈到历史问题,提出系统研究中国近代史,要"克服无组织的状态""聚集人材,分工合作"②。1942年3月30日,毛泽东在中央学习组作《如何研究中共党史》报告,强调:"如果不把党的历史搞清楚,不把党在历史上所走的路搞清楚,便不能把事情办得更好。这当然不是说要把历史上每一件事统统搞清楚了才可以办事,而是要把党的路线政策的历史发展搞清楚。这对研究今天的路线政策,加强党内教育,推进各方面的工作,都是必要的。我们要研究哪些是过去的成功和胜利,哪些是失败,前车之覆,后车之鉴。"③这篇报告对党史的研究对象、研究内容、研究方法、历史分期等问题进行了系统阐释,为党史学习和研究提供了理论指导。毛泽东还亲自主编了《六大以来》《六大以前》《两条路线》三本重要的党史文献,包括党的决议、会议纪要等总计400多万字。毛泽东运用唯物史观研究党史,所作的《中国革命和中国共产党》《新民主主义论》等系列著作成为经典名作。1945年4月20日,中共六届七中全会通过了《关于若干历史问题的决议》,这是我们党第一次对党的历史经验做出的系统总结,是党在新民主主义革命时期的重要历史文献。它标志着延安整风运动的胜利结束,增强了全党在毛泽东思想基础上的团结,为党的第七次全国代表大会的召开在思想上做了充分准备。

除了毛泽东同志外,周恩来、刘少奇、朱德、陈云等同志也都带头学习和研究党史,发表了一系列党史方面的重要讲话和著作。中华人民共和国成立后,毛泽东在领导探索社会主义建设的过程中,也一直重视历史学习、历史教育。党和政府成立专门的历史研究机构,加强历史文献的收集整理。党史学习和研究工作扎实开展,出版了《中国共产党的三十年》等重要党史著作。

---

① 毛泽东.《共产党人》发刊词[M]//毛泽东.毛泽东选集:第2卷.北京:人民出版社,1991:614.
② 毛泽东.改造我们的学习[M]//毛泽东.毛泽东选集:第3卷.北京:人民出版社,1991:802.
③ 毛泽东.如何研究中共党史[M]//毛泽东.毛泽东文集:第2卷.北京:人民出版社,1993:399.

二、邓小平论党史学习和历史教育

邓小平同志在改革开放后主持起草了《关于建国以来党的若干历史问题的决议》，发表了一系列重要讲话，为党史研究指明了正确方向。

邓小平同志说："每个党、每个国家都有自己的历史，只有采取客观的实事求是的态度来分析和总结，才有好处。"① 他提出："评价人物和历史，都要提倡全面的科学的观点，防止片面性和感情用事。"② 他先后做过17次重要谈话，亲自领导和主持起草《关于建国以来党的若干历史问题的决议》，1981年6月党的十一届六中全会通过该决议。决议全面科学地分析新中国成立以来党的历史，彻底否定"文化大革命"，总结党的历史经验教训，科学评价毛泽东同志、毛泽东思想的历史地位，坚持毛泽东思想的指导作用，并确立中国社会主义现代化建设的正确道路，为党和国家发展确定了正确方向。这标志着我们党完成了指导思想上的拨乱反正，走上了改革开放和现代化建设新道路。1982年9月，邓小平致党的十二大开幕词指出："把马克思主义的普遍真理同我国的具体实际结合起来，走自己的道路，建设有中国特色的社会主义，这就是我们总结长期历史经验得出的基本结论。"③ 邓小平特别重视历史教育功能，提出要用鸦片战争以后的中国历史"教育青年，教育人民"，认识中国"走资本主义道路不行，中国除了走社会主义道路没有别的道路可走"④。

改革开放新时期，党中央成立了党史工作领导小组，负责指导党史研究；成立了中央党史研究室来专门从事党史工作；县级以上地方都成立了相关研究机构，进行党史研究、资料收集整理、党史宣讲等工作，为党史学习、研究、发展提供了组织保障。还成立了中共党史学会等全国性和地方性学术性团体，有计划地开展对中国共产党党史、中国革命建设改革史、中共党史重

---

① 邓小平.总结历史是为了开辟未来[M]//邓小平.邓小平文选：第3卷.北京：人民出版社，1993：272.

② 邓小平.目前的形势和任务[M]//邓小平.邓小平文选：第2卷.北京：人民出版社，1994：244.

③ 邓小平.中国共产党第十二次全国代表大会开幕词[M]//邓小平.邓小平文选：第3卷.北京：人民出版社，1993：3.

④ 邓小平：用中国的历史教育青年[M]//邓小平.邓小平文选：第3卷.北京：人民出版社，1993：206.

要人物、中共党史学基础理论的研究；研究毛泽东思想和中国特色社会主义理论体系；收集、整理和编纂中共党史文献及史料等。

三、江泽民论党史学习和历史教育

江泽民同志对努力学习中国历史，特别是中国近现代历史和党的历史都做出了深刻论述。

江泽民同志强调，我们中华民族以历史悠久著称于世，我们党在领导革命、建设和改革的过程中，一贯重视对历史经验的借鉴和运用。他指出："要努力学习中国历史特别是中国近现代历史和党的历史，并通过这种学习努力掌握和发扬中华民族的优良传统和党的优良传统。"[①]对党员干部提出明确要求："今天的中国是历史的中国的发展，作为当代中国的领导干部，如果不了解中国的历史，特别是中国的近代史、现代史和我们党的历史，就不可能认识和把握中国社会发展的客观规律，继承和发扬我们党在长期斗争中形成的光荣传统，也就不能胜任领导建设有中国特色社会主义的职责。"他指出："党的历史上许多光荣传统，就是我们党的极为重要的政治优势。在这方面，我们可以从中吸取大量的历史经验和精神力量。我们可以利用党的优良传统，教育我们的党员和干部，坚定共产主义理想和信念，坚定为人民服务的宗旨，坚定共产党人的价值观。"[②]

四、胡锦涛论党史学习和历史教育

胡锦涛同志要求广大中青年干部进一步学习党的知识和党的历史，深入了解党的优良传统和作风。

胡锦涛同志指出："要通过开展各种纪念教育活动，促进广大中青年干部进一步学习党的知识和党的历史，深入了解党的优良传统和作风，不断增强党的意识，更加坚定自觉地为党的事业而奋斗。"[③]2003年11月24日，胡锦涛

[①] 江泽民.领导干部要切实加强学习[M]//江泽民.论党的建设.北京：中央文献出版社，2001：93.

[②] 江泽民.在上海党史工作会议上的讲话[J].中共党史研究，1989（5）：1-4.

[③] 习近平.在党史学习教育动员大会上的讲话[J].求是，2021（7）：6.

在中共十六届中央政治局第九次集体学习时的讲话中强调要继续重视对历史经验的借鉴和运用，更加重视学习历史知识，用中国历史特别是中国革命史来教育党员干部和人民。通过学习中国历史、世界历史，培养深远的历史眼光、宽广的世界眼光，善于从中外历史的经验和教训中认识把握历史发展进步规律与时代发展大势，增强历史主动性。2006年他强调要把学习中国革命史"与推进马克思主义的中国化紧密结合起来""与加强理想信念教育紧密结合起来""与弘扬民族精神和时代精神紧密结合起来""与加强党的先进性建设紧密结合起来"。①

2010年6月，《中共中央关于加强和改进新形势下党史工作的意见》（以下简称《意见》）正式下发，随后在北京召开全国党史工作会议。在我们党的历史上，这是第一次以中共中央的名义来制定和下发关于党史工作的文件，也是第一次由党中央召开全国党史工作会议。该《意见》指出，党史工作是党的一项具有全局意义和深远影响的工作，是党的事业的重要组成部分，在党和国家工作大局中具有不可替代的重要地位和作用。新形势下党史工作的原则是，必须坚持把以史鉴今、资政育人作为根本任务，坚持高举中国特色社会主义伟大旗帜，坚持党的思想路线，坚持围绕中心、服务大局，坚持党性原则和科学精神的统一。其主要任务是，深化党史研究，准确记载和反映党的历史；组织党史学习教育，提高广大党员干部的素质和能力；扩大党史宣传，普及党史知识；搞好党史纪念活动，深化党史事件和人物研究；抓紧党史资料征编，妥善保存党的历史财富；加强党史遗址保护，搞好纪念场馆建设。这些都极大地促进了党史学习、党史研究、党史教育的发展。

五、习近平论党史学习和历史教育

党的十八大以来，习近平同志面对新时代"两个大局"，就加强党史学习研究发表的一系列重要论述，立意高远、内涵深刻，为推动党史学习、党史研究、党史教育提供了根本指南。

习近平同志指出，"以史为鉴，才能避免重蹈覆辙。对历史，我们要心

---

① 胡锦涛.在十六届中央政治局第三十三次集体学习时的讲话［N］.人民日报，2006-07-26.

怀敬畏、心怀良知""几千年来人类积累的一切理性知识和实践知识依然是人类创造性前进的重要基础""我们要不畏浮云遮望眼,善于拨云见日,把握历史规律,认清世界大势"。习近平同志提出要坚持唯物史观、大历史观和树立正确党史观;强调把党的历史与中华民族5000多年文明史、世界社会主义500多年发展史、中华民族近代以来180多年的历史整体结合起来进行考察,运用大历史观揭示历史规律和把握历史大势;强调把学习党史与新中国史、改革开放史、社会主义发展史有机结合,运用大历史观来总结历史经验,不断深化对共产党执政规律、社会主义建设规律、人类社会发展规律的把握认识。

习近平同志高度重视学习历史,特别是党的历史,提出很多重要观点。一是中国共产党已经发展成为世界上最大的马克思主义执政党,要始终站在时代潮流最前列、站在攻坚克难最前沿、站在最广大人民之中,永远立于不败之地。二是历史是最好的老师。一切向前走,都不能忘记走过的路,走得再远、走到再光辉的未来,也不能忘记走过的过去,不能忘记为什么出发。三是学习党的历史,是坚持和发展中国特色社会主义、把党和国家各项事业继续推向前进的必修课,这门功课不仅必修,而且必须修好。四是中国革命历史是最好的营养剂,必须铭记光辉历史、传承红色基因。五是要学习党史、新中国史、改革开放史、社会主义发展史,广大党员要以学习党的历史为重点,做到知史爱党、知史爱国。六是我们党要始终保持同人民群众的血肉联系。七是全面宣传党的历史,充分发挥党的历史以史鉴今、资政育人的作用,是一项十分重要的工作。八是回顾历史是为了总结历史经验、把握历史规律,增强开拓前进的勇气和力量。九是坚持唯物史观,实事求是,分清主流和支流,坚持真理,修正错误,发扬经验,吸取教训。[①]

2018年3月,中央党史研究室、中央文献研究室、中央编译局进行改革整合,组建了中央党史和文献研究院,有力统筹了党史研究、文献编辑和著作编译等资源力量,打造建设党的历史和理论研究的高端平台。2021年,习近平总书记在党史学习教育动员大会上的重要讲话、在庆祝中国共产党成立

---

① 习近平.在党史学习教育动员大会上的讲话[J].求是,2021(7):6.

100周年大会上的重要讲话、党的十九届六中全会审议通过的《中共中央关于党的百年奋斗重大成就和历史经验的决议》，都成为党史学习教育的根本指南，更加有力地推动了党史学习、党史研究、党史教育的发展。

第三节 "四史"教育的主要内容、基本原则与价值意义

习近平总书记指出："一个国家、一个民族要振兴，就必须在历史前进的逻辑中前进、在时代发展的潮流中发展。"强调："各级领导干部还是要学一些中国历史和世界历史知识，特别要深入学习中国近现代史和中共党史，深入学习世界近现代史和马克思主义发展史，不断深化对共产党执政规律、社会主义建设规律、人类社会发展规律的认识。"[①]这就要求我们必须遵循历史唯物主义所揭示的人类社会发展的规律和趋势，"四史"教育必须着重把握理论历史内容，遵循历史科学基本原则，引领时代发展潮流。

一、"四史"教育的主要内容

整体而言，"四史"教育就是中国共产党为人民谋幸福、为民族谋复兴、为世界谋大同的奋进实践史。其中，中国共产党领导中国人民实现中华民族伟大复兴是"四史"的主线主题。

（一）党史是中国共产党不断从胜利走向新的胜利的历史

中国共产党自1921年创建以来的百年历史，就是矢志践行初心使命的百年史，是筚路蓝缕奠基立业的百年史，是创造辉煌开辟未来的百年史。

1840年后，近代中国逐步成为半殖民地半封建社会，可以说是国家蒙辱、人民蒙难、文明蒙尘，中华民族遭受到了前所未有的苦难。中国共产党于1921年成立以来，始终把为中国人民谋幸福、为中华民族谋复兴作为自己的初心使命，团结带领全国各族人民始终为争取民族独立、人民解放和实现国家富强、人民幸福的历史任务而不懈奋斗。贯穿其中的一个主题就是实现

---

① 习近平.领导干部要认认真真学习老老实实做人干干净净干事[N].学习时报，2008-05-13.

中华民族伟大复兴。习近平总书记在2021年7月1日庆祝中国共产党成立100周年大会上的讲话中,把中国共产党百年历史,非常清晰地划分为四个阶段,总结取得的四个成就,并进行了四个庄严宣告。2021年11月党的十九届六中全会通过的《中共中央关于党的百年奋斗重大成就和历史经验的决议》延续了"七一"讲话精神,把中国共产党百年历史分为四个阶段。

第一个历史阶段,以1921年7月中国共产党成立到1949年10月1日中华人民共和国成立为标志,完成救国大业。这28年间,以毛泽东同志为主要代表的中国共产党人带领中国人民,发扬浴血奋战、百折不挠的精神品格,经过党的创立和大革命、土地革命战争、抗日战争、解放战争四个时期,成功探索了一条农村包围城市、武装夺取政权的正确革命道路,推翻了压在中国人民身上的帝国主义、封建主义、官僚资本主义三座大山,建立起了人民当家作主的中华人民共和国,实现了民族独立、人民解放,创造了新民主主义革命的伟大成就。从此,彻底结束了近代中国半殖民地半封建社会的苦难历史,彻底废除了西方列强强加给中国的所有不平等条约和帝国主义在华的一切特权。这为实现中华民族伟大复兴创造了根本社会条件。中国共产党带领中国人民用实际行动庄严宣告:中国人民从此站起来了。

第二个历史阶段,以1949年10月1日中华人民共和国成立到1978年12月中共十一届三中全会召开为标志,完成兴国大业。这29年间,以毛泽东同志为主要代表的中国共产党人带领中国人民,发扬自力更生、发愤图强的精神品格,成功进行了具有中国特色的社会主义改造道路,完成社会主义革命,彻底消灭了延续几千年的封建剥削制度,确立起社会主义基本制度,实现了中华民族有史以来最广泛而深刻的社会变革,实现了一穷二白的东方大国迈进社会主义社会的伟大飞跃,并推进大规模社会主义建设,开始探索中国自己的社会主义建设道路,初步建立起独立的、比较完整的工业体系和国民经济体系,创造了社会主义革命和建设的伟大成就。这为实现中华民族伟大复兴奠定了根本政治前提和制度基础。中国共产党带领中国人民用实际行动庄严宣告:只有社会主义才能救中国,只有社会主义才能发展中国。

第三个历史阶段,以1978年12月中共十一届三中全会召开到2012年11月中共十八大召开为标志,推进富国大业。这34年间,以邓小平同志、江泽民同志、胡锦涛同志为主要代表的中国共产党人带领中国人民，发扬解放思想、锐意进取的精神品格，成功实现了中华人民共和国成立以来具有深远意义的伟大历史性转折，坚持四项基本原则，坚定不移推进改革开放，确立党在社会主义初级阶段的基本路线，开创、坚持、捍卫、发展了中国特色社会主义，实现了从计划经济体制到社会主义市场经济体制、从封闭半封闭到全方位开放的历史性转变，实现了人民生活从温饱不足到总体小康再到奔向全面小康的历史性跨越，实现了从生产力相对落后的状况到经济总量跃居世界第二的历史性突破，创造了改革开放和社会主义现代化建设的伟大成就。这为实现中华民族伟大复兴提供了充满活力的体制保证和快速发展的物质条件。中国共产党带领中国人民用实际行动庄严宣告：中国大踏步赶上了时代。

第四个历史阶段，以2012年11月中共十八大中国特色社会主义进入新时代到21世纪中叶为标志，推进实现强国大业。在持续奋斗中，以习近平同志为主要代表的中国共产党人继续带领中国人民，发扬自信自强、守正创新的精神品格，坚持和加强党的全面领导，统揽伟大斗争、伟大工程、伟大事业、伟大梦想，统筹推进"五位一体"总体布局、协调推进"四个全面"战略布局，增强"四个自信"，坚持全面从严治党、依规治党、形成完善的党内法规体系，坚持和完善中国特色社会主义制度、推进国家治理体系和治理能力现代化，顺利实现了全面建成小康社会的第一个百年奋斗目标，并战略安排实现第二个百年奋斗目标，创造了新时代中国特色社会主义的伟大成就。这为实现中华民族伟大复兴提供了更完善的制度保证、更坚实的物质基础、更主动的精神力量。中国共产党带领中国人民用实际行动庄严宣告：中华民族迎来了从站起来、富起来到强起来的伟大飞跃，实现中华民族伟大复兴进入了不可逆转的历史进程。

中国共产党作为无产阶级的先进政党，坚持以马克思主义为指导，在百年发展中虽然也犯过"左"倾、右倾机会主义错误，遭遇过历史挫折，但都能正视并及时解决实际问题，不断自我革命、总结自身建设的历史经验，统筹推进党的政治建设、思想建设、组织建设、作风建设、纪律建设和制度建设，最终成长为具有强大政治领导力的伟大、光荣、正确的政党。

（二）新中国史是中国共产党领导实现中华民族从站起来、富起来到强起来的历史

1949年10月1日中华人民共和国的成立，是中华民族和中国人民站起来的标志性事件。新中国史，侧重于从国家进步和社会发展角度，突出在党的领导下我国经济、政治、文化、社会、生态、军队、国防、外交等各项事业的发展进步，探索出中国特色社会主义的复兴之路，全景展现中国共产党治国理政和领导人民群众建设社会主义现代化国家的实践与成效。强调中国共产党不仅是中国工人阶级的先锋队，同时是中国人民和中华民族的先锋队，是中国特色社会主义事业的领导核心。中国共产党坚守为人民谋幸福、为民族谋复兴的初心使命，带领团结中国人民建立和发展社会主义，推进社会主义现代化，让中华民族迎来了从站起来、富起来到强起来的伟大历史飞跃。

以毛泽东同志为核心的党的第一代中央领导集体，创造性地运用马克思主义国家学说，逐步建立并巩固了中华人民共和国的国体、政体，建立发展起社会主义根本制度、基本制度和重要制度。根据社会主要矛盾的变化，党及时提出了社会主义现代化奋斗目标，制订实施了国民经济和社会发展五年计划，领导人民走上了国家富强、人民幸福的正确光明道路。

以邓小平同志为核心的党的第二代中央领导集体，提出社会主义初级阶段理论，确立社会主义初级阶段基本路线，制定了分"三步走"、到21世纪中叶基本实现社会主义现代化的发展战略。以江泽民同志为核心的党的第三代中央领导集体，确立了社会主义市场经济体制的改革目标和基本框架，推进了全面改革开放新局面的形成。以胡锦涛同志为核心的党中央，强调科学发展，坚持以人为本，统筹全面协调可持续发展，提出和形成了中国特色社会主义事业总体布局。

党的十八大以来，以习近平同志为核心的党中央，统筹推进中国特色社会主义事业"五位一体"总体布局、协调推进"四个全面"战略布局。党和国家事业在坚持党的全面领导、全面从严治党、经济建设、全面深化改革开放、政治建设、全面依法治国、文化建设、社会建设、生态文明建设、国防和军队建设、维护国家安全、坚持"一国两制"和推进祖国统一、外交工作

13个方面取得了历史性成就、发生了历史性变革，实现了全面建成小康社会的第一个百年奋斗目标，开启全面建成社会主义现代化强国的第二个百年奋斗目标新征程，朝着实现中华民族伟大复兴的宏伟目标继续前进。

新中国史是中华民族伟大历史进程中非常辉煌的组成部分。中国共产党在解决中国问题的过程中体现着执政党的价值与意义。中华人民共和国成立后的几代中国人民的不懈奋斗，就是为了早日实现中国的社会主义工业化、现代化及实现民族复兴。

（三）改革开放史是中国共产党推进社会主义制度自我完善和发展的历史

改革开放是中国人民和中华民族发展史上一次伟大革命，实质就是社会主义制度的自我完善和发展，目的就是在新的历史条件下实现温饱、小康、富裕，从而推动中国特色社会主义事业的伟大飞跃。

1978年12月召开的党的十一届三中全会，拉开了改革开放和社会主义现代化建设新时期的序幕。这是党中央基于对党和国家前途命运的深刻把握、对历史发展趋势的科学洞察做出的历史性决策。中国共产党抓住"什么是社会主义、怎样建设社会主义""建设什么样的党、怎样建设党""实现什么样的发展、怎样发展"等根本性、系统性问题，抓住完善和发展中国特色社会主义制度这一关键点，带领人民披荆斩棘，以经济体制改革为抓手，推进各领域各行业体制改革，迅速提升了国家综合实力，成功开创发展了一条中国特色社会主义发展道路，有效抵御了苏联解体、东欧剧变对我国的负面冲击，使中国稳稳地屹立在世界东方，焕发出勃勃生机。到2010年，中国经济总量已经排在世界第二位，仅次于美国。

2012年党的十八大以来，中国特色社会主义进入新时代。面对"新时代坚持和发展什么样的中国特色社会主义、怎样发展中国特色社会主义"的根本问题，中国共产党以非凡的政治担当和政治智慧，提出完善和发展中国特色社会主义制度、推进国家治理体系和治理能力现代化总目标，全面深化改革、系统整体设计推进改革，使得我国改革开放进入新的局面。尤其重点深化了经济体制改革、司法体制综合改革、生态文明体制改革、国防和军队改革，深化了党和国家机构改革，建立了国家监察制度，进一步坚定中国特色社会主义道路自信、理论自信、制度自信、文化自信，中国特色社会主义制度正在完善成熟。

习近平总书记指出，建立中国共产党、成立中华人民共和国、推进改革开放和中国特色社会主义事业，是"近代以来实现中华民族伟大复兴的三大里程碑"，这彰显了改革开放史在近现代中国历史上的重要地位。

（四）社会主义发展史是社会主义从创立、发展到完善的历史

社会主义发展史，自1516年空想社会主义著作《乌托邦》开始，至今有500多年。总的来说，社会主义发展史，就是世界社会主义从空想到科学、从理论到实践、从一国到多国的发展历程。

社会主义从空想发展到科学，用了300多年时间。以法国的C.圣西门、F.傅立叶和英国的R.欧文为代表的空想社会主义者，其思想观点既含有批判的成分，又含有关于未来社会的积极的主张，是无产阶级反抗资本主义剥削压迫的先声，但也仅仅是单纯思想理论。到19世纪40年代，资本主义经济政治制度基本确立，以蒸汽动力为先导的机械化大生产促使资本主义迅速发展，随后资本主义爆发周期性经济危机，工人阶级已经作为一支独立的政治力量登上历史舞台，马克思、恩格斯创立马克思主义，论述人类社会客观规律和历史必然性的人类理想，社会主义真正从空想变成了科学，实现了社会主义发展史上的一次飞跃。

到19世纪末20世纪初，世界资本主义由自由竞争阶段发展到垄断阶段，即帝国主义阶段，社会主义运动导致了西方和东方分野。在欧洲，民主社会主义占据了上风，主张通过合法斗争"和平长入社会主义"。而在东方，横跨亚欧大陆的沙俄是当时世界多种矛盾的焦点，是"帝国主义链条上的薄弱环节"。列宁运用马克思、恩格斯创立的科学社会主义，创造性提出了社会主义"一国胜利论"，通过暴力革命率先在东方落后大国夺取政权，并进而建立社会主义政权，初步探索如何进行社会主义建设，实现了马克思主义从理论到实践的飞跃，也实现了社会主义从西方到东方的扩展与演进，这是社会主义发展史上的第二次飞跃，马克思主义推进到马克思列宁主义阶段。

在1917年俄国十月革命的影响下，中国先进分子把马克思主义、社会主义引进到中国。以毛泽东同志为主要代表的中国共产党人把马克思主义基本原理与中国具体实际紧密结合，成功探索出适合中国国情的革命新道路、社会主义改造道路，在马克思列宁主义的基础上进一步回答了怎样夺取政权、建设政权的问题，实现了马克思主义中国化的第一次历史性飞跃，形成了毛泽东思想。以邓小平同志、江泽民同志、胡锦涛同志、习近平同志为主要代表的几代中国共产党人，继续坚持把马克思主义基本原理同中国具体实际相结合、同中华优秀传统文化相结合，解放思想、实事求是、与时俱进、求真务实、守正创新，相继聚焦回答了"什么是社会主义、怎样建设社会主义""建设什么样的党、怎样建设党""实现什么样的发展、怎样发展""新时代坚持和发展什么样的中国特色社会主义、怎样坚持和发展中国特色社会主义"等一系列重大时代课题，成功开创、坚持、发展了中国特色社会主义道路，取得了举世瞩目的辉煌历史性成就，形成了一系列阶段性理论成果，这些成果共同形成了中国特色社会主义理论体系。

20世纪80年代末90年代初，苏联解体、东欧剧变，世界社会主义遭受严重挫折，十几个社会主义国家改旗易帜，共产党政权垮台。但是，中国共产党人经受住了这些考验，成功应对了世界金融危机，成功开创并推进了中国特色社会主义道路。中国共产党人遵循社会主义共同价值追求和科学社会主义基本原则，进一步科学回答了经济文化相对落后的国家率先建立社会主义政权之后如何建设、巩固、发展这一根本性和关键性问题，从而实现了马克思主义与中国具体实际相结合的第二次飞跃，也实现了社会主义发展史上的第三次飞跃。

建设社会主义，不是一蹴而就的，必须在科学社会主义的指导下，立足于本国国情，长期坚持和发展社会主义。社会主义没有一成不变的固定模式，必须结合本国历史文化特点打造创新模式。社会主义发展史，就是研究把握科学社会主义理论的实践性、创新性和发展性，以便更好地坚持和发展中国特色社会主义。中国共产党人继续用马克思主义观察时代、把握时代、引领时代，不断开辟马克思主义发展新境界，继续发展当代中国马克思主义、21世纪马克思主义。

（五）"四史"是一个紧密相连的有机整体

习近平总书记强调"要把学习贯彻党的创新理论同学习党史、新中国史、改革开放史、社会主义发展史结合起来"的论述，从根本上来说，就是用"四史"来总结中国20世纪以来波澜壮阔的历史进程和历史智慧，为继续建设好中国特色社会主义提供根本思想动力。

"四史"在时间上，是大时段与小时段的交叉包容的四段历史。社会主义发展史500年是跨度时间最长、跨越空间最大的，它包含100多年的中共党史、70多年的新中国史、40多年的改革开放史；而党史又包含新中国史、改革开放史；新中国史则包含改革开放史。

"四史"在内容上，是密切关联的四段历史。社会主义从空想到科学的发展实践，产生了马克思主义，继而推动社会主义从理论走向实践，取得俄国十月革命胜利与苏联社会主义建设等成就。马克思主义与中国工人运动相结合，诞生了中国共产党。中国共产党领导团结人民浴血奋战，建立了新中国和社会主义制度。新中国建设进程中，解放思想、实事求是，进行改革开放，探索开创了中国特色社会主义，推动社会主义从一种模式走向多种形态。概括起来，社会主义发展史是包括中国和中国之外的世界社会主义理论和实践的内容。党史、新中国史、改革开放史都是社会主义发展史在中国空间中不同时间的具体深入展开。新中国史、改革开放史则聚焦于社会主义的建设和改革，一以贯之坚持和完善中国特色社会主义，是党史的重要发展成果。

"四史"是一个紧密相连的有机整体，"四史"教育的重点是党史教育。中国共产党是中国特色社会主义事业的领导核心，领导建立了新中国，实现了改革开放。中国共产党为人民谋幸福、为民族谋复兴、为世界谋大同的实践奋斗史，既是党史也是"四史"的主线和关键内容。大致说来，党史教育，主要讲清楚中国共产党为什么能、党的性质和宗旨、党的领导贡献、为什么要始终坚持党的领导。新中国史教育，主要讲清楚新中国的国体和政体、新中国取得的历史成就和宝贵经验、为什么要坚持社会主义基本制度。改革开放史教育，主要讲清楚实行改革开放的必要性、重要性，改革开放取得的伟大成就，新时代为什么要坚持全面深化改革。社会主义发展史教育，主要讲清楚马克思主义为什么行、马克思主义的科学性和真理性、社会主义代替资本主义的历史必然性、中国特色社会主义在世界社会主义发展进程中的地位作用。概括起来，就是在"四史"教育中，要坚持唯物史观和正确党史观，结合各自的内容和特点，讲清楚"中国共产党为什么能，中国特色社会主义为什么好，归根到底是因为马克思主义行！"①。

1. 马克思主义为什么行

《共产党宣言》发表170多年来，马克思主义在世界上得到了广泛传播。马克思主义是关于全世界无产阶级和人类解放的学说，是被历史发展实践、世界社会主义革命建设改革证明了的科学理论，是颠扑不破的科学真理，是系统完整、逻辑严密、博大精深的理论体系。在人类思想史上，在当今世界中，马克思主义对人类社会发展与变革产生重大影响，成为左右人类前途命运的巨大精神力量，这是其他任何一种理论无法比拟的。对此，2018年5月习近平总书记在纪念马克思两百周年诞辰大会上，深刻指出："马克思主义始终是我们党和国家的指导思想，是我们认识世界、把握规律、追求真理、改造世界的强大思想武器。"②

马克思主义主要是由哲学、政治经济学、科学社会主义三部分构成的。它们分别来源于德国古典哲学、英国古典政治经济学和法国空想社会主义，之所以能够最终升华为马克思主义，是因为马克思对所处时代和世界的深入考察，对人类社会发展规律的深刻把握。正如马克思所说："共产党人的理论原理，绝不是以这个或那个世界改革家所发明或发现的思想、原则为根据的。""这些原理不过是现存的阶级斗争、我们眼前的历史运动的真实关系的一般表述。"③马克思的思想理论既源于那个时代又超越了那个时代，是那个时代精神和整个人类精神的精华。

马克思主义指明了人类探索历史规律、寻求自身解放的正确道路。首先，马克思主义创造性揭示了人类社会发展规律，是科学的理论。马克思创建了

---

① 习近平.在庆祝中国共产党成立100周年大会上的讲话［N］.人民日报，2021-07-02（2）.

② 十九大以来重要文献选编：上［M］.北京：中央文献出版社，2019：428.

③ 马克思恩格斯选集：第1卷［M］.北京：人民出版社，2012：413-414.

唯物史观和剩余价值学说,科学揭示了人类社会发展的一般规律和资本主义运行的特殊规律,指明了实现自由和解放的道路,为人类指明了从必然王国向自由王国飞跃的途径。其次,马克思主义第一次创立了人民实现自身解放的思想体系,是人民的理论。马克思主义归根到底就是为人类求解放。它第一次站在人民的立场来探求人类自由解放的道路,并为最终建立一个没有压迫剥削、人人平等自由的理想社会指明方向,植根人民是马克思主义具有跨越国度和时代影响力的重要原因。再次,马克思主义指引着人民改造世界的行动,是实践的理论。为了改变人民历史命运而创立的马克思主义,是在人民求解放的实践中形成、丰富和发展的,为人民提供了认识世界、改造世界的强大精神力量,实践性是其显著特征。最后,马克思主义始终站在时代前沿,是不断发展的、开放的理论。马克思强调,马克思主义理论不是教条,而是行动指南,必须随着实践的变化而发展。马克思主义永葆生命力的妙招,就在于它不断根据时代、实践、认识的发展而发展,不断探索时代发展提出的新课题、直面人类社会面临的新挑战。

马克思主义既深刻改变了世界,也深刻改变了中国。"中国共产党为什么能,中国特色社会主义为什么好,归根到底是因为马克思主义行",这是习近平总书记"七一"重要讲话中的新的重大论断,它清晰阐明了中国共产党、中国特色社会主义与马克思主义三者之间"能、好、行"的辩证统一关系,揭示了马克思主义行对于中国共产党能、中国特色社会主义好的战略决定性意义。中国共产党是以马克思主义为指导、勇担民族复兴历史大任、带领中国人民创造奇迹的政党。在百年艰辛探索进程中,中国共产党始终坚持马克思主义基本原理,实事求是,从中国实际出发,把握历史主动,不断推进马克思主义中国化与时代化,指导中国人民不断推进伟大社会革命。"历史和人民选择马克思主义是完全正确的,中国共产党把马克思主义写在自己的旗帜上是完全正确的,坚持马克思主义基本原理同中国具体实际相结合、不断推进马克思主义中国化时代化是完全正确的!"[1]

马克思主义是我们立党立国的根本指导思想,是我们党的灵魂和旗帜。

---

[1] 十九大以来重要文献选编:上[M].北京:中央文献出版社,2019:427-428.

虽然人类现代社会发生了翻天覆地的变化，但马克思主义的一般原理仍完全适用。我们要坚持运用辩证唯物主义和历史唯物主义的世界观方法论，坚持运用马克思主义立场观点方法，坚持运用世界的物质性及其发展规律，人类社会发展的自然性、历史性及相关规律，人的解放和自由全面发展规律，认识的本质及发展规律等原理，实践观、群众观、阶级观、发展观、矛盾观，把马克思主义学精、悟透、用好。习近平总书记强调："社会主义并没有定于一尊、一成不变的套路，只有把科学社会主义基本原则同本国具体实际、历史文化传统、时代要求紧密结合起来，在实践中不断探索总结，才能把蓝图变为美好现实。"① 在全面建成社会主义现代化强国的新征程上，我们必须坚持马克思列宁主义、毛泽东思想、邓小平理论、"三个代表"重要思想、科学发展观、习近平新时代中国特色社会主义思想，"坚持把马克思主义基本原理同中国具体实际相结合、同中华优秀传统文化相结合"②，用马克思主义观察时代、把握时代、引领时代，继续发展当代中国马克思主义、21世纪马克思主义。

2. 中国共产党为什么能

1921年7月中国共产党应运而生，"这是开天辟地的大事变，深刻改变了近代以后中华民族发展的方向和进程，深刻改变了中国人民和中华民族的前途和命运，深刻改变了世界发展的趋势和格局"③。在伟大的建党和百年奋斗的实践中，中国共产党形成并弘扬"坚持真理、坚守理想，践行初心、担当使命，不怕牺牲、英勇斗争，对党忠诚、不负人民的伟大建党精神"，以马克思主义为指导，不断总结自身建设的智慧经验，统筹推进党的政治、思想、组织、作风、纪律和制度建设，从成立时只有50多名党员，发展到今天已经成为拥有9500多万名党员、领导着具有14亿人的人口大国、具有重大全球影响力的世界第一大执政党。中国共产党也曾遭遇过历史挫折，但其都能正视并解决实际问题，从而变得更加强大。

办好中国的事情，关键在党。中华民族近代180多年的历史、中国共产

---

① 习近平. 习近平谈治国理政：第3卷[M]. 北京：外文出版社，2020：76.
② 习近平. 在庆祝中国共产党成立100周年大会上的讲话[N]. 人民日报，2021-07-02（2）.
③ 习近平. 在庆祝中国共产党成立100周年大会上的讲话[N]. 人民日报，2021-07-02（2）.

党成立以来100年的历史、中华人民共和国成立以来70多年的历史都充分证明，没有中国共产党，就没有新中国，就没有中华民族伟大复兴。历史和人民选择了中国共产党。"中国共产党领导是中国特色社会主义最本质的特征，是中国特色社会主义制度的最大优势，是党和国家的根本所在、命脉所在，是全国各族人民的利益所系、命运所系。"[①]

中国共产党为什么"能"建立中华人民共和国？为什么"能"从胜利走向新的胜利？作为世界最大的马克思主义执政党——中国共产党"能"的奥秘在哪里？正是中国共产党强烈的使命担当、科学的指导思想、至纯的执政情怀成就了其所以"能"。

一是中国共产党具有强烈的使命担当。

近代中国逐步沦为半殖民地半封建社会，陷入了山河破碎、内忧外患的黑暗境地，中国人民坠入了战乱频仍、民不聊生的苦难深渊。争取民族独立、人民解放和实现国家富强、人民富裕，成为中国人民要完成的两大历史任务。不管是农民阶级的太平天国运动和义和团运动、地主统治阶级的洋务运动和清末"新政"，还是资产阶级改良派的戊戌变法、革命派的辛亥革命，最终都归于失败，都没有彻底完成反帝反封建的革命任务。80年旧民主主义革命的历史证明：中国的民族资产阶级具有两重性，不可能完成反帝反封建的革命任务。历史车轮滚滚向前，历史呼唤新的阶级担当历史使命！作为工人阶级先锋队组织的中国共产党，就是在这样的历史背景下登上中国政治舞台的。1921年7月23日，中共一大在上海秘密召开，最后一天转到浙江嘉兴南湖红船上召开，标志着中国共产党的创建。从那时起至今，中国共产党团结带领中国人民逐步实现救国、兴国、富国、强国奋斗目标，这百年奋斗历史是一个伟大的光辉历程。

新民主主义革命时期的救国大业。毛泽东同志曾说："中国产生了共产党，这是开天辟地的大事变。""从此以后，中国改换了方向。"立党为公，执政为民。我们党从创建开始，就把实现共产主义作为最高理想和最终目标，担当起为中国人民谋幸福、为中华民族谋复兴的初心和使命。在艰辛探索实

[①] 习近平. 在庆祝中国共产党成立100周年大会上的讲话［N］. 人民日报，2021-07-02（2）.

践中，中国共产党坚持把马克思主义基本原理同中国革命具体实际相结合，开辟了一条农村包围城市、武装夺取政权的正确革命道路，进行了28年浴血奋战，打败了日本帝国主义，推翻了国民党反动统治，完成了新民主主义革命，建立了中华人民共和国。据不完全统计，从1921年至1949年，牺牲的全国有名可查的革命烈士达370多万人，平均每天牺牲370多人，真正诠释了"为有牺牲多壮志，敢教日月换新天"的豪情与壮志。中华人民共和国的成立，宣告中国人民从此站立起来了，彻底结束了半殖民地半封建社会，彻底废除了列强强加给中国的不平等条约，人民真正成为国家和社会的主人，实现了中国从几千年封建专制政治向人民民主的伟大飞跃。

社会主义革命和建设时期的兴国大业。新中国成立初期的形势非常严峻复杂。国内方面，长期战争导致国内一穷二白、满目疮痍；国民党残余伺机破坏。国际方面，以美国为首的西方国家在政治上孤立、在经济上封锁、在军事上威胁我们。1950年6月25日，朝鲜战争爆发，美国入侵朝鲜的同时派第七舰队侵入台湾海峡。党中央和毛泽东主席做出了"抗美援朝，保家卫国"的战略决策。抗美援朝战争充分展示了中华人民共和国的国威军威，提高了中国人民的民族自信心和自豪感，提升了中国共产党在全国人民心中的威信威望，战胜了帝国主义、霸权主义的颠覆破坏与武装挑衅，维护了亚洲和世界的和平。怎样建设社会主义和如何推进中国的现代化，是中国共产党面临的一个全新课题。从学习苏联到"以苏为鉴"，中国共产党开始探索独立的社会主义建设道路。1954年6月，毛泽东曾这样提问："现在我们能造什么？能造桌子椅子，能造茶碗茶壶，能种粮食，还能磨成面粉，还能造纸，但是，一辆汽车、一架飞机、一辆坦克、一辆拖拉机都不能造。" 1956年年底，社会主义改造完成，确立起了社会主义基本制度，开始了大规模的社会主义建设。经过全国人民自力更生、发愤图强、艰苦奋斗，我们很快生产出中华人民共和国历史上的第一架飞机、第一辆汽车、第一台拖拉机等，自行研制出的第一颗原子弹和氢弹先后爆炸成功、第一颗人造地球卫星发射成功、第一艘核潜艇顺利下水，并在世界上首次人工合成牛胰岛素等。经过20多年的奋斗，初步建立起独立的比较完整的工业体系和国民经济体系。以毛泽东同志为核心的党中央第一代领导集体，团结带领全党全国各族人民，进行社会主义革命，确立社会主义基本制度，为当代中国的发展进步奠定了根本政治前提、制度基础；实现了中华民族由近代不断衰落到根本扭转命运并持续走向繁荣与富强的伟大飞跃，为开创中国特色社会主义提供了宝贵经验、理论准备和物质基础。

改革开放和社会主义现代化建设新时期的富国大业。1978年12月邓小平发表《解放思想，实事求是，团结一致向前看》的重要讲话，强调"如果现在再不实行改革，我们的现代化事业和社会主义事业就会被葬送"。这是新时期解放思想、实事求是的宣言书。1978年党的十一届三中全会的召开，实现了党的历史上具有深远意义的伟大转折，开启了改革开放和社会主义现代化建设新局面。以邓小平同志为核心的党中央第二代领导集体，以巨大的政治勇气、理论勇气，解放思想、实事求是，明确提出走自己的路、建设中国特色社会主义，制定"三步走"发展战略，确立社会主义初级阶段基本路线，深刻揭示社会主义本质，创立邓小平理论，科学回答了"什么是社会主义、怎样建设社会主义"等建设中国特色社会主义的一系列基本问题，在拨乱反正和改革开放中成功开创了中国特色社会主义。1989年党的十三届四中全会后，以江泽民同志为核心的党中央第三代领导集体，确立社会主义市场经济体制的改革目标和基本框架，确立社会主义初级阶段的基本经济制度和分配制度，提出依法治国基本方略，推进党的建设新的伟大工程，科学回答了"建设什么样的党、怎样建设党"等一系列基本问题，形成"三个代表"重要思想，开创了全面改革开放新局面，成功把中国特色社会主义推向21世纪。2002年党的十六大后，以胡锦涛同志为核心的党中央，坚持以人为本、全面协调可持续发展，构建社会主义和谐社会，加快生态文明建设，推动建设和谐世界，不断加强党的执政能力和先进性建设，科学回答了"实现什么样的发展、怎样发展"等一系列基本问题，形成科学发展观，在全面建设小康社会的伟大实践中，成功坚持和发展了中国特色社会主义。新时期我国经济得到了快速发展，社会保持了长期稳定。1978年至2012年，我国经济高速增长，国内生产总值先后超过意大利、法国、英国、德国，2010年超过日本，成为世界第二大经济体。同时，出口超过德国，成为世界第一大出口国。成为18世纪工业革命以来继英国、美国、日本、德国之后的"世界工厂"，并于2010年跨入上中等收入国家的行列。在改革开放和现代化建设新时期，中国共产党团结带领中国人民，实现了中华民族从站起来到富起来的伟大飞跃。

中国特色社会主义新时代的强国大业。2012年党的十八大以来，以习近平同志为核心的党中央，科学回答了"新时代坚持和发展什么样的中国特色社会主义、怎样坚持和发展中国特色社会主义"等重大时代课题，创立习近平新时代中国特色社会主义思想，统揽伟大斗争、伟大工程、伟大事业、伟大梦想，统筹推进"五位一体"总体布局、"四个全面"战略布局，坚持完善和发展中国特色社会主义制度，不断推进国家治理体系和治理能力现代化，全面从严治党，解决了许多长期想解决而没有解决的难题，办成了许多过去想办而没有办成的大事，党和国家事业取得了历史性成就、发生了历史性变革，推动中国特色社会主义进入新时代。我国取得载人航天、探月工程、量子通信、海底深潜、航空母舰、大飞机制造等标志性成果，已经成为世界第二大经济体、第一大工业国、第一大货物贸易国、第一大外汇储备国，对世界经济增长的贡献率达到30%左右。我国坚定不移全面深化改革，许多领域实现系统性重塑和整体性重构；全面推进依法治国，法治建设取得新进展；加强党对意识形态工作的领导，巩固马克思主义在意识形态领域的指导地位，弘扬社会主义核心价值观；建成世界上规模最大的社会保障体系；推进生态文明建设，推动美丽中国建设迈出重要步伐；推动国防和军队改革取得历史性突破；推进中国特色大国外交，推进构建人类命运共同体，日益走近世界舞台中央；全面从严治党，反腐败斗争的压倒性态势已经形成并得到巩固发展。2021年7月1日，习近平总书记正式宣告"我们实现了第一个百年奋斗目标，在中华大地上全面建成了小康社会，历史性地解决了绝对贫困问题，正在意气风发向着全面建成社会主义现代化强国的第二个百年奋斗目标迈进"[①]。党的十九大将实现第二个百年奋斗目标分为两个阶段安排。第一个阶段，从2020年到2035年，基本实现社会主义现代化；第二个阶段，从2035年到21世纪中叶，把我国建成富强民主文明和谐美丽的社会主义现代化强国，实现中华民族伟大复兴的中国梦。2020年10月党的十九届五中全会审议通过的《中

[①] 习近平.在庆祝中国共产党成立100周年大会上的讲话[N].人民日报，2021-07-02（2）.

<<< 第一章 "四史"教育的提出背景、主要内容与时代意义

共中央关于制定国民经济和社会发展第十四个五年规划和二〇三五年远景目标的建议》,战略擘画了2035年远景目标。到21世纪中叶,我国物质文明、政治文明、精神文明、社会文明、生态文明都将得到全面提升,成为综合国力和国际影响力领先的国家,全体人民共同富裕基本实现,人民将享有更加幸福安康的生活,中华民族将以更加昂扬的姿态屹立于世界民族之林。

没有共产党就没有新中国,没有共产党就没有中华民族伟大复兴的实现。百年来,中国共产党牢记初心使命,担当奋斗。习近平总书记在2021年春节团拜会上指出:"中国共产党已经发展成为一个走过百年光辉历程、在最大的社会主义国家执政70多年、拥有9100多万党员的世界上最大的马克思主义执政党,得到了14亿中国人民最广泛的支持和拥护。"[①]"百年光辉历程"意指党的历史是一部革命史、奋斗史、建设史、创造史。"最大的社会主义国家"意指中国特色社会主义在世界历史上的重大意义,世界社会主义运动遭受挫折后,中国共产党继续高举科学社会主义旗帜,成功地开创坚持发展中国特色社会主义。"执政70多年"意指党的长期执政,这是实现中华民族伟大复兴的根本保证。"9100多万党员"意指党是当代中国最重要的政治力量。这一数字实际上是动态变化着的,截至2021年6月5日的最新数据,中国共产党党员总数为9514.8万名。[②]"世界上最大的马克思主义执政党"意指党在当今世界马克思主义政党和执政党中的举足轻重地位。"14亿中国人民最广泛的支持和拥护"意指党在世界人口最多的国家长期执政的雄厚广泛的群众社会基础,得人心、合民意。中国共产党立志于中华民族千秋伟业,不忘记来时路,继续走好前行路,牢记初心使命,始终保持蓬勃朝气、昂扬斗志。

二是中国共产党具有科学的指导思想,即以马克思主义为指导。

近代中国在探索国家出路过程中,进行过不同层面的努力与尝试。从学习西方的器物层面到学习资本主义制度层面,再到学习资本主义思想层面,都没有让中国走上独立富强的道路。中国共产党取得成功的关键在于找到了马克思主义这个科学真理,并成功实现了马克思主义中国化。

马克思主义是关于自然界、人类社会、人类思维发展的一般规律的理论

---

① 习近平.在二〇二一年春节团拜会上的讲话[N].人民日报,2021-02-11(1).
② 中共中央组织部.中国共产党党内统计公报[N].人民日报,2021-07-01(5).

体系。中国先进分子走上马克思主义指引的道路，是经过长期艰苦的探索之后所做出的理性选择。马克思主义学说在19世纪40年代创立以后的长时间里，其影响主要限于欧洲。1917年俄国十月社会主义革命以后，五四运动前后的中国思想界产生了一批初步具有共产主义思想的知识分子。李大钊撰写《法俄革命之比较观》《庶民的胜利》《布尔什维主义的胜利》《我的马克思主义观》等，在中国大地率先举起马克思主义旗帜。1921年中国共产党一经成立，就坚持以马克思主义为指导，把实现共产主义作为党的最高理想和最终目标。正是在马克思主义指导下，中国共产党真正实现了立党兴党强党和救国富国强国的伟大工程、伟大事业，领导中国人民取得了举世瞩目的伟大胜利、伟大成就。

中国共产党的百年奋斗史就是不断推进马克思主义中国化的理论创新史。马克思主义自身的科学性、真理性、人民性、实践性，在中国得到了充分验证。马克思主义是发展的科学，具有与时俱进的理论品质，具有开放性和时代性。中国共产党高度重视理论指导和理论创新，重视指导思想的一脉相承和与时俱进，重视用马克思主义中国化最新成果来武装全党，重视实事求是思想路线的贯彻，也重视历史经验的科学总结。在新民主主义革命时期和社会主义革命与建设时期，以毛泽东同志为主要代表的中国共产党人，坚持马克思列宁主义基本原理与中国具体实际相结合，创立了毛泽东思想，实现了马克思主义中国化的第一次历史性飞跃，为党和人民事业发展提供了科学指引。在开创、坚持和发展中国特色社会主义进程中，以邓小平同志、江泽民同志、胡锦涛同志为主要代表的中国共产党人，先后创立邓小平理论、形成"三个代表"重要思想、形成科学发展观。我们党"从新的实践和时代特征出发坚持和发展马克思主义，科学回答了建设中国特色社会主义的发展道路、发展阶段、根本任务、发展动力、发展战略、政治保证、祖国统一、外交和国际战略、领导力量和依靠力量等一系列基本问题，形成中国特色社会主义理论体系，实现了马克思主义中国化新的飞跃"[①]。进入中国特色社会主义新时代，"以习近平同志为主要代表的中国共产党人，坚持把马克思主义基本原理

[①] 中共中央关于党的百年奋斗重大成就和历史经验的决议[N].人民日报，2021-11-17（1）.

同中国具体实际相结合、同中华优秀传统文化相结合,坚持毛泽东思想、邓小平理论、'三个代表'重要思想、科学发展观,深刻总结并充分运用党成立以来的历史经验,从新的实际出发,创立了习近平新时代中国特色社会主义思想",强调它"是当代中国马克思主义、二十一世纪马克思主义,是中华文化和中国精神的时代精华,实现了马克思主义中国化新的飞跃"[①]。马克思主义中国化理论成果释放出强大的思想伟力,其主要原因就是坚持马克思主义基本立场、观点和方法,并适应时代发展需要,不断进行科学研判、解决中国现实问题。

历史与现实反复证明一个规律:马克思主义只有实现中国化才能在中国富有生命力、闪耀真理光芒,也只有实现中国化才能救中国、发展中国,才能发展好中国特色社会主义。作为领导着14亿人口的发展中大国的执政党,面对深刻复杂变化的国际国内环境和思想观念多元多变的新情况,只有坚持用马克思主义中国化的最新成果来武装全党、教育人民,用中国特色社会主义共同理想来凝聚力量,才能做到统一全党全国各族人民的思想,为实现民族复兴的伟大目标而共同奋斗。共同思想基础是一个政党、国家、民族赖以存在发展的根本前提,中国共产党的指导思想,就是中国人民在各个历史时期团结奋斗的共同思想基础,这是党的事业不断发展壮大的重要源泉。

三是中国共产党具有至纯的执政情怀,即以人民为中心。

习近平总书记强调:"人民对美好生活的向往,就是我们的奋斗目标""我们一定要始终与人民心心相印、与人民同甘共苦、与人民团结奋斗""人民至上""江山就是人民,人民就是江山"。这就是中国共产党的执政理念。

1942年在《在延安文艺座谈会上的讲话》中,毛泽东第一次使用了"为人民服务"的科学概念。在党的七大制定的《中国共产党章程》中,第一次明确全心全意为人民服务是共产党人的根本宗旨,提出"中国共产党人必须具有全心全意为人民服务的精神,必须与工人群众、农民群众及其他革命人民建立广泛的联系""每个党员都必须理解党的利益与人民利益的一致性,对

---

① 中共中央关于党的百年奋斗重大成就和历史经验的决议[N].人民日报,2021-11-17(1).

党负责与对人民负责的一致性"[①]。这标志着全心全意为人民服务这一党的宗旨的完全确立。我们党的章程开宗明义,中国共产党是中国工人阶级的先锋队,同时是中国人民和中华民族的先锋队。党坚持全心全意为人民服务,在任何时候都把群众利益放在第一位,永远同群众保持最密切的联系,始终同人民想在一起、干在一起,同甘共苦。党的性质宗旨决定了必须坚持一切为了人民、一切依靠人民,始终把人民放在心中最高位置,把人民对美好生活的向往作为奋斗目标,推动改革发展成果更多更公平惠及全体人民,推动共同富裕取得更为明显的实质性进展,把14亿中国人民凝聚成推动中华民族伟大复兴的磅礴力量。百年党史,就是一部践行党的初心使命的历史,一部党与人民心连心、同呼吸、共命运的历史。党的十九大报告提出推进社会主义现代化的"两个阶段":第一个阶段,从2020年到2035年,再奋斗15年,基本实现社会主义现代化。第二个阶段,从2035年到21世纪中叶,再奋斗15年,把我国建成富强民主文明和谐美丽的社会主义现代化强国。在当代中国,无论是创新驱动、激发活力的改革举措,还是统筹城乡、区域、经济社会建设;无论是治理环境污染、顺应人民对良好生态的期待,还是协调效率与公平的关系,都贯穿落实着鲜明的群众导向、民生导向,彰显着人民至上、共同富裕的价值取向。

历史充分证明,江山就是人民,人民就是江山。人心向背,关系党的生死存亡。习近平总书记明确指出,历史是人民书写的,一切成就归功于人民。中国共产党发展壮大的经验中很重要的一条,就是始终把群众作为智慧和力量的源泉,始终学习人民群众的首创精神,始终在人民群众实践中增长政治智慧和执政本领。党的任何工作做得好不好的根本衡量尺度,就是人民拥护不拥护、人民赞成不赞成、人民高兴不高兴、人民答应不答应。赢得人民信任,得到人民支持,我们党就能够克服任何困难,无往而不胜。

3. 中国特色社会主义为什么好

中国特色社会主义是中国近现代历史发展的必然结果,是中国共产党团结带领人民独自开辟出来的成功道路,是历史的、人民的、实践的必然选择,

---

[①] 中共中央党史研究室、中央档案馆.中国共产党第七次全国代表大会档案文献选编[M].北京:中共党史出版社,2015:619.

集中体现了历史必然性、主体能动性、实践创造性的有机统一。[①]"中国特色社会主义是党和人民历经千辛万苦、付出巨大代价取得的根本成就,是实现中华民族伟大复兴的正确道路。"[②]中国人民在中国共产党的领导下接续奋斗,中华民族迎来了从站起来、富起来到强起来的伟大飞跃。事实证明:只有社会主义才能救中国,只有中国特色社会主义才能发展中国。在全面建设社会主义现代化国家的新征程上,我们必须毫不动摇地继续坚持和发展中国特色社会主义。

一是中国特色社会主义是党和人民历经艰辛取得的根本成就。

首先,中国特色社会主义是历史发展的必然结果。1840年鸦片战争后,中国逐步沦为半殖民地半封建社会,国家蒙辱、人民蒙难、文明蒙尘,中华民族遭受了前所未有的劫难。中国人民奋起抗争,基于不同立场的不同阶级阶层、不同政治力量,各种各样的救国方案轮番出台,但都以失败告终,中国人民也深刻认识到封建主义、资本主义不能救中国。中国迫切需要新思想引领救亡运动,需要新组织凝聚革命力量,需要探索新道路来改变命运。1917年俄国十月革命胜利的消息传到中国,中国人从中看到了中华民族解放和人类文明发展的希望,"走俄国人的路",进行无产阶级革命,建立和发展社会主义,成为中国先进分子的集体选择。在中国人民和中华民族的伟大觉醒中,在马克思列宁主义同中国工人运动的紧密结合中,中国共产党应运而生。从此,中国人民有了自己的定盘星和领路人,开始朝着社会主义和共产主义的目标探索前进。

其次,中国特色社会主义是党和人民的自主选择。坚持走自己的路,这是中国共产党的全部理论和实践立足点,更是党百年奋斗得出的历史结论。独立自主、自力更生是中国共产党团结带领人民取得胜利的重要法宝和根本经验。中国共产党以为人民谋幸福、为民族谋复兴为初心使命,在新民主主义革命时期,开辟了农村包围城市、武装夺取政权的新民主主义革命道路;

[①] 中共中国社会科学院党组理论学习中心组.必须坚持和发展中国特色社会主义[N].人民日报,2021-08-31(12).

[②] 习近平.在庆祝中国共产党成立100周年大会上的讲话[N].人民日报,2021-07-02(2).

中华人民共和国成立后，以毛泽东同志为主要代表的中国共产党人，坚持马列主义基本原理同中国实际"第二次结合"，艰辛探索中国建设社会主义的道路；改革开放新时期，以邓小平同志为主要代表的中国共产党人，"走自己的道路，建设有中国特色的社会主义"。进入新时代，习近平总书记特别指出："当代中国的伟大社会变革，不是简单延续我国历史文化的母版，不是简单套用马克思主义经典作家设想的模板，不是其他国家社会主义实践的再版，也不是国外现代化发展的翻版。"[①]

最后，中国特色社会主义是长期探索的伟大成果。改革开放新时期开创的中国特色社会主义，是党团结带领人民在长期奋斗基础上历经艰辛、接续探索而取得的重大成果。新中国成立后，党领导人民完成社会主义改造，建立社会主义基本制度，为以后的探索奠定了重要基础。党的十一届三中全会后，党领导人民解放思想、实事求是，进行改革开放，成功开创了中国特色社会主义发展道路。党的十三届四中全会后，在世界社会主义遭受严重曲折时，党领导人民坚决捍卫和发展中国特色社会主义，成功把中国特色社会主义推向21世纪。党的十六大以后，党领导人民坚持走科学发展道路，在新的历史起点上坚持和发展了中国特色社会主义。党的十八大以来，党领导人民不忘初心、牢记使命、继续奋斗，中国特色社会主义进入新时代，中国特色社会主义伟大旗帜在全世界高高飘扬。在伟大的社会革命实践中，党领导人民开辟了中国特色社会主义道路，形成了中国特色社会主义理论体系，建立了中国特色社会主义制度，发展了中国特色社会主义文化，四者统一于中国特色社会主义伟大实践，我们必须坚定中国特色社会主义的道路自信、理论自信、制度自信和文化自信。

二是中国特色社会主义是实现中华民族伟大复兴的正确道路。

首先，中国特色社会主义丰富了科学社会主义的基本原则。坚持将科学社会主义理论逻辑和中国社会发展历史逻辑相统一的中国特色社会主义，根植于中国大地，反映中国人民意愿，适应中国和时代发展进步要求，在坚持科学社会主义基本原则的同时，根据时代条件赋予其鲜明的中国特色，为科

---

① 习近平.习近平谈治国理政：第3卷[M].北京：外文出版社，2020：76.

学社会主义做出原创性贡献。中华人民共和国成立后的几十年来，我们党紧紧围绕"什么是社会主义、怎样建设社会主义"这一根本核心主题，坚持马克思主义的指导地位，坚持中国共产党的全面领导，坚持公有制经济的主体地位和按劳分配原则，坚持人民民主专政，坚持共同富裕，在理论和实践层面丰富发展了科学社会主义。社会主义波澜壮阔，历经500多年发展到今天，中国特色社会主义标志了社会主义发展的最新阶段。

其次，中国特色社会主义形成了中国式现代化新道路，创造了人类文明新形态。中国特色社会主义是解放生产力、发展生产力、消灭剥削、消除两极分化、最终达到共同富裕的社会主义。它在推进繁荣发展的进程中，形成了一条符合中国国情的中国式现代化道路，是人口规模巨大、全体人民共同富裕、物质文明和精神文明相协调、人与自然和谐共生、走和平发展道路的现代化。它既反映了人类社会的发展规律和现代化普遍要求，又拓展了发展中国家走向现代化的新途径；既创造物质和精神财富以满足人民对美好生活的需要，又提供优质生态产品以满足人民对生态环境的需要；既推动全人类物质文明的不断丰富发展，又不断弘扬和平、发展、公平、正义、民主、自由的全人类共同价值，为世界贡献中国智慧、中国方案，创造人类文明的新形态。即"我们坚持和发展中国特色社会主义，推动物质文明、政治文明、精神文明、社会文明、生态文明协调发展，创造了中国式现代化新道路，创造了人类文明新形态"[①]。

最后，中国特色社会主义创造了举世瞩目的伟大奇迹。中华人民共和国成立尤其是改革开放以来，我国用几十年时间走完了发达国家几百年才能走完的工业化进程，创造了经济快速发展和社会长期稳定的伟大奇迹。国内生产总值从1952年的679.1亿元跃升至2020年的101.6万亿元，人均国内生产总值从中华人民共和国成立初期的几十美元增加到2020年的超过1万美元，实现了从低收入国家到中高收入国家的跃升，实现了从农业大国到工业大国的历史性转变。中国在世界上的影响力快速提升，自2006年起，我国已连续15年成为世界经济增长的最大贡献国，成为推动世界经济增长的主要动力源。

---

① 习近平.在庆祝中国共产党成立100周年大会上的讲话[N].人民日报，2021-07-02（2）.

中国特色社会主义推动中华民族不断实现新的历史性跨越，我们如期建成了经济繁荣、政治民主、文化发展、社会和谐、生态良好、人民幸福的全面小康社会，历史性地解决了绝对贫困问题，正意气风发向着全面建成社会主义现代化强国目标迈进，实现中华民族伟大复兴进入了不可逆转的历史进程。

总之，"四史"内容上融会贯通、逻辑上环环相扣，是一个紧密相连的有机整体，相互接续，传承创新。因此，把学习党史、新中国史、改革开放史、社会主义发展史紧密结合起来是必然的。习近平总书记不仅强调"四史"教育重要，还反复强调整个历史教育都是非常重要的。"回顾历史，是为了总结历史经验、把握历史规律，增强开拓前进的勇气和力量。"我们要坚持唯物史观，从历史思维出发学习"四史"，传承运用历史实践证明的正确理论经验和智慧，树立正确的历史观、民族观、国家观、文化观。

理论创新每前进一步，理论武装就要跟进一步。中国共产党一贯重视思想建党、理论强党，不忘初心、牢记使命才能更加坚定自觉地把学习贯彻党的创新理论作为思想武装的重中之重，并同学习马克思主义基本原理贯通起来，同学习党史、新中国史、改革开放史、社会主义发展史结合起来，增强贯彻落实的思想自觉和行动自觉。只有这样，才能心明眼亮，才能在纷繁复杂的形势下坚持科学的指导思想和正确前进方向，才能带领人民走对路，才能把中国特色社会主义不断推向前进。

二、"四史"教育的基本原则

我们对历史的理解是多层次的。一是已经过去了的客观存在的历史，即万事万物的实际存在；二是对客观存在的主观反映的历史，即人们对于历史事实的记述；三是对人类社会历史发展及其规律的科学研究的历史，即历史学。虽然我们不可能百分之百地还原历史，但是在主观上秉持科学的历史观，努力呈现历史真实原貌和历史经验规律，这是正确的态度和原则。

（一）坚持唯物史观和正确的党史观

历史观不同，得出的历史结论会有所不同。马克思发现了人类社会发展的规律，科学地解决了社会存在与社会意识的关系问题，创立了唯物史观。

唯物史观的创立，不仅对于经济学而且对于一切除自然科学之外的所有科学都是具有革命意义的发现。马克思主义坚持辩证唯物主义和历史唯物主义，一直强调唯物史观。唯物史观是我们共产党人认识和把握历史的根本方法。

习近平总书记坚持唯物史观，并提出"大历史观"。所谓"大历史观"，就是把微观、中观层面的历史事件历史人物或历史阶段历史时期，放置在宏观的、长时段的、宏阔视野的历史图景中进行把握思考论证，总结历史发展规律和发展趋势。习近平反复强调"大历史观"，就是要从历史长河中探究历史规律，以宏阔的国际视野把握历史大势。即将多重历史维度的讲述阐发和理解思考融会贯通起来，置于中华文明史、中国近现代史、中国共产党史、中华人民共和国史、改革开放史、世界社会主义发展史、马克思主义发展史、世界近现代史的视域下来思考，总结大历史观的运用之道，从而揭示"四史"之间的内在关联。"四史"蕴含了习近平深刻的大历史观。

2013年6月，习近平总书记就运用大历史观来阐发"中国特色社会主义道路来之不易"这一论断。强调中国特色社会主义这条道路"是在改革开放30多年的伟大实践中走出来的，是在中华人民共和国成立60多年的持续探索中走出来的，是在对近代以来170多年中华民族发展历程的深刻总结中走出来的，是在对中华民族5000多年悠久文明的传承中走出来的，具有深厚的历史渊源和广泛的现实基础"[①]。

2017年党的十九大报告中，习近平总书记又特别强调要引导人们树立正确的历史观、民族观、国家观、文化观。一个人的历史观正确与否，影响决定着其世界观和人生观是否正确。历史观是与民族观、国家观、文化观紧密相连的，同时新时代又赋予了新内涵。新时代历史观主要体现为运用大历史观的整体思维和主动意识来思考问题、总结规律、把握大势，充满历史自觉和历史分析方法。新时代民族观强调要遵循铸牢中华民族共同体意识这一基本原则，开展民族工作，解决民族问题，促进民族团结。新时代国家观是从宏阔视野和天下胸怀，运用马克思主义国家学说，战略审视中国自身发展定位和推动构建人类命运共同体。新时代文化观则强调要坚持对中华优秀传统

[①] 习近平.学习党史、国史是坚持和发展中国特色社会主义的必修课[M]//习近平.论中国共产党历史.北京：中央文献出版社，2021：22.

文化、革命文化和社会主义先进文化的继承发展创新，坚定中国特色社会主义文化自信，推动中国特色社会文化强国建设。

习近平总书记明确要求警惕一些错误倾向，如有的夸大党史上的失误和曲折，肆意抹黑歪曲党的历史、攻击党的领导；有的将党史事件同现实问题刻意勾连、恶意炒作；有的不信正史信野史，将党史庸俗化、娱乐化，热衷传播八卦逸闻，对非法境外出版物津津乐道；等等。基于此，2021年2月20日习近平总书记在党史学习教育动员大会上首次正式提出"正确党史观"这一新概念，并阐明树立正确党史观的基本原则和方法。习近平总书记强调，树立正确党史观，首先要坚持以我们党关于历史问题的两个决议和党中央有关精神为依据，准确把握党的历史发展的主题主线、主流本质，正确认识和科学评价党史上的重大事件、重要会议、重要人物。正确党史观是唯物史观在党史领域的内在要求和具体体现。唯物史观是正确党史观的哲学基础。

（二）遵循党关于历史问题的三个决议

我们党在百年奋斗历史进程中，先后通过了关于历史问题的三个历史决议。在不同历史时期，历史决议都发挥了统一思想、统一意志、统一行动的重大作用，是我们学习党史和"四史"的根本遵循，仍将具有长期的深远影响和重要意义。

第一个是1945年党的六届七中全会通过的《关于若干历史问题的决议》。这次会期长达11个月，是召开时间最长的一次会议，其主要内容和最重要成果就是《关于若干历史问题的决议》。该决议对党在历史上的若干问题，特别是对以王明为代表、以教条主义为特征的"左"倾错误做了详细结论；肯定了党的六届三中全会及其后的中央对于停止当时党内存在的"左"倾冒险主义错误所起的积极作用；肯定了刘少奇在白区工作的正确路线；指出了党的六届四中全会、六届五中全会的错误；高度评价了毛泽东运用马克思列宁主义的理论和方法来解决中国革命问题的杰出贡献，指出在全党确立毛泽东领导地位的重大意义。对于1937年以后抗日战争时期党内的若干历史问题，全会认为因为抗日阶段尚未结束，留待将来做结论是适当的。这是我们党首次对党的历史经验做出系统总结，是新民主主义革命时期的重要历史文献，它达成了全党的共识，加强了全党的团结，助推革命事业走向伟大胜利。

第二个是1981年6月党的十一届六中全会通过的《关于建国以来党的若干历史问题的决议》，这是党史上具有深远影响的重要文献。该决议运用马克思主义观点，对新中国成立以来党的重大历史事件和历史问题特别是"文化大革命"、毛泽东同志的功过是非与历史地位、毛泽东思想基本内容与指导意义等做出了实事求是的总结和评价，科学分析了在这些事件与问题中党的指导思想的正确和错误，分析了产生错误的主观因素和社会原因。肯定了党的十一届三中全会以来所逐步确立的适合中国国情的正确道路，即中国特色社会主义发展道路，进一步指明中国社会主义事业和党的工作继续前进的方向。在总结历史的同时，为确立中国下一阶段的路线纲领提供了历史和理论上的依据。

第三个是2021年11月11日党的十九届六中全会通过的《中共中央关于党的百年奋斗重大成就和历史经验的决议》，这是一篇马克思主义的纲领性文献，是新时代中国共产党人的政治宣言，是实现中华民族伟大复兴的行动指南，同党的前两个历史决议既一脉相承又与时俱进。该决议坚持唯物史观和正确党史观，全面总结了党的百年奋斗的重大成就和历史经验，看清楚过去我们为什么能够成功、弄明白未来我们怎样才能继续成功，从而更加坚定、更加自觉地践行初心使命，在新时代更好坚持和发展中国特色社会主义。在党的长期奋斗历程中，以毛泽东、邓小平、江泽民、胡锦涛同志为主要代表的中国共产党人，团结带领全党和全国各族人民推动革命、建设、改革取得了重大成就、积累了宝贵经验。党的十八大以来，以习近平同志为核心的党中央团结带领全党全国各族人民取得了新的重大成就、积累了新的宝贵经验，彰显了中国特色社会主义的强大生机活力，党心、军心、民心空前凝聚振奋，我国国际地位日益巩固，为实现中华民族伟大复兴提供了更为完善的制度保证、更为坚实的物质基础、更为主动的精神力量。中国共产党和中国人民以英勇顽强的奋斗向世界庄严宣告，中华民族迎来了从站起来、富起来到强起来的伟大飞跃，实现中华民族伟大复兴进入了不可逆转的历史进程。[①]

[①] 中共中央政治局召开会议讨论拟提请十九届六中全会审议的文件[N].人民日报，2021-10-19（1）.

准确把握党的历史发展的主题主线、主流本质，就会起到提纲挈领、纲举目张的作用。中国共产党把为中国人民谋幸福、为中华民族谋复兴确立为自己的初心使命。百年来，党团结带领中国人民进行的一切奋斗、牺牲、创造，归结起来就一个主题：实现中华民族伟大复兴。党的历史的主流本质就是在波澜壮阔的百年历程中反映党的不懈奋斗史、不怕牺牲史、理论探索史、为民造福史、自身建设史，这"五史"是融通统一的。

（三）实事求是评价党史重大问题

坚持理论联系实际，实事求是地看待党史上的一些重大问题，就是要求既不能因为成就而回避失误和曲折，也不能因为探索中的失误和曲折而否定成就。

最典型的就是如何正确看待改革开放前和改革开放后两个历史时期的关系。2013年1月5日，习近平总书记在新进中央委员候补委员学习贯彻党的十八大精神研讨班上的讲话中深刻指出，"我们党领导人民进行社会主义建设，有改革开放前和改革开放后两个历史时期，这是两个相互联系又有重大区别的时期，但本质上都是我们党领导人民进行社会主义建设的实践探索"，并强调"不能用改革开放后的历史时期否定改革开放前的历史时期，也不能用改革开放前的历史时期否定改革开放后的历史时期"[①]，此即"两个不能否定"的重要论述。

改革开放前，党领导全国各族人民进行社会主义革命和建设，取得了巨大成就。经过近三十年的奋斗，初步建立起独立的比较完整的工业体系和国民经济体系，为后来开创中国特色社会主义提供了宝贵经验、理论准备和物质基础。我们党在此期间犯过阶级斗争扩大化、所有制问题急于求纯、经济建设急于求成等"左"的错误，发生了"文化大革命"的严重错误。但是不能因此而否定改革开放前的整个历史时期。改革开放后，党领导全国各族人民开创、坚持、发展了中国特色社会主义，取得了历史性成就。党的十一届三中全会做出了把党和国家工作中心转移到经济建设上来、实行改革开放的历史性决策，中国成功走上中国特色社会主义发展道路。但这是在新中国建

[①] 习近平. 论中国共产党历史[M]. 北京：中央文献出版社，2021：3-4.

立起社会主义基本制度,并进行了二十多年建设的基础上开创的。从中国特色社会主义事业的发展全局来看,改革开放前后两个历史时期既有重大区别又有本质联系。改革开放前的社会主义实践探索为改革开放后的社会主义实践探索提供了重要条件,改革开放后的社会主义实践探索则是对改革开放前的社会主义实践探索的坚持、改革与发展。必须坚持辩证唯物主义和历史唯物主义的观点,充分肯定各自历史贡献和历史特点,牢牢全面把握两个历史时期的辩证统一,不能相互否定。习近平总书记关于"两个不能否定"的重要论述,体现了我们党对这一重大历史问题的根本立场,有助于坚定党的历史自信,坚定中国特色社会主义道路自信、理论自信、制度自信、文化自信,坚定推进中国特色社会主义伟大事业。

(四)旗帜鲜明地反对历史虚无主义

旗帜鲜明地反对历史虚无主义,加强思想引导和理论辨析,澄清对党史上一些重大历史问题的模糊认识和片面理解,有助于更好正本清源、固本培元。

历史虚无主义是违背历史唯物主义的一种错误思潮。它完全背离了实事求是的根本原则,用支流去否定主流,用假设去否定事实,用主观分析去否定客观规律,用个别现象去否定本质趋向,甚至编造历史肢解历史,混淆是非、颠倒黑白,实现所谓的"重构历史"、"西化"和"分化"中华民族的政治目的。历史虚无主义表现在对本民族的历史与文化采取轻蔑、否定的态度,在价值层面则是无意义的颓废情绪蔓延。具体表现是否定中华文明,否定以马克思主义为指导的中国共产党,否定社会主义制度,否定中国特色社会主义道路,否定革命领袖、英雄人物等,究其根源是对"中国往何处去"这一问题的不同回答。对此,邓小平同志早就强调:"中国走资本主义道路不行,中国除了走社会主义道路没有别的道路可走。一旦中国抛弃社会主义,就要回到半殖民地半封建社会,不要说实现'小康',就连温饱也没有保证。"[1]

坚决反对、坚定批驳历史虚无主义,重在彻底。马克思强调:"批判的武器当然不能代替武器的批判,物质力量只能用物质力量来摧毁;但是理论一

---
[1] 邓小平.邓小平文选:第3卷[M].北京:人民出版社,1993:206.

经掌握群众，也会变成物质力量。理论只要说服人，就能掌握群众；而理论只要彻底，就能说服人。所谓彻底，就是抓住事物的根本。"①对那些造成广泛的恶劣社会影响的、迷惑性强的，尤其是包装成学术论争观点的历史虚无主义思潮，要进行有力的批驳，不给它们可乘之机。批驳历史虚无主义要通过史论结合、论从史出的方式揭露其唯心史观的本质，因为唯心史观驳不倒，则唯物史观就很难立稳。史论结合，史实要真实可信，论证要扎实充分，摆事实讲道理。同时要知彼知己，在论据上既有国内的又有国外的，将历史虚无主义观点彻底击溃驳倒。

2019年3月18日，习近平总书记在学校思想政治理论课教师座谈会上的讲话中，特别强调讲授中国历史时，"要注重引导学生传承民族气节、崇尚英雄气概，引导学生学习英雄、铭记英雄，自觉反对那些数典忘祖、妄自菲薄的历史虚无主义和文化虚无主义，自觉提升境界、涵养气概、激励担当"②。同年4月30日，习近平总书记在纪念五四运动一百周年大会上，对新时代中国青年寄予厚望，提出要树立和践行社会主义核心价值观，要善于从中华民族传统美德中汲取丰厚的道德滋养，要从英雄人物和时代楷模身上感受道德风范，要从自身内省中提升道德修为，做到明大德、守公德、严私德，抵制拜金主义、享乐主义、极端个人主义、历史虚无主义等错误思想，去追求有高度、有境界、有品位的人生。因此，旗帜鲜明地反对历史虚无主义，是立德树人的一项政治要求。

三、"四史"教育的价值意义

以史为鉴，可以知兴替，向未来。历史、现实、未来是相通的，学习历史是为了更好地走向未来。开展"四史"教育、党史学习教育，是党中央立足党的百年历史新起点、统筹中华民族伟大复兴战略全局和世界百年未有之大变局、为动员全党全国满怀信心投身全面建设社会主义现代化国家而做出的重大决策。在全社会和全党开展"四史"教育与党史学习教育，用新民主

---

① 马克思恩格斯文集：第1卷[M].北京：人民出版社，2009：11.
② 习近平.论中国共产党历史[M].北京：中央文献出版社，2021：71.

主义革命、社会主义革命和建设、改革开放和社会主义现代化建设、新时代中国特色社会主义四个历史时期的伟大成就，增强全党全国人民的历史自信，坚定道路自信、理论自信、制度自信、文化自信，进一步提升全党全国人民的志气和豪气。

2021年2月20日，习近平总书记在党史学习教育动员大会上的讲话中明确强调，开展党史学习教育，"就是要做到学史明理、学史增信、学史崇德、学史力行，教育引导全党同志学党史、悟思想、办实事、开新局"[①]。

一是进一步感悟思想伟力，增强用党的创新理论武装全党的政治自觉。我们党的历史，就是一部不断推进马克思主义中国化的历史，就是一部不断推进理论创新的历史。思想就是力量、指引，理论的生命力在于创新。在近代中华民族的最危急时刻，中国共产党人找到了马克思列宁主义，并坚持把马克思主义基本原理同中国具体实际相结合、同中华优秀传统文化相结合，用马克思主义真理的力量激活了历经几千年创造的中华民族文明，使其再次迸发出强大的精神力量。马克思主义成为我们认识世界、把握规律、追求真理、改造世界的强大思想武器，是我们党和国家必须始终遵循的指导思想。百年来，我们党坚持解放思想和实事求是相统一、培元固本和守正创新相统一，不断开辟马克思主义新境界，产生了毛泽东思想、邓小平理论、"三个代表"重要思想、科学发展观、习近平新时代中国特色社会主义思想，为党和人民事业发展提供了科学理论指导。要从党的非凡历程中领会马克思主义是如何深刻改变中国、改变世界的，感悟马克思主义的真理力量和实践力量，深化对中国化的马克思主义既一脉相承又与时俱进的理论品质的认识，特别是要结合党的十八大以来党和国家事业取得历史性成就、发生历史性变革的进程，深刻学习领会习近平新时代中国特色社会主义思想，坚持不懈用党的创新理论最新成果武装头脑、指导实践、推动工作。

二是进一步把握历史发展规律和大势，始终掌握党和国家事业发展的历史主动。历史发展有其自身的规律，我们必须把握住历史发展规律和大势，抓住变革时机，奋发有为。社会主义必然代替资本主义的历史规律，是马克

[①] 习近平.在党史学习教育动员大会上的讲话[J].求是，2021（7）：6.

思、恩格斯170多年前的科学揭示，是人类社会发展不可逆转的总趋势，我们要把握好长时段历史发展中每个阶段的历史大势，做好当下的事情。百年奋斗中，我们党始终运用马克思主义基本原理分析把握历史大势，正确处理中国与世界的关系，善用历史机遇，我们党的诞生就是顺应世界发展大势的结果。抗日战争时期，我们党从世界反法西斯战争和中国人民抗日救亡强烈愿望的大势出发，促成抗日民族统一战线并最终团结带领人民赢得了抗战的伟大胜利。中华人民共和国的成立和巩固也是顺应时代大潮的产物，在中国建立了社会主义制度，并推动社会主义发展壮大。改革开放的伟大决策，也是从世界经济科技快速发展的时代潮流中深刻洞察而做出的科学判断，拉开了改革开放的历史大幕。要胸怀中华民族伟大复兴战略全局和世界百年未有之大变局，树立唯物史观和大历史观，从历史长河、时代大潮、全球风云中，分析演变机理、探究历史规律，提出相应的战略策略，增强工作的系统性、预见性、创造性。

三是进一步深化对党的性质宗旨的认识，始终保持马克思主义政党的鲜明本色。中国共产党的根基在人民、血脉在人民、力量在人民。为人民而生，因人民而兴，始终同人民在一起，为人民利益而奋斗，是我们党立党兴党强党的根本出发点、落脚点。百年党史就是一部践行党的初心使命的历史、一部党与人民心连心同呼吸共命运的历史。1927年大革命失败后，30多万牺牲的革命者中大部分是跟随我们党闹革命的人民群众；红军时期，人民群众就是党和人民军队的铜墙铁壁；抗日战争时期，我们党广泛发动群众，陷日本侵略者于人民战争的汪洋大海之中；淮海战役胜利是靠老百姓用小车推出来的，渡江战役胜利是靠老百姓用小船划出来的；社会主义革命和建设的成就是人民群众干出来的；改革开放的历史伟剧是亿万人民群众主演的。历史充分证明，江山就是人民，人民就是江山。赢得人民信任和支持，党就能够克服任何困难，就能够无往而不胜。《中国共产党章程》明确规定，中国共产党是中国工人阶级的先锋队，同时是中国人民和中华民族的先锋队。党坚持全心全意为人民服务，在任何时候都把群众利益放在第一位，同群众保持最密切的联系。这就要求我们必须坚持尊重社会发展规律和尊重人民历史主体地位的一致性、为崇高理想奋斗和为最广大人民谋利益的一致性、完成党的各项工作和实现人民利益的一致性，永不脱离群众，与群众有福同享、有难同当。要深刻认识党的性质宗旨，坚持一切为了人民、一切依靠人民，始终把人民放在心中最高位置、把人民对美好生活的向往作为奋斗目标，推动改革发展成果更多更公平惠及全体人民，推动共同富裕取得更为明显的实质性进展，把14亿中国人民凝聚成推动中华民族伟大复兴的磅礴力量。

四是进一步总结党的历史经验，不断提高应对风险挑战的能力水平。党的经验是在历经艰辛、饱经风雨的长期实践和摸索中积累下来的智慧。我们党不断总结经验、提高本领，提高应对风险、迎接挑战的能力和水平。当前，我们正处于世界百年未有之大变局的加速演进期，我国发展面临前所未有的风险挑战，来自国内国际的、政治经济文化社会等领域的、自然界的、传统的非传统的等诸多方面，"黑天鹅"和"灰犀牛"时而出现。为了有效应对重大挑战、抵御重大风险、克服重大阻力、解决重大矛盾，我们必须进行具有许多新的历史特点的伟大斗争，这就要求我们要善于从历史智慧中获得启迪、从历史经验中提炼法宝。新民主主义革命时期，毛泽东同志把统一战线、武装斗争、党的建设概括为克敌制胜的"三大法宝"，为我们党取得新民主主义革命胜利发挥了重要作用。我们总结运用党在不同历史时期成功应对风险挑战的丰富经验，不断增强斗争意识、丰富斗争经验、提升斗争本领，不断提高治国理政的能力和水平。同时，我们还要认识到堡垒最容易从内部攻破。我们党必须不断保持党的先进性和纯洁性，确保我们党不变质、不变色、不变味，不丧失马克思主义政党的政治本色，不背离党的宗旨，不失去最广大人民的拥护支持。要通过总结历史经验教训，不断提高党的领导水平和执政水平，不断增强拒腐防变和抵御风险能力，确保我们党在世界形势深刻变化的历史进程中始终走在时代前列，在应对国内外各种风险挑战的历史进程中始终成为全国人民的主心骨，在新时代坚持和发展中国特色社会主义的历史进程中始终成为坚强领导核心。

五是进一步发扬革命精神，始终保持艰苦奋斗的昂扬精神。在百年来的非凡奋斗历程中，我们党锤炼了不畏强敌、不惧风险、敢于斗争、勇于胜利的风骨和品质，这是我们党最鲜明的特质和特点。一代又一代的中国共产党人顽强拼搏、不懈奋斗，涌现了一大批视死如归的革命烈士、顽强奋斗的英雄人物、忘我奉献的先进模范，形成了以建党精神为源的伟大精神，构筑起了中国共产党人的精神谱系。2021年9月29日，党中央批准发布了第一批中国共产党人精神谱系。这些伟大精神是：建党精神；井冈山精神、苏区精神、长征精神、遵义会议精神、延安精神、抗战精神、红岩精神、西柏坡精神、照金精神、东北抗联精神、南泥湾精神、太行精神（吕梁精神）、大别山精神、沂蒙精神、老区精神、张思德精神；抗美援朝精神、"两弹一星"精神、雷锋精神、焦裕禄精神、大庆精神（铁人精神）、红旗渠精神、北大荒精神、塞罕坝精神、"两路"精神、老西藏精神（孔繁森精神）、西迁精神、王杰精神；改革开放精神、特区精神、抗洪精神、抗击"非典"精神、抗震救灾精神、载人航天精神、劳模精神（劳动精神、工匠精神）、青藏铁路精神、女排精神；脱贫攻坚精神、抗疫精神、"三牛"精神、科学家精神、企业家精神、探月精神、新时代北斗精神、丝路精神。① 这些宝贵精神财富集中体现了党的坚定信念、根本宗旨、优良作风，凝聚着中国共产党人艰苦奋斗、牺牲奉献、开拓进取的伟大品格，深深融入我们党、国家、民族、人民的血脉之中，为我们立党兴党强党提供了丰厚滋养。同时，我们要清醒看到一些党员干部出现了承平日久、精神懈怠的心态，表现为不思进取、庸政懒政、患得患失、不敢担当、贪图名利享受等。要发扬将革命进行到底的精神，发扬共产党人"为有牺牲多壮志，敢教日月换新天"的奋斗精神，发扬红色传统、传承红色基因，赓续共产党人精神血脉，始终保持革命者的大无畏奋斗精神，鼓起迈进新征程、奋进新时代的精气神。

六是进一步增强党的团结和集中统一，确保全党步调一致向前进。旗帜鲜明讲政治、保证党的团结和集中统一是党的生命，也是我们党能成为百年大党、创造世纪伟业的关键所在。党的政治建设的首要任务是保证全党服从中央，维护党中央权威和集中统一领导。土地革命战争时期，在红军第五次反"围剿"失败和长征初期严重受挫的历史关头召开的遵义会议，是我们党历史上一次具有伟大转折意义的重要会议。它确立了毛泽东同志在党中央和红军的领导地位，开始确立了以毛泽东同志为主要代表的马克思主义正确路

---

① 中国共产党人精神谱系第一批伟大精神正式发布［N］.人民日报，2021-09-30（1）.

线在党中央的领导地位，开始形成以毛泽东同志为核心的党的第一代中央领导集体，在最危急关头挽救了党、挽救了红军、挽救了中国革命。之后，全党真正深刻认识到维护党中央权威和集中统一领导的重大意义并成为自觉行动还经历了一个过程。延安整风运动，解决了党内存在的思想分歧、宗派主义等问题，使全党达到了空前的团结统一，为夺取抗战胜利和全国解放奠定了强大思想政治基础。党的十八大以来，我们全力推进党的政治建设，健全维护党中央权威和集中统一领导的各项制度。要从党史中汲取正反两方面历史经验，坚定不移向党中央看齐，不断提高政治判断力、政治领悟力、政治执行力，切实增强"四个意识"、坚定"四个自信"、做到"两个维护"，确保全党上下拧成一股绳，心往一处想、劲往一处使。

2021年11月，党的十九届六中全会进一步总结党的百年奋斗的重大成就和历史经验。回望过往的奋斗路，眺望前方的奋进路，提出我们必须把党的历史学习好、总结好，把党的成功经验传承好、发扬好，学会以历史的思维分析事物，真正做到立足现实、守正创新、走向未来，把对"四史"教育的学思践悟，统筹于知史爱党、知史爱国、知史爱民的伟大实践中。

（一）牢记初心使命，推进中华民族伟大复兴历史伟业

我们党自诞生之日起，就以为中国人民谋幸福、为中华民族谋复兴为自己的初心使命。一百年来，我们党都始终站在时代前列，把握历史主动，锚定奋斗目标，坚定砥砺前行。从石库门到天安门，从兴业路到复兴路，经过长期的努力，中国特色社会主义进入新时代。党的十九大报告论述这个时代，是承前启后、继往开来、在新的历史条件下继续夺取中国特色社会主义伟大胜利的时代，是决胜全面建成小康社会、进而全面建设社会主义现代化强国的时代，是全国各族人民团结奋斗、不断创造美好生活、逐步实现全体人民共同富裕的时代，是全体中华儿女勠力同心、奋力实现中华民族伟大复兴中国梦的时代，是我国日益走近世界舞台中央、不断为人类发展做出更大贡献的时代。

习近平总书记在2021年"七一"讲话中宣告，经过全党全国各族人民几代人的持续奋斗，我们终于全面建成了小康社会，脱贫攻坚战如期打赢，历

史性地解决了绝对贫困问题，实现了第一个百年奋斗目标。现在，我们比历史上任何时期都更接近中华民族伟大复兴的目标，比历史上任何时期都更有信心、有能力实现这个目标。但是中华民族伟大复兴，绝不是轻轻松松、敲锣打鼓就能实现的。十九大已经确定了新的两步走战略，到2035年，我们党要团结带领人民基本实现社会主义现代化，并在这个基础上再奋斗15年，到21世纪中叶全面建成社会主义现代化强国。我们必须始终牢记初心使命，坚持和加强中国共产党的领导，坚持推进马克思主义中国化，坚持以人民为中心，秉承"江山就是人民、人民就是江山"理念，昂首阔步迈向全面建成社会主义现代化强国的第二个百年奋斗目标。

中华民族伟大复兴曙光在前、前途光明，必须牢记初心使命，担当奋斗。开展"四史"教育、党史学习教育，就是要认清当代中国的历史方位，增强历史自觉，把回顾历史、把握现在、展望未来贯通起来，把牢正确方向，激发为实现中华民族伟大复兴而奋斗的不竭动力，开创新的历史伟业。

（二）坚定信仰信念信心，在新时代坚持和发展中国特色社会主义

习近平总书记强调，信仰、信念、信心，任何时候都至关重要。坚定共产主义的信仰，坚定中国特色社会主义的信念，坚定中华民族伟大复兴的信心，这是共产党人的政治灵魂，是共产党人经受住一切挑战和考验的精神支柱。"四史"所展现的波澜壮阔的伟大历程，中国共产党所领导的举世瞩目的伟大成就，都给予我们坚定中国特色社会主义道路自信、理论自信、制度自信、文化自信以最坚实的基础。

中国共产党成功运用马克思主义基本原理，紧密结合中国国情、中国实践，团结带领中国人民从半殖民地半封建社会的苦难深渊中，真正翻身成为国家、社会和自己的主人，实现了最广泛的人民民主；在一穷二白的基础上创造了经济社会平稳快速发展的历史性奇迹，用几十年时间完成了西方发达国家几百年走过的工业化，一跃晋升为世界第二大经济体，综合国力、科技实力、文化影响力、国际影响力等显著提升；人民生活由温饱不足、总体小康到全面小康，彻底摆脱了绝对贫困，是世界上达到中等收入水平的人口最多的国家；长期保持社会稳定发展，人民安居乐业，充分彰显社会制度优势，

走向共同富裕。创造的这些历史性成就和奇迹，让我们深刻认识到红色政权来之不易、中华人民共和国来之不易、中国特色社会主义来之不易，深刻认识到中国共产党为什么能、马克思主义为什么行、中国特色社会主义为什么好，充分论证了对中国共产党、中华人民共和国、中国特色社会主义充满自信，从而继续坚定"四个自信"，坚持历史定力，增强做中国人的志气、骨气、底气。

（三）推进党的自我革命，永葆党的生机活力

勇于自我革命，是中国共产党最鲜明的品格，是区别于其他政党的显著标志，也是最大的政治优势。我们党能够从50多名党员经过百年发展到今天的9500多万名党员，战胜各种困难，不断取得胜利，关键在于始终坚持党要管党、全面从严治党，在推动社会革命的同时进行彻底的自我革命。党的自我革命表现为自我净化、自我完善、自我革新、自我提高，不断增强政治领导力、思想引领力、群众组织力、社会号召力。中国共产党是马克思主义创新型政党，坚持思想建党和制度治党同向发力，已经形成比较完备的党内法规制度体系，不断自我革命成为中国共产党领导的最大制度优势。自我革命是我们党长盛不衰的奥秘所在，是我们党给出的跳出历史周期律的第二个答案。

纵观百年党史，中国共产党始终与人民休戚与共、生死相依，"江山就是人民、人民就是江山，打江山、守江山，守的是人民的心"。中国共产党始终代表最广大人民根本利益，不谋私利才能真正谋根本、谋大利，才能真正从党的性质和根本宗旨出发，从人民根本利益出发，推进自我革命。在全社会开展"四史"教育，在全党开展党史学习教育，就是要教育引导全国人民共同开启向社会主义现代化强国进军的伟大社会革命，教育引导坚持全面从严治党永远在路上，保持继续"赶考"的清醒，以新时代党的自我革命引领新的伟大社会革命。我们要继续发扬彻底的革命精神，针对一些弱化党的先进性、损害党的纯洁性的问题，必须坚持以正风肃纪反腐来更好地凝聚党心、军心、民心，坚决反对特权思想、特权现象，纠治形式主义、官僚主义、享乐主义和奢靡之风，健全为人民执政、靠人民执政的各项制度，培养造就忠

诚干净担当的干部队伍，提高全党斗争本领和应对风险挑战的能力，提高党的创造力、凝聚力、战斗力，有力推进党的建设新的伟大工程，共同为实现中华民族伟大复兴的中国梦而继续奋斗。

"中国的昨天已经写在人类的史册上，中国的今天正在亿万人民手中创造，中国的明天必将更加美好。"中国共产党波澜壮阔的百年历程，反映了党的不懈奋斗史、不怕牺牲史、理论探索史、为民造福史、自身建设史，使人们深刻认识到红色政权来之不易、中华人民共和国来之不易、中国特色社会主义来之不易，深刻认识到中国共产党为什么能、马克思主义为什么行、中国特色社会主义为什么好。正如2021年2月26日中共中央印发的《关于在全党开展党史学习教育的通知》所指出的，开展党史学习教育，"对于总结历史经验、认识历史规律、掌握历史主动，对于传承红色基因、牢记初心使命、坚持正确方向，对于深入学习领会习近平新时代中国特色社会主义思想，进一步统一思想、统一意志、统一行动，建设更加强大的马克思主义执政党，在新的历史起点上奋力夺取新时代中国特色社会主义伟大胜利，具有重大而深远的意义"[①]。

---

① 在全党开展党史学习教育[N].人民日报，2021-02-27（1）.

第二章

"四个自信"的生成逻辑、基本内涵与价值意蕴

"四个自信"是对中国特色社会主义道路自信、理论自信、制度自信和文化自信的简称，本质上亦即对中国特色社会主义的自信，或者说是对中国特色社会主义的思想特质、精神特征和本质属性的一种真理性认识和系统性概括，表现为对中国特色社会主义事业、发展本质和规律的坚定信念和坚强信心。"四个自信"的形成和发展，一方面，经历了一个逐步成熟、不断深化和系统丰富的过程。另一方面，有着深刻的学理逻辑、历史发展和社会实践逻辑。其生成逻辑彰显出科学社会主义理论逻辑指导与中国社会发展历史和实践逻辑的有机统一，毛泽东思想、中国特色社会主义理论体系、习近平新时代中国特色社会主义思想科学社会主义理论与中华优秀传统文化的有机统一。

坚定"四个自信"，能够为实现中华民族伟大复兴的中国梦奠定科学理论指导、坚实政治保障、强大精神动力和智力支持，为中国特色社会主义事业继续前进、取得更大成就和实现伟大梦想提供根本保证，同时，也为推动世界科学社会主义的蓬勃发展与建构"人类命运共同体"贡献中国智慧和中国方案。必须采取各种有效和综合性的举措，努力建设一个经济科技发达、政治进步、文化繁荣、社会和谐、生态文明的社会主义现代化强国，这是增强和坚定"四个自信"的前提基础、根本举措和必由之路。

第一节 "四个自信"的提出及其发展脉络

中国特色社会主义是以邓小平、江泽民、胡锦涛、习近平为主要代表的中国共产党人团结率领中国人民知耻后勇、奋发图强、接续奋斗的文化自觉选择和理论实践成果。正如习近平总书记所指出的，中国特色社会主义不是

天上掉下来的……是改革开放新时期开创的，也是建立在我们党长期奋斗基础上的，是由我们党的几代中央领导集体团结带领全党全国人民历经千辛万苦、付出各种代价、接力探索取得的。① 同样，中国特色社会主义"四个自信"的产生、形成和发展也不可能是一蹴而就的，而是经历了从"一个自信"到"两个自信""三个自信"再到"四个自信"这样一个逐步成熟、不断深化、系统丰富和全面总结的历史过程。

就学术研究而言，理论自信命题的提出，较早见于2007年11月《北京日报》所发表的北京日报社社长梅宁华同志的《实践成果与理论自信》一文。该文针对苏联社会主义实践的失败、我们党在探索社会主义过程中的失误及其中国特色社会主义创立和发展所取得的巨大成就，明确指出，要敢于亮出自己的旗帜，建立自己的理论自信，健全中国主体意识。②2009年《人民论坛》杂志以《大国的理论自信》（上、下）篇为标题，以金融危机、西方资本主义与中国化的社会主义理论比较为视域对理论自信展开了分析，并强调指出，金融危机的发生进一步印证了中国特色社会主义理论的正确性，也坚定了我们继续走这条道路的坚定信心。只有树立更客观、理性的理论自信，不被各种错误思潮左右，我们才能在中国特色社会主义道路上走得更稳更快、更加扎实。

关于制度自信的研究，最早使用制度自信概念的是毛颖颖在《以充分的制度自信推进民主政治》的文章中提出的。该文以2011年11月北京基层人大代表换届选举为例，分析指出，对中国基本政治制度设计的合理性，对中国特色政治发展道路的生命力，我们应该有充分的自信。通过不懈努力，中国特色政治发展道路必将拥有广阔的前景，必将展现出更加强大的生命力。对此，我们要有足够的自信。③

关于道路自信，2002年11月召开的党的十六大指出，十一届三中全会以来，我们党找到了建设中国特色社会主义的正确道路，赋予民族复兴新的强大生机，并强调我们党对这条道路充满信心，这是党的代表大会文件对中

---

① 习近平.习近平谈治国理政：第1卷［M］.北京：外文出版社，2018：7.
② 梅宁华.实践成果与理论自信［N］.北京日报，2007-11-19（18）.
③ 毛颖颖.以充分的制度自信推进民主政治［N］.北京日报，2011-11-11（4）.

国特色社会主义道路自信的初步表述。2004年,党中央提出了实施马克思主义理论研究和建设工程这一重大战略,并发出了要建设具有中国特色、中国风格、中国气派的哲学社会科学的倡议,为"三个自信"的提出做了比较充分的理论准备。2007年10月召开的党的十七大,第一次把改革开放以来我们取得一切成绩和进步的根本原因,归结为开辟了中国特色社会主义道路,形成了中国特色社会主义理论体系,并强调要始终保持对马克思主义、对中国特色社会主义、对实现中华民族伟大复兴的坚定信念,保持对完成党的各项目标任务充满信心,这是我们党的代表大会文件对中国特色社会主义道路自信、理论自信的初步表达。2012年11月召开的党的十八大,第一次把党和人民90多年奋斗、创造、积累的根本成就概括为中国特色社会主义道路,中国特色社会主义理论体系,中国特色社会主义制度,并强调全党要坚定"三个自信",首次完整提出了坚定"三个自信"的思想主张,强调要坚定中国特色社会主义的"道路自信、理论自信、制度自信"[①]。这是党的代表大会文件中对"三个自信"的最早表述。2013年11月召开的十八届三中全会再一次强调提出,要不断增强中国特色社会主义的道路自信、理论自信、制度自信。

关于文化自信,学术界早在1999年的学术期刊中就开始了相关问题的研究。2010年,《红旗文稿》以《文化自觉 文化自信 文化自强——对繁荣发展中国特色社会主义文化的思考》(上、中、下)为标题,连续刊发了刘云山同志的三篇文章,就文化自觉、文化自信、文化自强做了比较系统、全面和深刻的论述。2011年,胡锦涛在庆祝中国共产党成立90周年大会上的讲话中明确提出:"我们必须以高度的文化自觉和文化自信,着眼于提高民族素质和塑造高尚人格,以更大力度推进文化改革发展,在中国特色社会主义伟大实践中进行文化创造,让人民共享文化发展成果。"[②]2011年党的十七届六中全会决议又重申,必须培养高度的文化自觉和文化自信,努力建设社会主义文化强国,并且首次正式提出了中国特色社会主义文化发展道路的命题。

2012年11月,党的十八大报告再次强调了文化自信,提出要坚定文化自

---

① 十八大以来重要文献选编:上[M].北京:中央文献出版社,2014:13.
② 胡锦涛.在庆祝中国共产党成立90周年大会上的讲话[N].光明日报,2011-07-01(1).

信，推动社会主义文化繁荣兴盛，建设社会主义文化强国。①党的十八大以后，习近平总书记又在多个场合多次提到文化自信，诠释其文化价值观。如2014年2月他在中央政治局第十三次集体学习中提出要"增强文化自信和价值观自信"，2014年10月在文艺工作座谈会上提出要"增强文化自觉和文化自信"等。而习近平总书记把"三个自信"与"价值观自信"联系在一起进行阐发和讨论，则是在2014年3月7日参加全国十二届人大二次会议贵州代表团审议时的讲话中提到的。他指出，一个国家综合实力最核心的还是文化软实力，这事关精气神的凝聚，我们要坚定理论自信、道路自信、制度自信，最根本的还要加一个文化自信。在其后的多个场合他又反复提及，比如在2014年5月4日在北京大学师生座谈会上的讲话中再一次论及，实现我们的发展目标，实现中国梦，必须增强道路自信、理论自信、制度自信，而这"三个自信"需要我们对核心价值观的认定做支撑。2014年10月15日他在文艺工作座谈会上的讲话中又提出，增强文化自觉和文化自信，是坚定道路自信、理论自信、制度自信的题中应有之义。2016年5月他在哲学社会科学工作座谈会中指出："坚定中国特色社会主义道路自信、理论自信、制度自信，说到底是要坚定文化自信，文化自信是更基本、更深沉、更持久的力量。"②2016年6月在中共中央政治局第三十三次集体学习中又把"文化自信"与"三个自信"放在一起，强调必须坚定中国特色社会主义道路自信、理论自信、制度自信、文化自信。

习近平总书记在2016年7月1日庆祝中国共产党成立95周年大会上的讲话中首次提出了"四个自信"的理论命题，第一次把文化自信融入"三个自信"之中，从而形成了"四个自信"，并进一步强调了文化自信的价值意蕴和基础作用。"全党要坚定道路自信、理论自信、制度自信、文化自信。当今世界，要说哪个政党、哪个国家、哪个民族能够自信的话，那中国共产党、中华人民共和国、中华民族是最有理由自信的。"③这是习近平总书记第一次向全党明确提出并号召要坚持"四个自信"的战略要求。同时，他还就文化自信

---

① 习近平.决胜全面建成小康社会 夺取新时代中国特色社会主义伟大胜利——在中国共产党第十九次全国代表大会上的报告[M].北京：人民出版社，2017：40-41.
② 习近平.习近平谈治国理政：第2卷[M].北京：外文出版社，2017：339.
③ 习近平.习近平谈治国理政：第2卷[M].北京：外文出版社，2017：36.

的基本内涵进行了诠释,"在5000多年文明发展中孕育的中华优秀传统文化,在党和人民伟大斗争中孕育的革命文化和社会主义先进文化,积淀着中华民族最深层的精神追求,代表着中华民族独特的精神标识"[①]。2017年党的十九大报告又把坚定文化自信,推动社会主义文化繁荣兴盛作为一个专题进行论述,强调指出,文化自信是一个国家、一个民族发展中更基本、更深沉、更持久的力量。文化是一个国家、一个民族的灵魂。文化兴国运兴,文化强民族强。没有高度的文化自信,没有文化的繁荣兴盛,就没有中华民族的伟大复兴。要求全党和全国各族人民坚定文化自信、推动社会主义文化繁荣兴盛、更加自觉地增强"四个自信",始终坚持和发展中国特色社会主义。习近平总书记之所以反复强调文化自信,主要是着眼于中华民族伟大复兴中国梦愿景的战略考量,由文化自信的功能、性质和作用所决定的。文化自信是实现中华民族伟大复兴的精神力量,是中华文化创造新辉煌的精神引领,是一个民族、国家和政党独立自主的精神支柱,是在两种社会制度较量中立于不败之地的定海神针,是于各种思想激荡和交锋中稳坐钓鱼台的内在定力。[②] 从此,"四个自信"迅速成为理论宣传、学术研究和社会关切的热点问题,成了新时代中国特色社会主义的重大时代课题。

习近平总书记把文化自信融入"三个自信"并扩展成为"四个自信",认为文化自信是更基础、更广泛、更深厚的自信,是"三个自信"的精神动力和价值导引。这并不是一个简单的数字叠加,而是在科学的理论语境和深刻的社会历史文化背景之下,现实社会的文化进步乃至经济社会整体发展的内在诉求所然,也是中国共产党人文化自觉和精神自主的历史必然,具有极大的理论和实践意义。

首先,就文化本身的价值、功能和作用而言,文化具有塑造个人理想人格和人生信仰、形成价值共识和凝聚民族精神、整合社会秩序等作用。无论是道路自信、理论自信还是制度自信,只有建立在文化自信的基础之上,建立在一定的思想指导、价值追求和精神底蕴之上,才能稳固和扎实,否则这

[①] 习近平. 在庆祝中国共产党成立95周年大会上的讲话 [EB/OL]. 新华网,2016-07-01.

[②] 刘仓. 论习近平文化自信的多维理路 [J]. 山东社会科学,2017(12):22-23.

"三个自信"就会缺失其内在精神和思想价值的支撑。或者说，如果没有先进文化的指引，就不可能有先进制度、道路和理论体系的建构。"道路、理论和制度既是文化的基本构成元素，也是文化的具体呈现样态。离开文化的深厚滋养，道路、理论、制度就会像无本之木、无源之水；没有精神层面、文化维度的坚定自信，道路自信、理论自信、制度自信就会慢慢失去智慧支持、道义支撑和价值引领。"[1]

中国特色社会主义道路本质上是为中国人民谋幸福、为中华民族谋复兴的，同时也是在探索一条为世界人民谋解放的必由之路，其本身必然蕴含着价值追求和理想信仰，因而，文化自信为中国特色社会主义道路自信和发展方向提供旗帜指引和精神底蕴。而建立在科学社会主义理论指导和中国社会发展实践相结合的基础上所形成的理论形态就是马克思主义中国化的历史性飞跃成果——毛泽东思想、中国特色社会主义理论体系、习近平新时代中国特色社会主义思想。理论自信本身就属于文化自信的范畴，是中国特色社会主义文化自信在价值追求和精神信仰上的理性表达和科学阐释。中国特色社会主义制度自信则是建立在无产阶级的利益体现和意志彰显基础之上的，是中国特色社会主义文化自信在价值追求和精神信仰上的体制机制保障和物化形态。

文化自信与道路和制度相比较，其广泛性在于道路和制度都必然蕴含着思想理念和价值追求。而其深厚性则表现在，文化属于最根本、最深层次的上层建筑，其本质是精神信仰、价值观和终极关怀，它直接决定着道路和制度的本质属性、根本宗旨和发展方向，而这种思想精神和价值底蕴是看不见、摸不着的，需要透过现象看本质，结合历史经验和教训而进行现实的深刻思考和理性概括，这也是在"四个自信"中，文化自信较晚提出的一个非常重要的原因。从某种意义上讲，中国崛起，或者说是中华民族伟大复兴，最根本的是需要更加自觉的文化自主和精神觉醒，"实现中华民族伟大复兴的中国

---

[1] 秦志龙，王岩. 论坚定文化自信的三个基本问题[J]. 科学社会主义（双月刊），2017（1）：62.

梦,需要重建中华民族的文化自信,以文化创新实现中华民族的文化复兴"[①]。近代中国落后挨打,究其主要原因,与其说是经济、军事、政治制度上的落后,倒不如说是文化精神上的落后所最终导致的经济、军事、政治制度上的落后。欧洲近代的崛起是以文艺复兴、宗教改革和启蒙运动为先导的,以实践是检验真理唯一标准问题的大讨论为开端的改革开放以及所形成的道路自信、理论自信和制度自信,最后也是以文化自信为落脚点。这并非是唯心主义所理解的"文化决定论",而恰恰是文化上层建筑的相对独立性以及一定条件之下的反作用乃至决定作用的具体表现。"'中国崛起'必定伴随着中国文化的振兴,或者换句话说,没有中国文化的崛起,就不可能有所谓的'中国崛起',虽然'中国崛起'并不仅仅是中国文化的崛起。"[②]

其次,中华民族五千年博大精深的历史文化成果及其灿烂辉煌的人类文明成就,本身就足以充分说明先进的思想主张、文化理念和精神风貌对于一个民族的兴旺发达和繁荣昌盛所起到的巨大作用。从中国近代史来看,正是由于20世纪初以陈独秀、李大钊、鲁迅、胡适等文化精英所领导的新文化运动,才开启了中国近代思想解放和精神启蒙的时代大幕,才在科学与民主的现代思想旗帜下唤起了中华民族古老的自尊、自主、自强的民族精神的伟大觉醒。经过新文化运动和五四运动的洗礼,在中华民族面临亡国灭种的严峻生存危机面前,在新民主主义革命的艰苦岁月中,以毛泽东同志为代表的中国共产党人,把马克思主义普遍真理和中国革命的客观实际紧密结合,把科学社会主义思想和中华优秀传统文化有机融合,团结、组织和带领中国人民逐渐凝练、形成了新民主主义和社会主义时期的革命文化,实现了马克思主义理论指导和中华优秀传统文化融合发展的精神意义上的文化自觉和独立自强。这是自近代以来中华民族真正"站起来"的内在精神底蕴和文化支撑,中国人民的精神风貌才发生了脱胎换骨的变化,中华民族才真正开启了精神复兴的伟大历史征程。

[①] 徐瑞仙.从自卑到自信:中华民族文化复兴的历程与进路[J].甘肃社会科学,2016(2):42.

[②] 赵金科,林美卿.王道与霸道:中国和平崛起的文化自觉与路径选择[M].北京:中国书籍出版社,2017:238.

其后在社会主义建设初步探索、改革开放和社会主义现代化建设时期、中国特色社会主义新时代，在实现国家富强和人民共同富裕的历史进程中，经过艰苦探索和实践推进，我国又形成了以改革创新为主要标志的社会主义先进文化，进而完成了由"富起来"到"强起来"的伟大跨越。这种强大不仅意味着经济、政治、科技和军事等意义上的强大，更意味着中华民族精神上的复兴。中国特色社会主义文化自信及其深刻的生成逻辑，既是马克思主义理论指导与中国革命、建设和改革开放实践相结合的产物，又是中华优秀文化传承和中国特色社会主义文化守正创新的结果。"中国特色社会主义文化自信的基本根据在于其孕育于中华民族文化传统，承接了其精神基因，具有厚重的历史优势；在于其以马克思主义为指导思想，具有推进社会进步促进人类解放的先进思想文化内涵；在于其与中国革命文化传统一脉相承；在于中国社会主义伟大实践成果的支撑。"[1]

再次，文化自信及其"四个自信"，不仅仅是要唤起当代中国人民对于中国特色社会主义的自信心，某种意义上，其实也是对自近代以来西方资本主义文化及其工业文明体系的一次比较性回应。这一回应并非仅仅是对由20世纪80年代以来苏联解体、东欧剧变所引发的所谓"历史终结论"的喧嚣，也绝不意味着只是粉碎自近代以来弥漫于中华民族历史天空中的文化虚无主义和历史虚无主义乃至民族虚无主义的迷雾，更应当从开启人类历史发展的新理念、新范式、新道路意义上来透析和诠释。

近代以来，由西方资本主义文化和工业文明所主导的资本主义的价值体系（建立在性私论基础上的社会达尔文主义的丛林法则、民族利己主义和殖民主义）和发展道路（建立在掠夺与扩张基础上的野蛮崛起、强则必霸、全球奴役之路），对于促进人类文明和历史进步的积极作用已经显得愈来愈力不从心。尽管中国文化的建设历程充满艰辛、坎坷、曲折和磨难，甚至几度还出现过文化虚无主义和历史虚无主义的逆流，但随着时间的推移和西方文明的日渐颓废，尤其是21世纪初西方资本主义世界爆发的"次贷危机""主权债务危机""疫情危机"所凸显的西方文明危机，加之中国经济的腾飞和社会

---

[1] 范晓峰，郭凤志.关于中国特色社会主义文化自信的几点思考[J].思想教育研究，2016（7）：33.

进步的跨越式发展所体现的现实对比,中华民族终于迎来了文化理性主义和历史理性主义。当代中国乃至整个世界,越来越多的人终于开始认识到,中国优秀传统文化"天人合一"思想、追求人与自然和谐相处的哲学观念,以及在"厚德载物""道法自然""中庸和谐"等思想原则的辩证思维路向指引下所崇尚的人与人、人与社会、民族与国家以及人的身心之间和谐统一的文化精神,对于纠偏和克服西方文化中所蕴含的"人类中心主义""科技至上主义""社会达尔文主义""民族利己主义""拜金主义""消费主义"思潮所带来的人类现代文明困境,具有极其重大的文化意义和现代性的超越价值。"总之,西方文化在认识和处理人与自然的关系,人与人、人与群己、社会、民族国家乃至天下的关系,人与自身灵与肉的关系三个方面,都是失败的,加剧和激化了三者之间的矛盾对立。"[1]而作为这种古老中华精神和现代民族文化相融合的产物,中国特色社会主义所主张的和平发展、合作共赢的发展理念,"一带一路"精神,"人类命运共同体"的思想及其倡导,才应当是这种新发展理念和新文明道路的共同价值观。

由此可见,习近平总书记把文化自信融入"三个自信"并形成"四个自信",彰显出他对中国特色社会主义文化本质的深刻洞察与文化自信的高度重视,是新时代中国共产党人对中国特色社会主义道路、理论、制度与文化发展的深刻总结和系统把握。"习近平总书记关于'四个自信'的重要论述,创造性地拓展了党的十八大提出的中国特色社会主义'三个自信'的谱系,凸显了中国特色社会主义的文化根基、文化本质和文化理想,标志着我们党对中国特色社会主义有了更加明确而开阔的文化建构。"[2]

从一个更加深远的历史视域和国际文化背景来看,中国特色社会主义文化自信和"四个自信"又是对资本主义文化及其文明的巨大销蚀和冲击,对于引领人类文明的发展道路与发展方向具有重大意义和深远影响,这也是十九大报告"为解决人类问题贡献了中国智慧和中国方案"更深层次的思想

---

[1] 赵金科,林美卿.王道与霸道:中国和平崛起的文化自觉与路径选择[M].北京:中国书籍出版社,2017:240.

[2] 冯鹏志.从"三个自信"到"四个自信"——习近平总书记对中国特色社会主义的文化建构[J].政策,2016(9):16.

旨归。尽管当代"西强东弱"的世界格局还没有得到根本改观，但"东风压倒西方"的历史趋势既然已经开始不可逆转地形成了，那么，其光明前景就不可阻挡。苏联模式的社会主义在开创社会主义运动及其制度上的贡献确实应当值得我们肯定，但其实行的大国沙文主义和霸权主义行径，不仅成为其覆亡的主要因素，而且对国际共产主义运动遭受重大挫折负有主要责任。20世纪80年代苏联解体、东欧剧变，中国特色社会主义高高举起了国际共产主义运动的旗帜，中国特色社会主义道路越走越宽广，这也从实践上进一步证明了马克思"资本主义必然灭亡、社会主义必然胜利"的科学预见性和客观真理性。因而，文化自信及其"四个自信"不仅意味着自近代以来西方文化优越论和西方文明非替代性路径选择的破产，更是对人类文明发展范式和文明发展道路的拓展；不仅从理论上丰富和发展了科学社会主义，而且从实践上推进和深化了科学社会主义，昭示了科学社会主义和中国特色社会主义所具有的光明前景。

第二节 "四个自信"的生成逻辑

一、"四个自信"的学理逻辑、历史发展和社会实践逻辑

"四个自信"作为描述中国特色社会主义的思想特质、精神特征和本质属性的一种真理性认识，有着深刻的学理逻辑、历史发展和社会实践逻辑，"是近代以来中国人民长期奋斗历史逻辑、理论逻辑、实践逻辑的必然结果"[①]。其理论依据根源于科学社会主义理论的指导，孕育于马克思主义中国化第一次理论飞跃成果的毛泽东思想，这是"四个自信"生成的学理逻辑。其历史发展和社会实践逻辑，奠基于世界社会主义运动的实践，立足于近现代中国社会历史发展和社会实践，是科学社会主义理论指导与近现代中国历史发展和社会实践逻辑的有机统一。"中国特色社会主义，是科学社会主义理论逻辑

---

① 习近平.决胜全面建成小康社会　夺取新时代中国特色社会主义伟大胜利——在中国共产党第十九次全国代表大会上的报告[M].北京：人民出版社，2017：36.

和中国社会发展历史逻辑的辩证统一,是根植于中国大地、反映中国人民愿望、适应中国和时代发展要求的科学社会主义。"①科学社会主义理论只有运用于指导近现代中国历史发展和社会实践逻辑的过程中,才能得到验证、拓展、深化、丰富与发展;而近现代中国历史发展和社会实践逻辑也只有在科学社会主义理论的引领之下,才能充分体现其价值性和目的性,并规定其方向性。离开了学理逻辑的指导,历史发展和社会实践逻辑就会偏离其前进方向,而如果脱离了历史发展和社会实践逻辑的客观规定性,学理逻辑就会演化成教条主义的"绝对抽象真理"。"当'理论逻辑'与'历史逻辑'辩证统一于具体实践中时,才能保证科学理论成为兑现主体理想根据,如果不顾科学社会主义的'理论逻辑',就会偏离社会主义方向;如果不顾中国社会发展条件形成的'历史逻辑',又会陷入教条主义。"②总之,中国特色社会主义"四个自信"的生成逻辑是建立在以马克思主义理论为指导的世界社会主义运动实践的经验教训之上,扎根于我国新民主主义革命、社会主义革命和社会主义建设、改革开放和社会主义现代化建设、中国特色社会主义新时代以来的历史发展和社会实践的深厚土壤之中,因而才不断彰显出其强大生命力和蓬勃的发展潜力。

中国特色社会主义不仅蕴含在四十多年的改革开放奋斗史、七十多年的新中国发展史、百年来的中国共产党革命史之中,更是在中华民族由衰到盛一百七十多年的历史进程、在世界社会主义五百年波澜壮阔的发展历程、在对中华文明五千多年的传承发展中得来的。③

按照这样的历史脉络,"四个自信"生成的历史发展和社会实践逻辑,应从三个层面来理解。第一个层面,世界社会主义运动的历史发展和社会实践,包括苏联十月革命和社会主义建设在内,是对世界社会主义运动历史经验的概括和总结,也是对中华优秀传统文化和文明的守正与创新;第二个层面,中国共产党成立近百年领导中国人民革命、建设和改革开放以来的历史发展

---

① 十八大以来重要文献选编:上[M].北京:中央文献出版社,2014:118.
② 何畏.坚持和发展中国特色社会主义的根本方法论——学习领会习近平总书记"七一"讲话[J].江苏社会科学,2016(6):5.
③ 习近平新时代中国特色社会主义思想学习纲要[M].北京:学习出版社,2019:24-25.

和社会实践，是对中国共产党带领中华民族和中国人民不懈奋斗近百年的历史经验的概括和总结；第三个层面，中国共产党领导的改革开放以来的伟大革命，是对改革开放40多年历史发展和社会实践的深刻总结，也是在和平与发展的世界潮流与中国特色社会主义现代化建设和中华民族伟大复兴的时代背景之下，以邓小平、江泽民、胡锦涛、习近平同志为主要代表的中国共产党人，通过对改革开放以来成功经验和历史教训的不断总结与深刻反思，根据新时代中国特色社会主义发展的新形势、新任务、新矛盾而提出的新论断和新要求。"中国特色社会主义伟大事业，奠基于毛泽东，开创于邓小平，推进于江泽民和胡锦涛，发展于习近平。"[①]

如果说，第一和第二个层面属于间接意义上的历史发展和社会实践逻辑，那么，第三个层面则属于直接意义上的历史发展和社会实践逻辑，或者说，"四个自信"主要是中国共产党、中华人民共和国、中华民族对中国特色社会主义现代化建设的理论升华，是对中国特色社会主义伟大实践的客观真理性和主观价值性相统一的肯定性评价。"四个自信"的提出，既是自近现代以来中国共产党人和中华民族在科学社会主义指导下精神自主和文化自觉的历史必然，也是对中华优秀传统文化和中华民族发展壮大的坚定信念。其精神实质是对中国特色社会主义的坚定信念和坚强信心，是对全党、全国各族人民的一种政治、精神状态的总要求和总动员。

概言之，中国特色社会主义"四个自信"的生成逻辑呈现为三个维度，实现了三个统一。一是科学社会主义理论逻辑指导与中国社会发展历史和实践逻辑的有机统一；二是毛泽东思想、中国特色社会主义理论体系和习近平新时代中国特色社会主义思想的有机统一；三是科学社会主义理论与中华优秀传统文化的有机统一。

（一）科学社会主义理论逻辑指导与中国社会发展历史和实践逻辑的有机统一

科学社会主义理论是马克思和恩格斯在19世纪中叶创立的，经历了由空

[①] 王伟光.当代中国马克思主义的最新理论成果——习近平新时代中国特色社会主义思想学习体会[J].中国社会科学，2017（12）：5.

想到科学的历史进程。从某种意义上说，这一理论并非是建立在对社会主义实践的成功经验的概括和总结基础之上，而是马克思和恩格斯以唯物史观和剩余价值论为基础、以人类社会发展规律为根据、以实现"自由人联合体"为宗旨而创立的具有原则性、抽象性和超越性的科学构想。这一构想不仅从理论上阐明了资本主义必然灭亡和社会主义必然胜利的历史趋势，而且揭示了人类社会由低级到高级形态发展的一般规律，为无产阶级的彻底解放和人类社会的全面进步与发展指明了前进的方向。因而，这种理论认识和科学构想不仅需要在其后广泛的社会运动实践中得到检验，更需要在其后的运动实践乃至制度建构中得到升华和发展。或者说，科学社会主义不仅是一种理论，也是一种具体的运动和实践，更是一种理想的社会制度。

列宁领导的十月革命，把马克思主义的普遍真理运用于社会主义革命和建设实际，开启了世界社会主义从理论到实践的发展、从一国建立到多国建立的历史进程，为世界社会主义运动从理论到实践的发展做出了卓越贡献。然而由于种种原因，20世纪80年代末90年代初，苏联解体、东欧剧变，使国际共产主义运动遭受重大挫折。一时间，"历史终结论""大失败"、资本主义"普世价值论"之类的奇谈怪论甚嚣尘上。中国特色社会主义现代化建设的探索和实践也是一波三折，经历过无数次的徘徊、苦闷、彷徨和抉择。"革命胜利之后，在走什么样现代化道路问题上，我们党也曾经经历过痛苦的选择：要么照搬英美模式，走资本扩张的西方现代化道路；要么照搬苏联模式，走高度集权的东方现代化道路；要么与资本主义世界完全对立，走自我封闭的所谓现代化道路。"[①]既然实践证明，苏联这种高度集中的计划经济体制已经破产，而资本主义逻辑主宰的西方现代工业化道路所通向的只能是一条人类奴役之路，那么，探索一种崭新的社会主义现代化道路——人的全面发展和社会的全面进步之路就成为一种历史的必然。这是中国共产党人的历史文化使命和时代责任担当，也是科学社会主义真理性和价值性的必然归宿。

苏联解体、东欧剧变标志着国际共产主义运动遭受重大挫折，但并不意味着世界社会主义的终结。其某种意义上是为中国特色社会主义道路的开辟

---

① 包心鉴.关于中国道路若干重大问题的学术辨析[J].中国浦东干部学院学报，2015（3）：9.

提供了宝贵的历史经验教训。这是习近平总书记特别强调的封闭僵化的老路走不通、改旗易帜的邪路不能走的主要针对性和根本依据，也是习近平总书记在"七一"讲话中，以"使具有500年历史的社会主义主张在世界上人口最多的国家成功开辟出具有高度现实性和可行性的正确道路"为视角，分析中国特色社会主义历史实践和发展逻辑进程的主要考量因素。正是在马克思主义的指导下，在不断总结国际共产主义运动经验教训的基础上，在与中国革命和社会主义建设、改革开放和社会主义现代化建设以及中国特色社会主义新时代实际相结合的历史进程和实践探索过程中，科学社会主义在中国生根、发芽乃至发展壮大，最终形成了马克思主义中国化的理论成果——毛泽东思想、中国特色社会主义理论体系和习近平新时代中国特色社会主义思想，创立了中国特色社会主义道路，稳固了中国特色社会主义制度，开辟了马克思主义在中国发展的新境界，形成了具有中国特色、中国风格、中国气派的马克思主义，使马克思主义和国际共产主义运动在中国又重新焕发出强大的生命力。"中国特色社会主义的道路自信、理论自信、制度自信，既来自于对我们自己历史经验的深刻总结，又来自于对当代社会主义历史经验的深入比较，更来自于运用科学的世界观和方法论对中国特色社会主义规律的自觉把握。"[①] 这是习近平同志在党的十九大报告中所特别强调的中国特色社会主义进入新时代，意味着科学社会主义在21世纪的中国焕发出强大生机活力，在世界上高高举起了中国特色社会主义伟大旗帜的根本指向。

自1840年鸦片战争以来，中国逐渐陷入了半殖民地半封建的悲惨命运，但也由此而开启了摆脱殖民压迫、争取民族独立和人民解放的探索历程。然而，由于没有一个正确理论的指导和先进政党的领导，所有这些探索最后都以失败而告终。十月革命一声炮响，马克思列宁主义在古老的东方大地上传播开来，并逐渐成为中国共产党的指导思想和理想信念。在战争与革命的艰苦岁月里，以毛泽东为主要代表的中国共产党人，把马克思主义基本原理同中国具体实际相结合，把马克思主义的革命精神和中华民族强烈的爱国主义情怀有机结合，构建起了具有鲜明时代特征的红色革命文化，创立了毛泽东

---

① 包心鉴.把握规律与坚定自信——论中国特色社会主义的道路自信、理论自信、制度自信[J].理论探讨，2013（3）：5.

思想，在面临着帝国主义、封建主义和官僚资本主义三重压迫的严峻形势下，依靠为实现民族独立和人民解放而奋斗的坚定理想信念支撑，传承华夏儿女自力更生、奋发图强、百折不挠、勇于斗争的坚强意志和精神品德，团结和带领中国人民经过艰苦卓绝的奋斗拼搏，历经北伐战争、土地革命战争、抗日战争、解放战争，最后终于推翻了"三座大山"的压迫，完成了民族独立和人民解放的历史任务，实现了中华民族"站起来"的伟大飞跃。新民主主义革命的胜利，不仅冲破了自近代以来所形成的世界资本主义殖民体系，实现了中华民族的独立与解放，而且为世界上饱受压迫和殖民的民族和国家树立了一个光辉的典范和榜样。中国共产党的成立及其所领导的新民主主义革命"深刻改变了近代以后中华民族发展的方向和进程，深刻改变了中国人民和中华民族的前途和命运，深刻改变了世界发展的趋势和格局"[①]。从此，资本主义独霸世界的格局被打破，许多像中国一样被殖民和奴役的第三世界国家和人民，二战之后在中国革命的引领下，纷纷通过独立战争的方式取得了民族独立与人民解放，充分显示出作为第一次中国化理论飞跃的毛泽东思想所取得的伟大成就及其世界意义，也进一步证明了科学社会主义理论的科学性与革命性。其后，又在社会主义革命和社会主义建设初步探索的征程中，消灭了统治中国2000多年的封建专制制度，挫败了以美国为首的帝国主义和霸权主义的武装干涉，确立了社会主义的基本制度，积累起了进行大规模社会主义现代化建设的经济基础、制度前提及其经验教训，为中国特色社会主义的开辟和创立奠定了重要的基本前提、理论基础和实践基础。

  以邓小平、江泽民、胡锦涛、习近平为主要代表的中国共产党人，坚持改革开放的战略决策，团结和带领全国人民，高举中国特色社会主义伟大旗帜，通过持之以恒的理论探索与实践创新，传承中华民族奋发图强、革故鼎新、敢为人先的改革精神，接续奋斗，建构起了和平与发展时代具有时代风貌的中国特色社会主义先进文化，开辟了一条具有中国特色的社会主义道路，形成了中国特色社会主义理论体系和习近平新时代中国特色社会主义思想，巩固了中国特色社会主义制度。改革开放以来，我们仅仅用了40多年的时间，

---

① 习近平.在庆祝中国共产党成立100周年大会上的讲话[M].北京：人民出版社，2021：3.

就超越了许多发达资本主义国家数百年的发展历程，使十几亿贫困人口摆脱了贫穷，创造了中国奇迹，发展成为世界第二大经济体，构成了世界经济增长最重要的引擎，凝聚成促进世界和平发展、合作共赢、公平公正的和谐世界建设的重要推动力量，使得中国的国际地位和国际影响力大幅提升，中华文化软实力和综合国力极大增强，实现了从"富起来"到"强起来"的伟大飞跃，充分展示出了中国特色社会主义的强大生命力和巨大影响力，成为增强和坚持中国特色社会主义"四个自信"的根本依据和坚实基础。中国特色社会主义是科学社会主义理论逻辑与中国社会发展历史逻辑的辩证统一。新的历史条件下要坚定中国特色社会主义的理论自信，就要进一步推进科学社会主义理论逻辑与中国社会发展历史逻辑的结合与统一。[①]实践证明，如果离开了科学社会主义理论和方法的正确指导，不仅中国革命会遭遇坎坷，社会主义现代化建设也会遭受重大挫折，这是一条已经被实践所证明了的颠扑不破的真理。中国特色社会主义及其所确立的"四个自信"，其基本原则和精神实质，没有背离科学社会主义，相反，正是在其科学理论的指导下，在不断吸取中国革命和建设经验教训的历史发展逻辑的基础上，尤其是在党的十一届三中全会所确立的改革开放的伟大壮举的社会实践逻辑的基础上，基于解放思想、实事求是、与时俱进、求真务实、守正创新的精神原则，建立在改革开放以来所取得的"举世瞩目"的伟大成就之上而逐渐形成和发展起来的，"中国道路是在中国的历史性实践中逻辑地生成的，是具有完全自主知识产权的'中国智造'"[②]，彰显出了马克思主义的科学理论逻辑指导与中国社会发展的历史与实践逻辑的有机统一。因而，"四个自信"绝不是什么别的自信，而是建立在中国特色社会主义理论、道路、制度和文化发展基础上的自信，恰如田心铭研究员所指出的，离开"中国特色社会主义"讲自信，就偏离了"四个自信"的精神实质。[③]

中国特色社会主义"四个自信"的创立与发展，是由其深刻的学理逻辑、

---

① 李海星.坚持和发展中国特色社会主义——基于科学社会主义理论逻辑与中国社会发展历史逻辑相统一的视角分析[J].当代世界与社会主义，2013（4）：61-66.
② 韩庆祥.中国道路及其本源意义[J].中国特色社会主义研究，2020（2）：20.
③ 田心铭.论"四个自信"[J].学习论坛，2017（9）：7.

历史发展和社会实践逻辑所决定的,历史昭示我们,必须坚持科学理论逻辑指导和历史发展逻辑、社会实践逻辑的有机统一,坚持继承与创新、中国特色与世界视域的辩证统一,才能使中国特色社会主义的"四个自信"永葆青春、生机和活力。

(二)毛泽东思想、中国特色社会主义理论体系和习近平新时代中国特色社会主义思想的有机统一

以科学社会主义理论为指导的马克思主义中国化理论成果的毛泽东思想、中国特色社会主义理论体系和习近平新时代中国特色社会主义思想,其立场、观点、方法、精神实质、基本原则都是一脉相承的,都是马克思主义的普遍真理同中国革命、建设和改革开放的客观实际相结合的产物。毛泽东思想建立在对中国革命的不断实践和深刻把握其正确道路和历史规律的基础上,找到了一条适合中国国情的新民主主义革命道路和社会主义革命的正确道路。而中国特色社会主义理论体系和习近平新时代中国特色社会主义思想则是建立在科学认识人类社会发展规律、社会主义建设规律和共产党执政规律三大规律的基础之上,找到了一条适合中国国情的社会主义现代化建设道路。这条道路"是当代中国发展进步的根本方向,只有中国特色社会主义才能发展中国"[1]。毛泽东思想、中国特色社会主义理论体系和习近平新时代中国特色社会主义思想,一方面,都坚持和继承了马克思主义的世界观和方法论、精神实质和基本原则、思想追求和价值取向,从而在根本上坚持了科学社会主义。另一方面,又创造性地根据中国革命和建设的实际,深深根植于中国优秀传统文化、民族智慧与民族精神之中,丰富和发展了马克思主义理论,从而在实质上保证了科学社会主义的民族性与时代性。离开中国立场和特点谈马克思主义,只会使其变得空洞抽象而泛化无力。[2] 此外,其理论还建立在不断总结国际国内经验教训、兼容并蓄世界其他优秀文化和文明成果的基础上,从而在实质上也保证了科学社会主义的世界性。

---

[1] 秦宣.道路自信、理论自信、制度自信的历史和现实依据[J].党建,2013(1):25.
[2] 张士海.论习近平新时代中国特色社会主义思想的内在逻辑[J].中共中央党校学报,2018(4):15.

中国特色社会主义是在实现民族独立和人民解放、国家繁荣富强和人民共同富裕的伟大斗争过程中孕育和形成的。以毛泽东为主要代表的中国共产党人，在波澜壮阔的新民主主义革命过程中，创造性地运用马克思主义理论的指导，结合中国革命的具体实践，走出了一条农村包围城市、武装夺取政权的独特道路，完成了自近代以来所赋予的实现民族独立和人民解放的第一个重大历史使命，为实现国家繁荣富强和人民共同富裕的第二个历史任务奠定基础和前提。正如习近平在"七一"讲话中所阐述的，我们党团结带领中国人民进行28年浴血奋战，打败日本帝国主义，推翻国民党反动统治，完成新民主主义革命，建立了中华人民共和国，彻底结束了旧中国半殖民地半封建社会的历史，彻底结束了旧中国一盘散沙的局面，彻底废除了列强强加给中国的不平等条约和帝国主义在中国的一切特权，实现了中国从几千年封建专制政治向人民民主的伟大飞跃。其后，我们党团结带领中国人民完成社会主义革命，确立社会主义基本制度，消灭一切剥削制度，推进了社会主义建设，完成了中华民族有史以来最为广泛而深刻的社会变革，为当代中国一切发展进步奠定了根本政治前提和制度基础，为中国发展富强、中国人民生活富裕奠定了坚实基础，实现了中华民族由不断衰落到根本扭转命运、持续走向繁荣富强的伟大飞跃。[①]这是对以毛泽东同志为主要代表的中国共产党人及其历史功绩的最客观和最公正的评价，也是对马克思主义中国化理论飞跃的毛泽东思想、中国特色社会主义理论体系和习近平新时代中国特色社会主义思想相互关系的科学理性分析。

　　以邓小平同志为主要代表的中国共产党人，通过回答和解决了什么是社会主义、怎样建设社会主义的基本问题的理论与实践，创立了邓小平理论，成功开辟了中国特色社会主义的正确道路，进一步推进了马克思主义的中国化，开启了中华民族"富起来"的历史征程。以江泽民同志为主要代表的中国共产党人，接续奋斗，进一步回答和解决了什么是社会主义、怎样建设社会主义和建设什么样的党、怎样建设党的时代命题，创立了"三个代表"的重要思想，把中国特色社会主义成功地推向21世纪。以胡锦涛同志为主要代

---

① 十八大以来重要文献选编：下［M］.北京：中央文献出版社，2018：342.

表的中国共产党人，深刻认识和回答了新形势下实现什么样的发展、怎样发展等重大问题，形成了科学发展观，成功在新形势下坚持和发展了中国特色社会主义。而以习近平同志为主要代表的中国共产党人，以"不忘初心、继续前进"的理论勇气，在新时代统揽和推进"四个伟大"的新征程中，系统回答了新时代坚持和发展什么样的中国特色社会主义、怎样坚持和发展中国特色社会主义，建设什么样的社会主义现代化强国、怎样建设社会主义现代化强国，建设什么样的长期执政的马克思主义政党、怎样建设长期执政的马克思主义政党等重大时代课题，开辟了中国特色社会主义新时代，创立了习近平新时代中国特色社会主义思想，全面发展、丰富和完善中国特色社会主义理论体系，成为"当代中国马克思主义、二十一世纪马克思主义，是中华文化和中国精神的时代精华，实现了马克思主义中国化新的飞跃"[①]。

  习近平总书记2013年1月5日在新进中央委员会的委员、候补委员学习贯彻党的十八大精神研讨班上发表的重要讲话中，在论述改革开放前后两个历史时期的关系时，明确提出了"两个不能否定"的命题，即"不能用改革开放后的历史时期否定改革开放前的历史时期，也不能用改革开放前的历史时期否定改革开放后的历史时期"。2013年12月他又在纪念毛泽东同志诞辰120周年座谈会上的讲话中，对以毛泽东同志为主要代表的中国共产党人所取得的丰功伟绩以及毛泽东本人都做出了实事求是的全面、历史、辩证的看待和分析。他的这些分析与评价，加上"两个不能否定"的思想认识和理论判定，不仅符合历史的本来面貌和客观实际，契合理论逻辑、历史逻辑与实践逻辑相统一的要求，为如何正确认识毛泽东和党在改革开放前历史时期出现的失误提供了马克思主义的立场、观点和方法，而且对于维护党的历史和巩固党执政根基，驳斥历史虚无主义，进一步统一全党对历史的正确认知，加强和提高全党全国人民凝聚力奠定了思想基础。更是站在新的历史时期和理论高度上思考和解决历史问题而得出的科学论断，既体现了其高超的政治洞察能力和理性科学的理论判断能力，也从根本意义上诠释了作为第一次中国化马克思主义理论成果的毛泽东思想和作为中国化马克思主义理论

[①] 《中共中央关于党的百年奋斗重大成就和历史经验的决议》辅导读本［M］.北京：人民出版社，2021：38.

成果新飞跃的中国特色社会主义理论体系和习近平新时代中国特色社会主义思想的有机统一关系。

（三）科学社会主义理论与中华优秀传统文化的有机统一

马克思主义传入中国之前，近代所有挽救中国危亡的尝试和努力都失败了。其根本原因在于，这些探索，要么不能反映近代中国先进生产力的发展趋势，要么脱离近代中国实际、不能反映最广大人民利益的根本要求，归根到底，是缺乏一种先进理论的指导，又无法契合和传承中华优秀传统文化的根本精髓和思想基因。而科学社会主义理论传入中国，并不仅仅意味着之前所有探索失败后的另外一种尝试，而是彰显出科学社会主义理论关于人类解放、"自由人联合体"所蕴含的根本宗旨、价值取向和中国优秀传统思想中的"民为邦本""天下主义""大同社会"等思想主张的内在精神趋向的一致性。作为洋务运动指导思想的"西体中用"和"师夷长技以制夷"，其实质还是千方百计地维护封建主义意识形态和制度理念。维新变法和辛亥革命本质上也是照抄照搬日本明治维新和英法资产阶级革命的思想理论及其制度架构，其"拿来主义"的思想理念、意识形态与社会崇向，不仅无法与中华优秀传统文化思想的精髓与价值精神追求相契合，而且在近代以来所形成的资本主义世界体系中，试图通过融入这种由资本主义所主宰的思想理念与工业体系而实现中华民族的独立与解放、繁荣与富强，只能是一种不切实际的幻想，是绝对不可能实现的。"当人类历史进入到资本主义历史时代，资本主义列强绝不允许落后国家独立自主地选择资本主义的富民强国之路，只能成为资本主义的附庸。"[①]

就资本主义文明而言，丛林法则、零和博弈、强则必霸的逻辑是根深蒂固、不可动摇的。且不论世界近现代历史上第一、第二次世界大战所凸显出来的后起大国与守成大国的血腥博弈，也不论二战之后美国对日本等国的无情打压，更不用说对苏联和中国等社会主义国家的全面遏制。其中虽然有一定的意识形态的考量，但根本上还是由资本主义文化及其文明的本质所决定

---

① 王伟光.当代中国马克思主义的最新理论成果——习近平新时代中国特色社会主义思想学习体会[J].中国社会科学，2017（12）：11.

的。资本主义的思想价值理念及其制度建构不仅无法取得绝大多数中国人在思想认识上的共同认知，试图通过资本主义工业化道路而实现中国的现代化的设想也是守成的资本主义大国所无法容忍和接受的。关于这一点，我们通过第一、第二次世界大战及其爆发原因的分析，通过苏联解体之后以美国为首的西方资本主义国家对俄罗斯的打压，通过美国对中华人民共和国成立以来的疯狂敌视，尤其是特朗普、拜登执政以来美国政府歇斯底里地对中国的围攻和遏制，难道还不能说明一切吗？

马克思主义的科学社会主义理论，所憧憬的"自由人联合体"的理想社会，与中国儒家所向往的"大同社会"在思想价值追求和理想社会建构上又是如此的血脉相通，以至于无数优秀的中华儿女为了实现共产主义的理想而甘愿抛头颅洒热血。科学社会主义理论之所以在中国大地得到广泛传播并深深扎根，如果没有其反映人类社会发展规律的先进性和科学性，如果不能契合中国优秀传统思想文化对于美好社会的理想追求，无法坚持人民群众的主体地位、不能够代表最广大中国人民的根本利益，那么，也就不可能成为中国革命和建设的指导思想，也就不可能产生中国化马克思主义的两次理论飞跃及其理论成果。或者说，中国革命、建设和改革开放所取得的伟大成就，离不开科学社会主义理论的正确指导，其理论的科学性、实效性也只有在中国的广袤大地和中华民族文化精神的土壤中生根发芽并丰富和发展。否则，科学社会主义就失去了中国意义，而中国特色社会主义也会失去其世界价值。当然，这绝不意味着科学社会主义只有在中国才能取得成功，无论是革命还是建设，每个国家都必须根据自身的客观实际而采取不同的发展策略和路径，而不是照抄照搬、生搬硬套。中国特色社会主义只能是建立在中国基本国情之上的社会主义，而中国特色社会主义的理论与实践也必然具有超越国界和历史的世界意蕴。

二、"四个自信"的内在逻辑与相互关系

"四个自信"是在中国特色社会主义的特定历史条件下，在实现中华民族复兴和中国人民幸福的根本宗旨指引下，在改革开放伟大实践中形成的。"四

个自信"同属于中国特色社会主义的基本内涵和总体范畴,其内在逻辑关系,即中国特色社会主义的道路选择、理论发展、制度建设和文化建构的辩证关系,四者之间既有区别,又相互统一,各有侧重,又互不替代,是一个辩证统一的逻辑关系,"中国特色社会主义道路自信、理论自信、制度自信、文化自信,同属于中国特色社会主义的总范畴,四者之间既有区别,又相互统一,存在着内在的逻辑辩证关系"[①]。

道路自信是理论自信、制度自信、文化自信的历史发展和社会实践基础,理论自信是道路自信、制度自信、文化自信的思想引领和行动指南,制度自信是道路自信、理论自信、文化自信的政治保障和体制根本,而文化自信则是道路自信、理论自信、制度自信的价值底蕴和精神支撑。"理论之维是'四个自信'的思想指引,道路之维是'四个自信'的现实基础,制度之维是'四个自信'的保障力量,文化之维是'四个自信'的力量源泉。"[②] 按照党的十八大的表述,中国特色社会主义表现为发展进程中道路、理论体系、制度的内在统一,而按照习近平的"七一"讲话内容,又增加了一个文化方面,从而升华到了"四个自信"的历史高度。对于道路、理论体系、制度三者的相互关系,十八大报告的解读是:道路关乎党的命脉,关乎国家前途、民族命运、人民幸福,中国特色社会主义道路是形成和发展中国特色社会主义理论体系、坚持和完善中国特色社会主义制度的重要途径。中国特色社会主义理论体系是我们党开辟和坚持中国特色社会主义道路、进一步完善中国特色社会主义制度的行动指南。中国特色社会主义制度则是坚持中国特色社会主义道路、完善和发展中国特色社会主义理论体系的根本保障,三者统一于中国特色社会主义伟大实践。

习近平在"七一"讲话中,第一次明确提出了"四个自信"的理论命题,并且对道路自信、理论自信、制度自信、文化自信的内在逻辑关系做了最新的解读。中国特色社会主义道路是实现社会主义现代化的必由之路,是创造人民美好生活的必由之路。中国特色社会主义理论体系是指导党和人民沿着中国特色社会主义道路实现中华民族伟大复兴的正确理论,是立于时代前沿、

---

① 荣开明.四个自信"的形成过程及其辩证关系[J].学习论坛,2017(1):10.
② 王治东."四个自信"的逻辑生成[J].毛泽东邓小平理论研究,2019(4):64-66.

第二章 "四个自信"的生成逻辑、基本内涵与价值意蕴

与时俱进的科学理论。中国特色社会主义制度是当代中国发展进步的根本制度保障，是具有鲜明中国特色、明显制度优势、强大自我完善能力的先进制度。文化自信，是更基础、更广泛、更深厚的自信。同时，习近平还进一步从指导思想和基本原则、理想信念和根本方向、根本保证和基本路线、战略布局和奋斗目标、改革开放和发展动力、依靠力量和根本宗旨、世界交往和国际战略、党的领导和党的建设八个方面对中国特色社会主义理论逻辑进行了新的阐释。他在党的十九大报告中又特别强调指出："中国特色社会主义道路是实现社会主义现代化、创造人民美好生活的必由之路，中国特色社会主义理论体系是指导党和人民实现中华民族伟大复兴的正确理论，中国特色社会主义制度是当代中国发展进步的根本制度保障，中国特色社会主义文化是激励全党全国各族人民奋勇前进的强大精神力量。全党要更加自觉地增强道路自信、理论自信、制度自信、文化自信，既不走封闭僵化的老路，也不走改旗易帜的邪路，保持政治定力，坚持实干兴邦，始终坚持和发展中国特色社会主义。"[1]

首先，"四个自信"彰显着中国特色社会主义的逻辑整体性和有机统一性，是一个相辅相成、浑然一体的逻辑整体。其逻辑整体性主要表现在，"四个自信"丰富和发展了中国特色社会主义的基本内涵。中国特色社会主义只有通过道路自信、理论自信、制度自信、文化自信的相互联系、相互制约、相互作用、相辅相成、彼此互动才能得到系统、完整、科学的概括和总结，存在着互补性和不可分割性与不可替代性，四者缺一不可。道路自信来源于文化自信，根植于理论自信，服务于制度自信，是理论自信、制度自信、文化自信的实践基础和现实表征，为其提供基本前提和方向引导；理论自信是道路自信、制度自信、文化自信的思想引领，为其提供行动指南；制度自信是道路自信、理论自信、文化自信的思想彰显和具体展现，为其提供体制机制保障；文化自信是道路自信、理论自信、制度自信的内在要求和价值底蕴，为其提供精神支撑和信仰基础。中国特色社会主义道路自信、理论自信、制度自信、文化自信有着共同的理论指导、文化传承、历史底蕴和实践基础，是

---

[1] 习近平.决胜全面建成小康社会　夺取新时代中国特色社会主义伟大胜利——在中国共产党第十九次全国代表大会上的报告[M].北京：人民出版社，2017：16–17.

建立在马克思列宁主义、毛泽东思想的指导下，在借鉴、吸收、融合和传承中华优秀传统文化和人类文明先进成果的基础上，在改革开放和社会主义现代化建设和中国特色社会主义新时代的历史探索和伟大实践中。

其次，"四个自信"即中国特色社会主义道路自信、理论自信、制度自信、文化自信之间又相互区别，具有逻辑的差异性，内涵和指向的异质性。中国特色社会主义道路自信，是指中国人民在马克思主义指导和中国共产党的领导下，立足中国国情所开辟的中华民族伟大复兴之路的自信，体现的是科学社会主义理论逻辑与当代中国社会实践发展逻辑的有机统一，彰显的是中国人民的根本利益、价值诉求和人类历史发展规律的有机统一。道路自信受理论自信、制度自信和文化自信制约，但其本身并不能等同于理论自信、制度自信和文化自信，它主要体现为实现中国特色社会主义的现实路径、手段和方法等。中国特色社会主义理论自信，主要指的是对邓小平理论、"三个代表"重要思想、科学发展观和习近平新时代中国特色社会主义思想的自信。理论自信形成于道路自信，规定着制度自信，奠基于文化自信，但其本身并不能等同于道路自信、制度自信和文化自信，它主要彰显着实现中国特色社会主义的理论指导、精神底蕴和价值追求等。中国特色社会主义理论自信本质上是对科学社会主义的真理与价值以及中华民族崇高的理想追求和强烈的道德精神的自信。中国特色社会主义制度自信，主要指的是当代中国人民在马克思主义指导和中国共产党的领导下，在立足中国国情所开辟的中华民族伟大复兴之路的历史进程中所形成的社会制度的自信。中国特色社会主义制度自信滥觞于道路自信，决定于理论自信和文化自信，但其主要指的是对道路自信、制度自信、文化自信的对象化、客体化和现实化的固化、物化形态和承载。中国特色社会主义文化自信，主要指的是当代中国人民在马克思主义指导和中国共产党的领导下，在立足中国国情所开辟的中华民族伟大复兴之路的历史进程中，奠基和形成于中华民族优秀传统文化、革命文化和社会主义先进文化的自信，它主要体现在为实现中国特色社会主义提供民族精神传承和时代精神形塑，为道路自信、理论自信、制度自信奠定思想理论基础和精神力量源泉。

可见，"四个自信"本质上根源于改革开放以来以邓小平、江泽民、胡锦涛和习近平同志为主要代表的中国共产党人在马克思主义理论和毛泽东思想的指引下，团结率领中国人民勇于奋斗、敢于创新的伟大实践，是对中国特色社会主义理论创新和实践创新成果的系统总结和全面概括。"中国特色社会主义自信植根于改革开放40年的中国实践、中国成就和中国优势。"[①]同时，从中国历史文化传统的视域看，"四个自信"还深深植根于中华优秀传统文化的精神智慧之中。当然，就世界历史和人类文明发展的进程与结果而言，"四个自信"又是同资本主义工业文明和文化发展的历史与现实的比较过程中所逐渐确立的。这种比较，绝不仅仅意味着中国特色社会主义相较于当代西方资本主义所凸显出来的经济发展成就的巨大差异，也不仅仅意味着西方资本主义自近代以来所形成的人类文明唯一性傲慢思维的破产，而是人类文明真正发展进步范式意义上的新探究——和平发展、和平崛起、合作共赢、共同构建人类命运共同体的新发展道路，"恐怕可以说正是中国肩负着不止给半个世界而是给整个世界带来政治统一与和平的命运"[②]，是马克思主义"自由人联合体"社会理想愿景的时代性呈现。

第三节 "四个自信"的基本内涵和价值意蕴

一般而言，自信就是对自我的一种肯定和积极性评价，即班杜拉提到的，个体对自己具有组织和执行达到特定成就的能力的信念。以"道路自信、理论自信、制度自信、文化自信"为表征的"四个自信"是在中国特色社会主义不断发展的历史进程中逐渐孕育、丰富和完善的，内含着丰富的思想内容，昭示着深远的时代价值意蕴。承前启后的中国特色社会主义，既是我们必须不断推进的伟大事业和伟大旗帜，也是我们开辟未来的根本方向和根本保证，必须坚定对道路自信、理论自信、制度自信、文化自信的坚强信念和坚定信心。

---

① 肖贵清，夏敬芝.改革开放与中国特色社会主义自信[J].中国特色社会主义研究，2018（6）：26.
② ［英］汤因比，［日］池田大佐.展望二十一世纪[M].荀春生，等译.北京：国际文化出版公司，1985：282-2960.

一、道路自信的基本内涵和价值意蕴

道路自信，就是中国共产党对自己选择的发展道路的充分肯定和坚持走中国特色社会主义道路的坚定信念。道路决定方向和命运，道路是实现中国特色社会主义的实践路径。新民主主义革命时期，在探索中国革命的进程中，经过多次"左"倾和右倾错误的失败和反思总结，中国共产党人逐渐找到了一条适合中国国情的革命道路，开辟出了一条农村包围城市、武装夺取政权的新民主主义革命道路。这条道路是在血与火的磨砺中，在经历了无数次挫折和失败的教训中才找到的，以毛泽东同志为主要代表的中国共产党人是这条正确道路的开创者和践行者。同样，在探索社会主义建设的历史实践中，我们党也走过许多弯路。伴随着我国社会主义建设的深入，苏联模式的弊端也日益显露，为此，毛泽东同志在1956年和1957年发表了《论十大关系》和《关于正确处理人民内部矛盾的问题》重要文献，标志着以毛泽东同志为主要代表的中国共产党人在探索我国社会主义现代化国家征程上一个重要的历史节点，或者说，中国特色社会主义道路有意识自觉探索的历史起点，是从这一时期开始孕育的。然而，由于诸多因素的制约，我们党在其后的一段时间内又出现了许多重大偏差，尤其是出现了"文化大革命"这样"以阶级斗争为纲"的极左错误，使我国的社会主义现代化建设遭受重大损失。由此可见，不管是革命还是建设，一条正确道路的探索和开辟是多么艰难。

中国特色社会主义道路的开辟发端于1978年召开的党的十一届三中全会，邓小平同志作为改革开放的总设计师，是中国特色社会主义道路的开辟者和领路人，而这条道路的开辟，则是以重新恢复和确立党的实事求是思想路线为前提和基础的。1982年邓小平在中国共产党第十二次全国代表大会的开幕词中明确提出了"把马克思主义的普遍真理同我国的具体实际结合起来，走自己的道路，建设有中国特色的社会主义"[1]。这标志着以邓小平同志为主要代表的中国共产党人自觉探索中国特色社会主义道路的开启。以江泽民和胡锦涛为主要代表的中国共产党人，是中国特色社会主义道路的承继者和推进者。十八大以来，以习近平同志为主要代表的中国共产党人，则把中国

---

[1] 邓小平. 邓小平文选：第3卷［M］. 北京：人民出版社，1993：3.

特色社会主义道路拓展到一个更加宽阔和更加具有发展前景的新时代。"中国改革开放的伟大历程是社会主义发展史上的壮丽篇章，彰显了我们的理论自信、道路自信、制度自信和文化自信，表明了中国共产党人成功探索和开辟了一条在经济文化落后国家如何建设社会主义、实现社会主义现代化的发展道路。"[1]党的十八大报告对中国特色社会主义发展的道路、理论体系、制度的内涵做了全面阐释，指出中国特色社会主义道路"就是在中国共产党领导下，立足基本国情，以经济建设为中心，坚持四项基本原则，坚持改革开放，解放和发展社会生产力，建设社会主义市场经济、社会主义民主政治、社会主义先进文化、社会主义和谐社会、社会主义生态文明，促进人的全面发展，逐步实现全体人民共同富裕，建设富强民主文明和谐的社会主义现代化国家"[2]。党的十九大报告对中国特色社会主义道路的丰富和完善，主要表现在把"建设富强民主文明和谐的社会主义现代化国家"修改成"建设富强民主文明和谐美丽的社会主义现代化强国"。

由此可见，中国特色社会主义道路，是以邓小平、江泽民、胡锦涛、习近平为主要代表的中国共产党人领导中国人民，在通过不断总结以毛泽东同志为主要代表的中国共产党人在探索社会主义建设过程中的经验与教训，不断总结包括苏联在内的国际共产主义运动的经验教训的基础上，汲取、借鉴资本主义文明发展和其他民族文化的积极成果，坚持实事求是、解放思想、与时俱进、求真务实、守正创新的基本精神、原则和方法，所开辟的一条实现国家富强、民族振兴、人民幸福中国梦的康庄大道。这条道路既是"中国共产党团结带领中国人民长期实践取得的根本成就，是中国社会发展的必然选择"[3]，也是基于历史经验和教训的理性自觉，基于40多年改革开放和社会主义市场经济建设的伟大实践的成功，基于人类社会发展的未来趋势和中华民族伟大复兴的目标。[4]中国特色社会主义道路是一条从根本上改变了中国人

---

[1] 季正聚. 改革开放与"四个自信"——兼驳质疑改革开放的错误观点[J]. 马克思主义与现实, 2017(4): 1.

[2] 十八大以来重要文献选编：上[M]. 北京：中央文献出版社, 2014: 9-10.

[3] 刘志明. 伟大成就坚定道路自信[N]. 人民日报, 2016-05-18(7).

[4] 韩震. 论中国特色社会主义道路自信[J]. 中国特色社会主义研究, 2012(6): 10-11.

民和中华民族的前途命运、指引着当代中国发展进步的根本方向的正确道路，也是实现社会主义现代化、把我国建设成为富强民主文明和谐美丽的社会主义现代化强国的必由之路。因而，所谓道路自信，就是对中国特色社会主义发展道路的充分肯定和对其发展前景的坚定信心。

经过40多年的改革开放，中国特色社会主义事业取得了举世瞩目的成就，形成了中国特色社会主义道路。这一道路的时代价值和历史文化意蕴，不管是对于中华民族伟大复兴，还是科学社会主义及其国际共产主义运动，乃至于人类文明发展进步的前进道路而言，都蕴含着深远的理论与实践价值。

首先，中国特色社会主义道路的成功开辟，奠基于中国新民主主义革命、社会主义革命和建设初步探索的历史进程，形成于改革开放以来社会主义现代化建设和中国特色社会主义新时代的历史进程中。这是一条经过历史和实践反复证明的唯一光明大道，也是中华民族伟大复兴的必由之路。封闭僵化的老路和改旗易帜的邪路都是走不通的。中华民族的独立解放与繁荣富强，最根本的成功秘诀及其精神密码，就理论与实践的视域而言，它既是科学社会主义理论正确指导的结果，又是中国化的马克思主义不断进行理论创新与实践创新的结果；就领导力量与实现主体的视域而言，它既是中国共产党正确领导的结果，又是中国人民奋发图强、勇于拼搏的结果；就文化发展和精神传承的视域而言，它既是对中华民族优秀文化的守正与创新，实现了以爱国主义为核心的民族精神和以改革创新为核心的时代精神的有机结合，又是对人类文明一切优秀文化成果的不断借鉴和汲取。这进一步证明了毛泽东所说的"古为今用、洋为中用"和"百花齐放、百家争鸣"的文化发展方针的正确性，更证明了习近平总书记"创造性转化和创新性发展"的"双创"指导思想的科学性。

其次，中国特色社会主义道路，既是对苏联封闭僵化的传统社会主义模式的颠覆和突破，从历史上宣告了这种高度集中的计划经济模式的破产，又是对西方自由资本主义发展模式的解构和超越，从实践上揭示了自近代以来弥漫于整个世界的、建立在私有制基础之上的西方现代化模式唯一性神话及其"历史终结论"的荒谬，宣告了西方文明优越性和中华文明劣等性思维的破产。"中国特色社会主义道路，突破和超越了苏联传统社会主义模式，宣告了西方资本主义'历史终结论'神话的破产，冲破了西方文化（文明）优越性和中华文化（文明）劣等性形而上学思维的桎梏，颠覆了欧美世界'国强必霸'的所谓历史铁律，丰富和促进了人类对社会发展规律及其人类文明多样性的认识，其文化意蕴重大而深远。"① 从人类文化和文明发展的历史进程来看，中国特色社会主义道路的世界历史与文化意蕴，不仅冲破了西方文化建立在"性私论"基础上的社会达尔文主义的丛林法则、"修昔底德陷阱"、"零和博弈"、民族利己主义和霸权主义思维的桎梏，颠覆了西方文明"强则必霸"的理论逻辑和现实逻辑，而且证明了"和平发展""和谐发展""互利共赢"的道路并非是不可能的，和平主义、和谐共生、和而不同的中华文化精神和天下大同的世界理想愿景并非不具有现实的可操作性。"资本主义已经是一条死路，'文明冲突'到底也是一条死路，只有实现文明转型，沿着社会主义方向构建和谐世界才是金光大道。"② 而就人类未来真正文明发展道路和科学发展模式上而言，中国特色社会主义道路，不仅为处于资本主义文明体系主宰制之下的发展中国家指明了一条走出适合自己国情的现代化道路的可行性，而且丰富和促进了人类对社会发展规律、道路及其人类文明多样性的认识，极大拓展了世界社会主义的理论广度、深度及其实践进程，论证了由马克思和恩格斯所建立起来的科学社会主义理论、运动及其制度的科学性和现实性，极大地发展和提振了世界社会主义理论及其运动。"中国的和平崛起战略应该包含了对人类未来命运的根本选择，这不仅是一种没有战争的状态，还包括天、地、人之间的和谐关系。在寻求和平崛起的道路上，吸取人类历史和文化中的和平智慧显得尤为重要。我们把中国文化所孕育的和平价值和理想界定为东方和平主义，中国文化的复兴首先在于它对和平与发展道路的不懈追求，也可以说，从世界和平的意义上来理解，中国文化的复兴与人类走出战争的藩篱是同步的。中国和平崛起战略的世界意义也在于此。"③

总之，中国特色社会主义道路为探索社会主义的发展规律做出了具有深

---

① 赵金科.中国特色社会主义道路的文化意蕴［J］.齐鲁学刊，2014（2）：63.
② 郑彪.中国软实力［M］.北京：中央编译出版社，2010：5.
③ 刘志光.旧邦新命　和平发展——浅论中国文化的和平智慧及其影响［J］.中华文化论坛，2007（1）：125.

远历史意义的伟大贡献,是中华民族伟大复兴的光明道路,推动了科学社会主义理论与运动的蓬勃发展,也为人类世界的发展前景和理想愿景提供了具有中国精神的发展范式和发展道路、中国智慧与中国方案,"中国特色社会主义道路因注重世界多样、国家平等、文明互鉴、包容发展、互利普惠、命运共同,而代表了一种真正属于人的生存和发展的美好状态,意味着为世界和人类发展贡献一种中华新文明"[1]。这是当代中华民族对于人类文明和世界历史进步所做出的最伟大的思想价值贡献和文化启迪,而这种贡献肯定会在人类历史发展的长河中更加充分体现出来。

二、理论自信的基本内涵和价值意蕴

理论自信是当代中华民族对中国特色社会主义理论体系、习近平新时代中国特色社会主义思想发展自身的历史必然性和前途命运的自我肯认,是当代中国共产党人对自身理论进步及其发展前景的坚定信念,是建立在理论自觉基础上对理论价值的认定和信心。"理论自信是中国共产党人以清醒的理论自觉为前提、以实践检验为根据、以理论的创新发展为保障、以实现人民的解放为根本价值取向,对自己所坚持的理论的信心、信念和信仰。"[2]正如胡锦涛同志在党的十八大报告中所指出的,全党要坚定中国特色社会主义理论自信。理论自信是对中国特色社会主义理论体系真理性、科学性的充分肯定和正确认识,是运用中国特色社会主义理论指导改革开放和社会主义现代化建设实践的一种自觉行动。

中国特色社会主义理论是中国特色社会主义的行动指南。其产生、形成和发展根源于马克思主义的科学立场、观点和方法,孕育于毛泽东思想,奠基于对中华民族优秀传统文化的融合发展和传承创新。以什么样的态度对待马克思主义学说,本本主义、教条主义、经验主义和保守主义显然都是行不通的;改旗易帜、改弦更张的做法,采取"休克疗法"走资本主义道路也是违背历史发展潮流的邪路。而改革开放以来的伟大实践,则是中国特色社会

---

[1] 韩庆祥,方兰欣.改革开放以来中国特色社会主义的发展逻辑[J].中国特色社会主义研究,2018(3):29.

[2] 吴怀友,陈兴康."四个自信"研究的历史、现状与展望[J].求索,2011(1):63.

主义理论形成和发展的实践基础和根本依据。中国特色社会主义理论体系和习近平新时代中国特色社会主义思想正是通过对中国基本国情的正确认识和发展道路的科学谋划，秉承解放思想、实事求是、与时俱进、求真务实、守正创新的方法论，坚持实践基础上的持续和不间断理论创新，才引领改革开放和社会主义现代化建设事业不断取得举世瞩目的辉煌成就。理论自信，要在中国特色社会主义实践中得以彰显。①

改革开放以来，中国共产党人把建设什么样的社会主义、怎样建设社会主义，建设什么样的党、怎样建设党，实现什么样的发展、怎样发展，坚持和发展什么样的中国特色社会主义、怎样坚持和发展中国特色社会主义作为当代中国社会发展和历史进步的重大时代课题，并以改革创新的开放思维进行与时俱进的理论与实践探索，在引导中国实现中华民族伟大复兴的历史进程中，形成了中国特色社会主义理论体系。经过40多年的奋发图强，我国经济总量已经成为世界第二，综合国力、国际竞争力和世界影响力得到了极大提高，所有这一切，如果没有中国特色社会主义理论的指导是难以实现的。

以邓小平同志为主要代表的中国共产党人，创立了邓小平理论，是这个理论体系的开篇之作。以江泽民同志为主要代表的中国共产党人，形成了"三个代表"重要思想，以胡锦涛同志为主要代表的中国共产党人，形成了科学发展观。党的十八大以来，以习近平同志为主要代表的中国共产党人，创立了习近平新时代中国特色社会主义思想，构成了当代中国马克思主义和21世纪马克思主义。党的十八大报告对中国特色社会主义理论体系的解读是："包括邓小平理论、'三个代表'重要思想、科学发展观在内的科学理论体系，是马克思列宁主义、毛泽东思想的坚持和发展。"习近平总书记在"七一"重要讲话中又强调指出，中国特色社会主义理论体系是指导党和人民沿着中国特色社会主义道路，实现中华民族伟大复兴的正确理论，是立于时代前沿、与时俱进的科学理论。在党的十九大报告中，中国特色社会主义理论体系内容又增加了习近平新时代中国特色社会主义思想，并且在中国共产党第十九次全国代表大会党章修改中，把其与马克思列宁主义、毛泽东思想、邓小平理

---

① 佘双好，冯茜.理论自信的表现及其培养路径探究［J］.学校党建与思想教育，2013（9）：11.

论、"三个代表"重要思想和科学发展观一同列为党的指导思想和行动指南。而在十九届六中全会公报关于《中共中央关于党的百年奋斗重大成就和历史经验的决议》中，则把中国特色社会主义理论体系和习近平新时代中国特色社会主义思想皆称为马克思主义中国化新的飞跃。所有这些，皆构成了中国特色社会主义理论的基本内涵和主要内容。坚定理论自信，本质上就是坚持对中国特色社会主义理论体系和习近平新时代中国特色社会主义思想的自信。

中国特色社会主义是改革开放以来我们党全部理论和实践的主题，中国特色社会主义理论体系和习近平新时代中国特色社会主义思想的创立和发展，首先，从理论指导视域上看，是马克思主义理论指导下的关于实现国家富强和人民共同富裕的理论成果。从实践逻辑上看，是马克思主义中国化的改革开放40多年中国特色社会主义不断进步和发展的实践探索与创新，是中国共产党和中国人民自我革命和奋发图强的必然结果。其次，中国特色社会主义理论，探索、破解和发展了中国特色社会主义尤其是发展中国家实现现代化的一系列重大课题，彰显出中国共产党人巨大的理论勇气和无穷的政治智慧，"深化了对共产党执政规律、社会主义建设规律、人类社会发展规律的认识，充分体现了与时俱进的理论品质"。再次，中国特色社会主义理论，是夺取全面建成小康社会胜利、把中国建设成为富强民主文明和谐美丽的社会主义现代化强国，进而实现中华民族伟大复兴中国梦的思想基础、理论指导和行动指南。这是坚守中国特色社会主义理论自信的理论基础和实践前提。没有高度的理论自觉和理论自信，就不可能创立和发展中国特色社会主义。

树立和增强中国特色社会主义理论自信，有助于在解放思想和实事求是的辩证思维指引下，根据中国的国情和实际勇于开拓创新发展，走出一条"前无古人后无来者"的社会主义光明大道；有助于凝聚和激发中华民族团结奋斗的斗志、信心和精神力量，进而为实现"两个一百年"奋斗目标和中华民族伟大复兴中国梦而凝神聚力、砥砺奋进。

三、制度自信的基本内涵和价值意蕴

制度是中国特色社会主义的根本保障。制度自信就是对中国特色社会主义政治、经济、文化、法律、政党等制度的坚定信念和信心。党的十八大报告指出，中国特色社会主义制度"是人民代表大会制度的根本政治制度，中国共产党领导的多党合作和政治协商制度、民族区域自治制度以及基层群众自治制度等基本政治制度，中国特色社会主义法律体系，公有制为主体、多种所有制经济共同发展的基本经济制度，以及建立在这些制度基础上的经济体制、政治体制、文化体制、社会体制等各项具体制度。"[1]十八届三中全会提出了全面深化改革总目标，就是完善和发展中国特色社会主义制度、推进国家治理体系和治理能力现代化。习近平总书记在"七一"讲话中也特别强调，中国特色社会主义制度是当代中国发展进步的根本制度保障，是具有鲜明中国特色、明显制度优势、强大自我完善能力的先进制度。

党的十九大报告又从提高国家治理体系和治理能力现代化水平；健全人民当家作主制度体系，完善党的领导、人民当家作主、依法治国有机统一的制度建设；生态文明制度体系建设；完善社会主义市场经济体制、加快建设现代化经济体系；深化文化体制改革、完善文化管理体制、完善公共文化服务体系等方面对中国特色社会主义制度建设提出了更高的标准要求和更深层次的制度创新设计。所有这些，都构成了我们坚定制度自信的根本内容和主要内涵。"中国特色社会主义制度，坚持把根本政治制度、基本政治制度同基本经济制度以及各方面体制机制等具体制度有机结合起来，坚持把国家层面民主制度同基层民主制度有机结合起来，坚持把党的领导、人民当家作主、依法治国有机结合起来，符合我国国情，集中体现了中国特色社会主义的特点和优势，是当代中国发展进步的根本制度保障。"[2]

在马克思主义理论的指导下，中国人民为了实现国家富强和人民共同富裕，避免落后挨打的悲剧重演，经过40多年的不断进步和发展，逐渐形成了适合中国国情的中国特色社会主义制度。这是一个在马克思主义科学理论的指导下，在中国共产党的坚强领导下，中国人民经过无数次的实践探索，最终所建立的中国特色社会主义制度。"马克思主义的科学性和真理性、人民性

---

[1] 十八大以来重要文献选编：上[M].北京：中央文献出版社，2014：10.
[2] 包心鉴.把握规律与坚定自信——论中国特色社会主义的道路自信、理论自信、制度自信[J].理论探讨，2013（3）：6.

和实践性、开放性和时代性在中国特色社会主义制度和国家治理体系建设中得到了充分展现。"[1]这一制度的根本特征，是实行人民代表大会的根本政治制度，而基本政治制度则是中国共产党领导的多党合作和协商制度，民族区域自治制度和基层群众自治制度，也包括建立在这一基本政治制度之上的其他政治制度、经济制度、文化制度、社会制度。"坚定制度自信，对于建设和发展中国特色社会主义，在实践中不断完善中国特色社会主义制度，实现中华民族的伟大复兴，具有十分重要的意义。"[2]中国特色社会主义制度的形成取决于这一制度建构的指导思想和这一理论中国化的历史实践。从本质上说，没有这一先进理论的指导，就不可能产生中国特色社会主义制度，而把马克思主义普遍真理同中国革命、建设、改革的实际相结合，则是这一制度形成的最根本的决定性因素。中国特色社会主义制度的建立、巩固和完善，是在中国共产党的领导下，在实现民族独立和人民解放的前提下，在借鉴吸取毛泽东时代社会主义建设的实践探索经验教训的基础上，经过改革开放40多年不断进行经济、政治、文化、社会、生态等方面的改革创新和制度优化而形成的，是马克思主义中国化的制度体现，也是国际共产主义运动和制度建设的尝试。

以毛泽东同志为主要代表的中国共产党人，经过新民主主义革命艰苦卓绝的奋斗和牺牲，率领中国人民推翻了"三座大山"的沉重压迫和残酷剥削，建立了中华人民共和国，完成了中华民族伟大复兴征程上的第一个历史任务，实现了民族独立和人民解放。又在社会主义革命和建设过程中建立了社会主义制度，为实现中华民族伟大复兴创造了根本社会条件，"为实现中华民族伟大复兴奠定了根本政治前提和制度基础"[3]。

以邓小平、江泽民、胡锦涛、习近平同志为主要代表的中国共产党人，则是中国特色社会主义制度的创立者、继承者和发展者。为了完成实现中华

---

[1] 辛向阳.马克思主义视野下的中国特色社会主义制度和国家治理体系建设[J].当代世界与社会主义（双月刊），2020（1）：26.

[2] 肖贵清，周昭苹.中国特色社会主义制度自信的学理分析[J].马克思主义与现实，2013（4）：169.

[3] 习近平.在庆祝中国共产党成立100周年大会上的讲话[M].北京：人民出版社，2021：5.

民族伟大复兴的第二个历史任务，通过解放思想、实事求是、与时俱进、求真务实、守正创新，在改革开放的伟大社会实践中持之以恒地进行制度改革、创新与完善，在"站起来"的基础上，实现了由"富起来"到"强起来"的巨大飞跃。尤其是党的十八大以来，以习近平同志为主要代表的中国共产党人，坚持以人民为中心的现代发展理念，统揽伟大斗争、伟大工程、伟大事业、伟大梦想，统筹推进"五位一体"总体布局，协调推进"四个全面"战略布局，坚持和完善中国特色社会主义制度，全面推进国家治理体系和治理能力现代化，"为实现中华民族伟大复兴提供了充满新的活力的体制保障和快速发展的物质基础""为实现中华民族伟大复兴提供了更为完善的制度保证、更为坚实的物质基础、更为主动的精神力量"。[①]

中国特色社会主义制度建设，深刻蕴含着中华优秀传统文化底蕴。其中，中华民族传统文化上的爱国主义、集体主义传统，"讲仁爱、重民本、守诚信、崇正义、尚和合、求大同"的思想理念、文化精神与社会理想，对于中国特色社会主义制度的价值追求和精神崇尚起到了非常重要的引导作用，这使中国共产党人能够最大限度地整合一切资源，最大和最高效率地实现所要达到的根本目标。从某种意义上讲，这是中国共产党人成功的文化和精神密码——不管是新民主主义革命、社会主义革命和建设还是改革开放和社会主义现代化建设、中国特色社会主义新时代，所取得的伟大成就都是如此。以2019年年底发生的全球性新冠肺炎疫情为例，与以美国为代表的西方资本主义国家相比，中国特色社会主义制度的优越性得到了充分的体现。"无论是资本逻辑长久以来的强权逻辑行径，还是资本主义国家在此次抗击疫情中的表现和态度，暴露出资本主义民主制度的诸多弊病和虚假性。"[②]其中，最根本的原因，还在于制度架构的阶级性和目的性。中国特色社会主义制度的阶级性在于以人民为中心，以最广大人民群众的根本利益为出发点，秉承人民至上和生命至上的价值观，能够最大限度和最大效率地调动人力和物力资源抗击

---

① 习近平.在庆祝中国共产党成立100周年大会上的讲话[M].北京：人民出版社，2021：6-7.

② 李娜，赵金科.资本的逻辑与正义的价值——兼论丛林原则与人类命运共同体思想[J].理论研究，2020（4）：29.

疫情。然而，资本主义制度建构的根本宗旨的实质是完全为资本服务的，资本的逻辑、资本集团利益的最大化是资本主义制度最根本的价值目标，因而，在这种价值目标的主宰下，生命的价值、少数族裔利益、弱势群体的利益就是可以完全被忽视甚至被蔑视的。

坚持中国特色社会主义制度自信，有助于充分发挥中国共产党作为中国特色社会主义事业的坚强领导核心作用，切实落实和深入贯彻中国共产党领导，深入推进党的建设伟大工程，并得以保持中国特色社会主义沿着正确的方向前行，为中华民族伟大复兴中国梦的实现确立正确轨道，避免陷入封闭僵化的历史悲剧和改旗易帜的文化陷阱。坚持中国特色社会主义制度自信，有助于增强制度认同，凝聚实现中华民族伟大复兴中国梦的思想共识和精神力量。"坚定中国特色社会主义制度自信不仅能够提高广大人民群众对中国特色社会主义制度自信的自觉认同……同时，坚定中国特色社会主义制度自信能够激发全党和全国各族人民建设与发展中国特色社会主义的主动精神、担当意识，以更加积极的精神状态投入到建设与发展中国特色社会主义的事业中去。"[1]

四、文化自信的基本内涵和价值意蕴

文化自信是一个国家、一个民族、一个政党对自身文化价值的充分肯定，对自身文化生命力的坚定信念。[2] 按照陈锡喜教授的理解，文化自信存在广义和狭义之分，所谓狭义的文化自信，是指与中国特色社会主义道路自信、理论自信和制度自信这"三个自信"相并列的、特指作为狭义文化的自信；所谓广义的文化自信，则是包含道路自信、理论自信和制度自信在内的作为广义文化的自信。[3] 中国特色社会主义文化自信，实质上就是指对中国特色社会主义文化的指导思想、理论内涵、精神实质、发展道路等所应当确立的自信，

---

[1] 肖贵清.制度自信：中国特色社会主义制度自信研究[M].北京：高等教育出版社，2017：9.

[2] 云杉.文化自觉 文化自信 文化自强——对繁荣发展中国特色社会主义文化的思考：中[J].红旗文稿，2010（6）：4.

[3] 陈锡喜，桑建泉.文化自信的内涵及其在"四个自信"中的地位[J].高校马克思主义理论研究，2017（3）：28-29.

"是对中国特色社会主义文化提供有力精神支撑、引领社会思潮、凝聚社会共识、提振民族精神、传播中国声音的高度自信"①。

文化自信作为一个学术和政治术语，提出于十七届六中全会报告，完善于习近平总书记系列重要论述之中。党的十五大报告对中国特色社会主义文化做了十分明确而简洁的概括："建设有中国特色社会主义的文化，就是以马克思主义为指导，以培育有理想、有道德、有文化、有纪律的公民为目标，发展面向现代化、面向世界、面向未来的，民族的科学的大众的社会主义文化。"② 党的十六大、十七大、十八大报告又分别从不同角度对此做了阐述。十九大报告进一步强调指出，中国特色社会主义文化，源自中华民族五千多年文明历史所孕育的中华优秀传统文化，熔铸于党领导人民在革命、建设、改革中创造的革命文化和社会主义先进文化，植根于中国特色社会主义伟大实践。"发展中国特色社会主义文化，就是以马克思主义为指导，坚守中华文化立场，立足当代中国现实，结合当今时代条件，发展面向现代化、面向世界、面向未来的，民族的科学的大众的社会主义文化，推动社会主义精神文明和物质文明协调发展。要坚持为人民服务、为社会主义服务，坚持百花齐放、百家争鸣，坚持创造性转化、创新性发展，不断铸就中华文化新辉煌。"③

习近平总书记提出的文化自信，就其与中国特色社会主义自信的关系而言，丰富了中国特色社会主义自信的内涵及其文化底蕴，深化了"三个自信"之间及其与文化自信之间的内在联系，拓展了中国特色社会主义道路、理论和制度的文化底蕴和精神支撑，形成了一个中国特色社会主义自信的有机整体。

文化自信是继"三个自信"之后提出的。之所以如此，第一，从历史唯物主义的基本原理分析，文化属于思想观念层面，受经济基础和社会存在所决定并对此具有反作用，其根本和核心是价值观。而价值观尤其是核心价值观作为文化的最深层面，一旦形成就非常稳固，这也就是特别强调和重视对青少年要进行正确的"三观"教育的主要原因。一般而言，文化观念具有一

---

① 曲青山.关于文化自信的几个问题[J].中共党史研究，2016（9）：11.
② 十五大以来重要文献选编：上[M].北京：人民出版社，2000：9.
③ 习近平.习近平谈治国理政：第3卷[M].北京：外文出版社，2020：32.

定的滞后性。

纵观中国近代史，自鸦片战争以来，中国人面对西方列强的霸权奴役和殖民掠夺，第一反应主要是坚船利炮的较量与失败，所以，其主要应对措施就是通过物质、经济和军事层面的变革即洋务运动，来达到"师夷长技以制夷"的目的。而通过甲午海战和日本的明治维新之对比，才发现单纯的经济制度变革是具有极大局限性的，只有政治制度的变革才能消除生产关系的负面制约因素，于是就有了之后的戊戌变法和辛亥革命。当经济和政治变革都失败后，我们开始认识到，人的思想和观念的变革才是最根本最重要的，于是才有了后来的新文化运动和五四运动。其路径遵循着经济—政治—文化这一基本轨迹。之所以如此，某种意义上还是因为古代中国由于长期的辉煌成就及其优越感所带来的封闭和保守。在世界古代史上，中华民族无论是经济发展、政治制度建构、科技成就还是文化建设，都是遥遥领先的，久而久之就会产生一种骄傲和自满，这种优越感直到第一次鸦片战争之前在大多数中国人的心中都是根深蒂固的，此时西方世界也是对中华民族充满景仰和羡慕的。而历史的转折点是第一次鸦片战争失败之后，崇尚弱肉强食丛林法则的西方人开始改变了看法，于是，"东亚病夫""劣等民族"之类的叫嚣才开始盛行，近代中国人的自卑现象也开始逐渐蔓延。事实上，当第一、第二次鸦片战争失败之后，由于受这种历史包袱的束缚，当时绝大多数中国人的第一反应就是我们军事技术上落后了，需要变革，但我们的政治制度和文化还是最好的，不需要变动，于是才有了后来的洋务运动。甲午战争中国战败后，痛定思痛，曾经长期是中国的小学生的日本却后来居上，这种鲜明对比的结果引发了其后的戊戌变法和辛亥革命。而当戊戌变法和辛亥革命都没有改变落后挨打的局面之后，中国的先进知识分子逐渐认识到，中国人的思想文化与精神素质也远远落后于时代了，从而产生了20世纪初的新文化运动。客观地说，新文化运动是中华民族近代历史上一场伟大的思想启蒙与解放运动，对于中华民族摆脱封建思想的桎梏和束缚，探寻文化、思想和精神的现代化具有重大历史意义。然而，历史的吊诡之处出现了，在反思落后挨打的历史过程中，我国逐渐开启了文化自卑乃至民族自卑的大幕，而且伴随着一次次的被动挨打和巨大屈辱，这种自我否定的程度越发加深，这也是近现代以来

"月亮都是西方的圆"之类思维形成的主要原因和历史过程。如果说,新文化运动伊始标志着近代中国的文化自卑和民族自卑现象的系统涌现,那么,改革开放初期以反思"文化大革命"和落后为主题的"河殇"之论则加剧了文化虚无主义和历史虚无主义的泛滥。以至于即使到了当下,中国改革开放的辉煌成就已经举世瞩目了,但仍然有个别人的思维仍旧停留在过去的自卑时代,甚至出现了"空气都是美国的甜"之类的感叹。

诚然,与西方许多具有几百年发展历史的现代化国家相比较,我国在一些方面还是有较大差距的,但是,从历史长河的发展过程而言,按照辩证法的观点,世界上没有一蹴而就的事情,也不可能存在永远处在巅峰时代的民族和国家,与领先世界上千年的古代中国相较,西方迄今为止也不过才几百年的历史。假以时日,中国的繁荣昌盛一定会快速实现。如果说,文化自卑和民族自卑是落后挨打的自然反应,那么,今天的中国已经"富起来"和"强起来"了,一些人仍然具有"崇洋媚外"的思维和心态,那就应该认真反思了。事实上,习近平总书记之所以强调"四个自信",其主要矛头和主要考量的旨归就是要纠偏这种形而上学思维,树立唯物辩证法的科学思维,从而坚定中国特色社会主义的信念,为实现中华民族伟大复兴奠定信仰基础和汇聚精神力量。

第二,文化自信是以习近平同志为核心的党中央,在不断总结历史经验及其教训的基础上提出的。其中,既是对历史上其他民族和国家兴亡的经验教训的借鉴,也是对华夏民族兴衰的经验教训的吸取。一般而言,一个民族国家,凡是充满着强烈的文化自信和文化自觉的意识和精神,那么,这个民族和国家一定繁荣昌盛,反之,由文化自卑所导致的民族精神衰落,就是这个民族和国家的衰落乃至消亡时代。近代中国的落后挨打不仅仅是经济、政治、军事、制度等方面的落后,更是文化和精神上的颓废和衰亡。相对于古代中华民族崇尚自强不息和厚德载物的优秀传统文化而言,近代中华民族在明清残酷的文化专制主义的摧残下,封闭保守、明哲保身、愚昧无知、一盘散沙,民族自信心和民族凝聚力缺失和涣散,在帝国主义、封建主义和官僚资本主义三座大山的残酷掠夺和奴役下,更是无以复加。其具有里程碑意义上的改变是通过新文化运动和五四运动的启迪、十月革命的引领和科学社会主义的指导以及与中华优秀传统文化"创造性转化和创新性发展"产生的。

第三，先进文化精神的伟大力量和积极作用是习近平总书记提出文化自信的根本时代考量。"文明特别是思想文化是一个国家、一个民族的灵魂。无论哪一个国家、哪一个民族，如果不珍惜自己的思想文化，丢掉了思想文化这个灵魂，这个国家、这个民族是立不起来的。"从文化意义上看，中华优秀传统文化是缔造文明"礼仪之邦"的中华文明的根本的精神动力和文化根源，也是习近平总书记所言的中华优秀传统文化的主要根基。铭记历史才能开拓未来，正确认识才能继承创新。正确认识中华传统文明，复兴和创新中华文化，是文化自信建设之根，中华文化是中华民族和每一个中国人的根，如果丢掉了这一文化传统，就等于断绝了我们赖以生存的精神命脉，文化自信就成了无源之水、无本之木。"这种文化自信心从根本上说，不是面向过去，炫耀祖宗的文化财富，而是立足现实，面向未来，创造与中华民族未来生活相匹配的新的文化理想。"[①]事实上，正是由于中国人民逐渐摆脱了近代以来的文化危机和精神萎靡，并通过精神凝聚和信仰支撑，中国人民才最终在中国共产党的领导下，推翻了"三座大山"的压迫，取得了中华民族独立和人民解放的伟大胜利，唤起和鼓舞了世界被压迫民族依靠自身努力争取民族独立和人民解放的自觉性和自信心，把中华优秀传统文化中的爱国主义、坚韧不拔、自强不息、视死如归、团结统一等民族精神和为了中华民族之崛起而英勇奋斗的时代精神相结合，形成了以井冈山精神、长征精神、抗战精神等革命精神为标志的红色革命文化，并一举扭转了西方殖民主义一统天下的历史格局，这是中华民族站起来的根本精神动因。同样，在实现国家富强和人民富裕的历史征程中，中国共产党又广泛动员和组织中国人民，把中华优秀传统文化中的民族精神和时代精神相融合，构建起了以雷锋精神、"两弹一星"精神、抗洪精神、航空航天精神、抗疫精神等为主要代表的时代精神，形成了以改革开放、与时俱进、开拓创新、艰苦奋斗、奋发图强、敢为人先、砥砺奋进等建设精神为主要标志的社会主义先进文化，构成了中华民族"富起来"和"强起来"的精神决定因素。换言之，如果没有历史悠久、博大精深、辉煌灿

[①] 王南湜.当代中国的哲学精神构建的前提反思［J］.中国社会科学，2015（10）：68.

烂的中华优秀传统文化，就不会产生伟大而又古老的中华文明；如果没有近现代所形成的革命文化和先进文化，就不可能实现中华民族站起来、富起来和强起来的伟大历史飞跃。这是中华民族文化自信的深厚根基和强大底气。习近平总书记说："站立在960万平方公里的广袤土地上，吸吮着中华民族漫长奋斗积累的文化养分，拥有13亿中国人民聚合的磅礴之力，我们走自己的路，具有无比广阔的舞台，具有无比深厚的历史底蕴，具有无比强大的前进定力。中国人民应该有这个信心，每一个中国人都应该有这个信心。"①

道路自信是自信的实现途径、外在表现，理论自信是自信的行动指南、灵魂指引，制度自信是自信的根本保障、政治基础。然而，不管是道路、理论还是制度，本质上都与文化密切联系，都是在一定的思想精神和价值底蕴指引之下探索和建构的。"如果没有自己的精神独立性，那政治、思想、文化、制度等方面的独立性就会被釜底抽薪。"②习近平之所以强调文化自信，是因为其是更基础、更广泛、更深厚的自信，是更基本、更深沉、更持久的力量。一个政党、一个国家、一个民族在其生成和发展过程中所积淀的文化精神及其价值认同，是民族国家独立的根本，是极其稳固不会轻易动摇的。"文化自信具有极其重要的当代价值，它是增强中华民族文化软实力的源泉与动力，是应对世界异质文化冲突与融合的心理支撑，也是实现中华民族伟大复兴的精神支柱。"③纵览人类文化发展的历史，如果缺乏民族文化及其精神的独立性，其结果往往是被外来文化同化、消融甚至是湮灭在历史长河里，其最终结果必然会缺失文化自信。这种丧失了文化自信心的国家和民族，最终都会沦为其他国家精神上的附庸，古印度、古埃及和古巴比伦文明的断绝就印证了这个道理。"文化是一个国家、一个民族的灵魂。历史和现实都表明，一个抛弃了或者背叛了自己历史文化的民族，不仅不可能发展起来，而且很可能上演一场历史悲剧。"④

---

① 习近平. 习近平谈治国理政：第1卷 [M]. 北京：外文出版社，2018：171.
② 习近平关于全面深化改革论述摘编 [M]. 北京：中央文献出版社，2014：88.
③ 刘林涛. 文化自信的概念、本质特征及其当代价值 [J]. 思想教育研究，2016（4）：21.
④ 习近平. 在中国文联十大、中国作协九大开幕式上的讲话 [M]. 北京：人民日报出版社，2016.

中华文化失去主体性和自信心，始于两次鸦片战争。面对西方的坚船利炮和资本主义文明，建立在农耕文明之上的东方古国毫无还手之力，逐渐沦为半殖民地半封建社会。只有在中国共产党人把马克思主义的基本原理同中国革命和建设的具体实践相结合，把中华优秀传统文化与科学社会主义相统一，才逐渐恢复、重新树立和增强了中华文化自信。

民族是文化的主体，文化是民族的灵魂。人无魂不振，军无魂不强，国无魂不兴。文化具有传承性。文化自信作为一种可传承的力量，可以为一个政党、一个国家、一个民族的发展提供持久的精神文化支撑。"高度的文化自觉和文化自信，是实现中华民族伟大复兴的强大精神力量，是推动中华文化走向世界的重要保证，是社会主义文化大发展大繁荣的思想基础。"[1]优秀文化能够保持政党执政的延续性，凝神聚气使人民精神振奋，能够使军队团结一心富有战斗力，永葆国家兴旺发达、繁荣兴盛。纵观中华文化五千年悠久的发展史，中华文化的发展演进有高潮也有低谷，既有长达上千年华夏文明所决定的文化优越感，也经历过"西学东渐"被迫学习西方而产生的文化自卑与自虐情绪。但正是中华优秀传统文化中蕴含的敢于斗争、勇于牺牲、自强不息、奋发图强等民族精神的重新焕发和强大激励，孕育和催生了富有当代中华民族精神特色的革命文化和社会主义先进文化，并在这种文化精神力量的支撑下，一举扭转了世界格局，展现出了科学思想指导和强大精神动力的巨大威力。

文化对于一个国家发展道路选择具有重大乃至决定性的影响。任何国家和民族在选择发展道路、发展理论和国家制度时，都是基于国家的历史文化传统、民族的风俗习惯等文化因素。文化作为一种更基础性的精神力量，深深影响着每个国家、民族的道路、理论、制度选择，因此，每个国家和民族的道路、理论、制度都必然蕴含、凝结和体现着本民族的思想文化特征和精神价值追求。总之，从根本上来说，对中国特色社会主义道路、制度和理论的科学把握，只有从文化精神和价值追求这一基础层面，结合民族发展历史、民族性格特质、民族发展脉络等一系列文化问题进行深刻剖析，才能彰显中

---

[1] 刘芳. 对文化自觉和文化自信的战略考量［J］. 思想理论教育，2012（1）（上）：8.

国特色社会主义道路的光明前景、制度的优越性和理论的科学性。"中华民族的伟大复兴，本质上是中华文化的复兴。"①

习近平的文化自信理论，不仅是对马克思列宁主义文化思想的传承和发展，同时也是对中国化的马克思主义文化理论的丰富和发展，构成了习近平新时代中国特色社会主义文化及其思想的重要内容，承载着中华文明新时代文化建设的历史使命，是建设社会主义文化强国的基本路径和战略目标，更是推动当代中华民族精神建构、实现中华民族伟大复兴中国梦的精神动力和坚实支撑。

"中国特色社会主义文化自信是实现中华民族伟大复兴的精神支柱。"②坚持中国特色社会主义文化自信，就国内意义而言，有助于传承、弘扬、培育和践行中华优秀传统文化、革命文化和先进文化，深入推进马克思主义的中国化、时代化、大众化，进一步激励和凝聚全党、全国各族人民奋勇前进的强大精神力量，为建设社会主义文化强国提供正确的引领方向，为坚定中国特色社会主义道路自信、理论自信、制度自信奠定深厚的民族文化根基和精神智力支撑。就国际意义而言，有助于提升当代中华文化软实力，让中华文化走向世界，并为人类文明的和平发展和进步事业贡献出自己的磅礴力量，让"人类命运共同体"的思想光辉和价值精神照耀人类文明前进的历史征程。

五、"四个自信"的基本内涵、精神实质和价值意蕴

"四个自信"本质上是中国特色社会主义的自信，而无论是道路、理论、制度还是文化，都是中国特色社会主义在一定意义、一定视域、一定层面上的具体表现或具体内容。或者说，"四个自信"是中国特色社会主义的简明概括，中国特色社会主义的道路自信、理论自信、制度自信、文化自信则是"四个自信"思想的完整表述。

中国特色社会主义是近现代以来中华民族救亡图存、实现民族复兴历史

---

① 黄有东.从"文化自卑"到"文化自信"——对"五四"以来中国三次文化宣言的诠释[J].中华文化论坛，2005（3）：118.
② 肖贵清，张安.关于坚定中国特色社会主义文化自信的几个问题[J].当代世界与社会主义（双月刊），2018（1）：28.

进程发展的必然结果。自鸦片战争以来，在面临亡国灭种的严峻局势之下，各个阶层、各个阶级以及不同利益集团都进行过实验，然而，不管是以洪秀全为代表的农民革命，还是以奕䜣、李鸿章等人为代表的官僚地主阶级所主导的洋务运动，也不管是以光绪皇帝、康有为、梁启超为代表的资产阶级改良派所主导的戊戌变法，还是以孙中山为代表的资产阶级革命派所领导的辛亥革命，都没能找到一条摆脱民族危机、实现国家富强和民族振兴的正确道路。而在苏联十月革命的启迪下，中国共产党诞生了，"中国产生了共产党，这是开天辟地的大事变，深刻改变了近代以后中华民族发展的方向和进程，深刻改变了中国人民和中华民族的前途和命运，深刻改变了世界发展的趋势和格局"①。

中国共产党人把马克思主义普遍原理同中国革命、建设、改革开放的实际有机结合，在以毛泽东同志为主要代表的中国共产党人的政治动员、强大组织和正确领导下，在新民主主义革命时期完成了民族独立和人民解放的历史重任，为实现中华民族伟大复兴创造了根本社会条件。在社会主义革命和社会主义初步探索时期建立了社会主义基本制度，为实现中华民族伟大复兴奠定了根本政治前提和制度基础。为了完成实现国家富强和人民富裕的历史使命，以邓小平、江泽民、胡锦涛同志为主要代表的中国共产党人团结和率领中国人民接续奋斗、改革创新，"实现了从生产力相对落后的状况到经济总量跃居世界第二的历史性突破，实现了人民生活从温饱不足到总体小康、奔向全面小康的历史性跨越，为实现中华民族伟大复兴提供了充满新的活力的体制保证和快速发展的物质条件"②。党的十八大以来，以习近平同志为主要代表的中国共产党人把中国特色社会主义推进到新时代，取得了全面建成小康社会的伟大胜利，为实现中华民族伟大复兴提供了更为完善的制度保证、更为坚实的物质基础、更为主动的精神力量。

总之，中国特色社会主义的道路、理论、制度和文化是中国共产党100

---

① 习近平. 在庆祝中国共产党成立100周年大会上的讲话 [M]. 北京：人民出版社，2021：3.

② 习近平. 在庆祝中国共产党成立100周年大会上的讲话 [M]. 北京：人民出版社，2021：6.

年艰苦奋斗、艰辛探索中华民族伟大复兴之路的结晶。同时，这种道路、理论、制度和文化的成功又蕴含着广阔和深远的世界价值，中国特色社会主义的成就不仅粉碎了自近代只有走资本主义道路才能实现现代化的神话，使福山的"历史终结论"成为笑谈，而且证明了走社会主义道路的可行性和可靠性。再者，崇尚和平发展与合作共赢的中国特色社会主义，实现了和平崛起的人类新文明发展之路，这对于迷信"强则必霸"的西方资本主义文化和文明而言，无疑是具有极大颠覆意义的，从此，资本主义"一统天下"的历史局面可谓一去不复返了，这也是以美国为首的资本主义势力极力打压和遏制中国的最根本的原因之所在。

中国特色社会主义道路是实现中国特色社会主义的必由之路。坚持道路自信，本质上就是坚信党领导人民开辟的这条道路的科学性、正确性以及光明前途，是实现国家富强、民族振兴、人民幸福中国梦的唯一道路。中国特色社会主义理论体系是实现中国特色社会主义的理论指导和行动指南，是从理论视域上阐述中国特色社会主义及其道路科学性的理论依据和内在逻辑基础。坚持理论自信，本质上就是对建立在马克思主义科学理论指导、中国历史发展和社会实践基础上所形成的中国特色社会主义理论体系科学性的坚定信念和文化认同。中国特色社会主义制度是实现中国特色社会主义的制度保障，是得以保证理论体系和道路方向原则得到贯彻实施的基础和前提。坚持文化自信，本质上就是对建立在马克思主义科学理论指导、中国历史发展和社会实践基础上所形成的中国特色社会主义道路、理论体系、制度所凸显的价值底蕴、理想信仰和民族精神的充分肯定和自觉坚守，蕴含着中华民族优秀传统文化、革命文化和社会主义先进文化及其所缔造的古老华夏文明、民族民主革命所取得的伟大胜利、社会主义现代化建设所创造的辉煌成就的高度认可和坚定信心，表征着中华民族对自我意识、自主精神、思想本质、文化创造力与生命力的自我评价、认同和肯定。"历史与现实发展告诉我们，文化自信本质上是解决人心所向的问题，国家认同的关键在于文化自信。"[1]

概言之，从中华文化和中华民族的历史来看，"四个自信"的精神实质表

---

[1] 万欣荣.从被动输入到文化自信——中外文化交流的历程及其启示[J].毛泽东邓小平理论研究，2016（1）：60.

现为对中华优秀传统文化和中华民族的坚定信念；从中国近现代史和当代史来看，"四个自信"的精神实质表现为对中国共产党人所领导的新民主主义革命、社会主义革命和社会主义现代化建设历程及其成就的坚定信念；从改革开放40多年的历史进程来看，"四个自信"的精神实质表现为对中国特色社会主义事业、发展本质和规律的坚定信念和坚强信心；从意识形态、本质属性和中华民族伟大复兴的基本要求来看，"四个自信"的精神实质实际上是对全党、全国各族人民的一种政治、精神状态的总要求和总动员。

"四个自信"的提出，是自近现代以来中国共产党人和中华民族文化自主和精神自觉的必然，同时又构成了中国特色社会主义继续前进的思想动力和精神支撑，对于有效消解西方资本主义的文化精神殖民和历史文化虚无主义具有重大意义。自近代以来，伴随着西方资本主义殖民体系的扩张，历史虚无主义和文化虚无主义成为西方殖民者从精神上奴役世界尤其是殖民地国家的一种重要手段和工具，随着近代中国的落后挨打、一穷二白、亡国灭种的危机的日益加深，历史虚无主义和文化虚无主义思潮也日益泛滥，新文化运动时期的"全盘西化论"的出现，"文化大革命"时期"破四旧"思潮的文化反智主义，改革开放初期的"河殇"之论，20世纪90年代的"告别革命论"，无疑都是虚无主义思想的具体表现。40多年改革开放所取得的举世瞩目的世界奇迹，用铁一般的事实证明了虚无主义的破产，中国特色社会主义"四个自信"则从四个层面上成为回击和粉碎虚无主义的最强大的思想武器，"道路自信已成为解构历史虚无主义的历史依据，理论自信发展为破解历史虚无主义的思想指南，制度自信竖立为瓦解历史虚无主义的根本保障，文化自信生成为消解历史虚无主义的内生动力"[①]。

坚定对中国特色社会主义的理想信念，具有重大的理论和现实意义，是实现中华民族伟大复兴中国梦的重要思想前提和根本政治保证，也是实现和平发展与合作共赢世界梦的理论基础。"四个自信"具有超越国界和时代的价值，它重振了鸦片战争以来的中华民族自信与自豪，坚定了中华民族在中国特色社会主义道路上实现中国梦的坚强决心，把中国特色社会主义的理论与

---

① 杨红柳，钟明华."四个自信"视阈下历史虚无主义思潮批判[J].思想理论教育导刊，2018（5）：95.

实践推向了一个新阶段,激励中华民族砥砺前行,为人类文明发展提供精神指引并探索更好的道路,将在引领国际共产主义运动走向复兴方面凸显中国贡献。①

中国共产党人以巨大的理论勇气和创新精神所创立的中国特色社会主义,不仅为中华民族伟大复兴奠定了思想文化基础、制度保障和路径依赖,而且为坚持和发展马克思主义做出了历史性的巨大贡献。"四个自信"是中国特色社会主义的四个维度和逻辑框架的现实表达,对丰富和发展马克思主义理论与世界社会主义运动及其实践有着重大意义。党的十九大报告指出:"中国特色社会主义进入新时代,意味着近代以来久经磨难的中华民族迎来了从站起来、富起来到强起来的伟大飞跃,迎来了实现中华民族伟大复兴的光明前景;意味着科学社会主义在二十一世纪的中国焕发出强大生机活力,在世界上高高举起了中国特色社会主义伟大旗帜;意味着中国特色社会主义道路、理论、制度、文化不断发展,拓展了发展中国家走向现代化的途径,给世界上那些既希望加快发展又希望保持自身独立性的国家和民族提供了全新选择,为解决人类问题贡献了中国智慧和中国方案。"②开展"四个自信"的学理逻辑与当代价值研究,无论是对于丰厚中国特色社会主义的学术理论底蕴,拓展中国特色社会主义的伟大实践,还是对于丰富马克思主义理论,提振世界社会主义运动,都有着不可估量的现实意义和历史意义。

树立和增强"四个自信"意识,能够为中国共产党人和当代中华民族确立政治灵魂、思想信仰和精神支柱,确保意识形态领域进行伟大斗争并取得伟大胜利,为中华民族伟大复兴中国梦的实现提供方向和路径引领、理论指导、政治保障、精神动力和智力支持,为中国特色社会主义事业继续前进、取得更大成就和实现伟大梦想提供根本保证,也为世界文明发展、和平发展、合作共赢、和谐相处贡献中国智慧和中国方案。必须采取各种有效和综合性的路径、对策与举措,切实坚定"四个自信",在宣传教育中提升"四个自

---

① 李勇华,洪千里."四个自信"的历史渊源、内在逻辑与时代价值[J].观察与思考,2017(9):40.

② 习近平.决胜全面建成小康社会 夺取新时代中国特色社会主义伟大胜利——在中国共产党第十九次全国代表大会上的报告[M].北京:人民出版社,2017:10.

信",在比较鉴别中增强"四个自信",在和谐互信中坚定"四个自信",在创新实践中实现"四个自信"。[①]

第四节 增强和坚定"四个自信"的主要路径与基本举措

"四个自信"的形成和发展,酝酿于中国共产党领导下的新民主主义革命、社会主义革命和建设的历史继承之中,产生和形成于改革开放以来所取得的伟大成就及其历史过程之中,因而,树立、增强和坚定"四个自信",一方面,是中国特色社会主义经济、政治、理论和文化发展的必然结果,另一方面,又取决于中国特色社会主义进一步的综合实力壮大和社会发展更加的全面与进步,"进一步坚持和发展中国特色社会主义,这是我们自信的根本和底气"[②]。进一步树立、增强和坚定"四个自信",需要按照党的十九大报告所规划的第二个百年奋斗目标战略安排,即到二〇三五年基本实现社会主义现代化,到21世纪中叶把我国建成富强民主文明和谐美丽的社会主义现代化强国,在全面建成小康社会的基础上,开启全面建设社会主义现代化国家新征程。必须统筹推进中国特色社会主义"五位一体"总体布局、协调推进"四个全面"战略布局,坚持全面、协调和可持续的发展道路,坚持创新、协调、绿色、开放、共享的新发展理念,确立一套系统思维、全面发展战略和综合评价体系,并把这一综合思维和全面发展战略具体贯彻落实到国家和社会发展的实际工作中去,使得社会经济、科技、政治、军事国防、民生保障、生态、党建等方面的建设都能够统筹规划和全面推进,"我们要在继续推动发展的基础上,着力解决好发展不平衡不充分问题,大力提升发展质量和效益,更好满足人民在经济、政治、文化、社会、生态等方面日益增长的需要,更好推动人的全面发展、社会全面进步"[③]。总之,一个经济科技发达、政治进步、文化繁荣、社会和谐、生态稳定的社会主义现代化强国,必将对增强和

[①] 叶琴.四个自信"的理论与实践研究[D].芜湖:安徽工程大学,2000:27-32.

[②] 徐艳玲.全球化与中国特色社会主义自信[M].北京:学习出版社,2017:321.

[③] 习近平.决胜全面建成小康社会 夺取新时代中国特色社会主义伟大胜利——在中国共产党第十九次全国代表大会上的报告[M].北京:人民出版社,2017:11-12.

坚定"四个自信"起到更加积极的推动作用。

一、经济、科技、军事硬实力是增强和坚定"四个自信"的物质基础与保障前提

一个国家的强大主要表现为综合国力的强大,这种强大既包括国家经济和科技发展、军事国防等硬实力支撑,也包括思想文化、外交战略等软实力引领;既包括社会发展的公平、公正与和谐,又包括生活环境的优美与生态文明建设的进步。单纯或者片面地强调某一方面而忽视了系统工程的建设,或者说极端的物质主义,过分迷信物质、科技、军事硬实力而忽视思想精神文化软实力,国家的发展方向就会误入歧途,最终陷入"唯实力论"而不能自拔;而形而上学的精神万能论,随意夸大思想精神文化软实力的作用,忽视或者否定物质、科技、军事硬实力的建设,会使国家的发展道路陷入"唯意志论"的泥坑而不可持久。

按照唯物辩证法的基本原理,上层建筑建设虽然受到经济基础和社会存在的决定和制约,但其能动作用的力量也是巨大而持久的,在一定条件下甚至会起到决定性的作用。纵观中国历史的发展历程,如果没有中华优秀传统文化及其精神的滋养,就不可能有文化灿烂、博大精深的中华文化,更不可能存在历史悠久、经济政治军事科技都曾经遥遥领先于世界且持续发展繁荣上千年的中华文明。这是古代华夏民族文化自信的强大基础,也为当代树立和增强文化自信提供了一条值得借鉴和参考的有效路径。如果说一个国家和民族的经济、科技、军事属于硬实力,而且这种硬实力是文化自信的基础和必要条件,那么,这种硬实力的存在也必须以雄厚的思想文化软实力作为精神底蕴和智力支撑,如此才能保持其持久的生命力。中国近代自鸦片战争以来所逐渐产生和形成的文化自卑现象,根本原因在于经济、科技、政治、军事的落后。落后挨打、一穷二白、国贫民弱、精神萎靡,根本谈不上什么自尊和自信。这是社会存在对于社会意识决定作用的充分表现。反之,也正是由于强烈刺激,才使得中华儿女在中国共产党的启迪、指引、召唤和组织之下,把马克思主义的革命精神和中华优秀文化自强不息、奋发图强、敢为人

先的奋斗品格与抗争精神有机融合，从而形成了新民主主义时期的革命文化、社会主义探索时期和改革开放以来的社会主义先进文化。这是中华民族"站起来""富起来"和"强起来"的强大精神动因和理想信仰基础。换言之，中华民族的伟大复兴首先必须是精神上的复兴和文化上的觉醒，这又从社会意识对于社会存在的反作用意义上凸显出先进的文化理论与精神力量对于社会发展与进步所起到的积极作用。

经济基础的雄厚、科技创新能力的提升、国防和军事实力的强大是评价和衡量一个国家综合实力强弱的重要指标，也是国家硬实力的主要体现。经济建设是科技创新、国防和军事实力的基础，科技创新是经济建设、国防军事建设的强大驱动力，而国防和军事建设则是经济建设和科技创新的有力保障。新时代，必须坚持党的全面领导，坚持和完善中国特色社会主义制度，坚持和完善党领导经济社会发展的体制机制，继续坚定不移地坚持和贯彻以经济建设为中心的发展战略，不断提高贯彻新发展理念、构建新发展格局的能力和水平，加快建设现代化经济体系，大力发展实体经济，加快实施创新驱动发展战略，积极推动城乡区域协调发展，着力发展开放型经济，深化经济体制改革[①]，为实现高质量发展提供根本保证。通过改革开放、科技创新、科教兴国、人才强国、创新驱动等发展战略，加大人力资源的培育，推动供给侧结构性改革，加快发展先进制造业，推动产业优化升级和互联网、大数据、人工智能与实体经济的融合发展，有助于实现经济增长动能的有效转换和经济高质量发展。坚持和完善我国社会主义基本经济制度和分配制度，突出市场在资源配置中的决定性作用和政府宏观调控功能，加快完善社会主义市场经济体制，进一步壮大和发展中国特色社会主义的经济基础，实现全体人民共同富裕，有助于为科技发展、国防军事乃至民生保障、生态、文化建设等提供强大的经济基础。

必须坚决贯彻落实党的十八届五次全体会议所提出的创新、协调、绿色、开放、共享的五大发展理念。实践证明，包括理论创新、制度创新、科技创新、文化创新、社会治理创新在内的创新是引领和决定社会发展的第一推动

---

① 习近平.习近平谈治国理政：第3卷［M］.北京：外文出版社，2020：241-242.

力，也是实现经济社会持续健康发展的根本动力和关键，墨守成规、封闭保守只会导致落后和停滞。"创新是一个民族进步的灵魂，是一个国家兴旺发达的不竭动力，也是中华民族最深沉的民族禀赋。在激烈的国际竞争中，惟创新者进，惟创新者强，惟创新者胜。"[1]尤其需要强调指出的是，随着新一轮科技革命和产业变革的深入发展，科学技术的迭代创新已经成为当代大国经济、国防军事竞争的重要手段，必须引起高度重视，"事实上，大国崛起首先是技术崛起，这一过程是痛苦的又是必经的，没有自身技术崛起很难有大国崛起。因此，依靠自身实现技术崛起不仅是检验大国是否具备崛起的前提条件，也是保持其崛起后优势的关键所在"[2]。协调是保持国民经济健康发展的内在要求，也是社会公平正义发展的体现。统筹兼顾，缩小城乡、地区、个体等方面存在的巨大差距，全面实施乡村振兴战略，按照产业兴旺、生态宜居、乡风文明、治理有效、生活富裕的总要求，建立健全城乡融合发展体制机制和政策体系，有助于加快推进农业农村现代化。实现全社会物质文明和精神文明、经济建设和军事国防建设的协调发展，这是实现经济社会持续健康和国家繁荣发展的根本要求。绿色发展是促进经济社会永续发展的必要条件。提升广大人民群众的绿色环保和生态意识，正确认识人与自然的相互关系，树立尊重自然、顺应自然和保护自然的思想观念，加强生态文明制度建设和体系建设，推进美丽中国建设，这是实现经济社会持续健康和国家繁荣发展的必要条件，也是中华民族生存和发展的千秋大业。开放是经济社会与国家繁荣发展的必由之路，充分运用经济全球化过程中的积极成果，坚持和平发展的开放战略，构建互利共赢的广泛利益共同体，"逐步形成以国内大循环为主体、国内国际双循环相互促进的新发展格局"，为我国经济社会与国家繁荣发展创造良好的国际国内环境和必要条件。共享是实现经济社会与国家繁荣发展的本质要求，也是中国特色社会主义的本质所在，必须树立全民共享、全面共享、共建共享、渐进共享的思想理念，保证中国特色社会主义沿着公平正义的正确轨道和方向前进。

---

[1] 习近平.习近平谈治国理政：第1卷[M].北京：外文出版社，2018：59.
[2] 王灵桂.防范和纠正新发展阶段、新发展理念、新发展格局认识误区[J].人民论坛，2021（20）：8.

国防军事力量建设为国家经济建设和科技发展提供保障，强大的国防军事力量可以为一个国家的经济、科技乃至社会、文化发展提供坚强保证。相反，国防军事力量虚弱，只能导致国家和民族备受耻辱、贫穷和落后。历史是现实的一面镜子，对其经验教训必须进行深刻反思和总结。古代中国的繁荣昌盛，与其当时军队强大的战斗力是分不开的。不管是秦始皇一统六国的秦军，还是西汉武帝的汉军、李世民的唐军、成吉思汗的蒙古军队等，都是维护国家统一和尊严强有力的支撑。大宋王朝在当时尽管经济繁荣、科技文化发达，但由于重文轻武的思潮影响，作为维护国家安全和统一的国防军却没能延续中国军队的辉煌。近代中国一系列耻辱肇始于清朝军队。随着一统中原与和平局势的稳定，八旗子弟作为当时的国家军队迅速腐化堕落，以至于在抵抗外敌入侵时在自己的家门口处处被动挨打，一败再败，毫无抵抗能力，最后导致割地赔款，民不聊生，一穷二白，以至于一度被西方殖民者称为"东亚病夫""劣等民族"。从此，在西方殖民者的疯狂经济掠夺和精神奴役的历史轮回中，中华民族的厄运开始了，在一次次的割地赔款和民族受辱的冲击之下，"崇洋媚外"的心态变得越发严重，从而使中华民族长期积累起来的自尊心和自信心遭受深重打击。北洋军阀统治时期，一支以为军阀割据服务为宗旨的北洋军队，要求其担负保家卫国的军队职能是不可能的。蒋家王朝的官僚资本主义统治时期，作为国家军队的国民党军队，对外不能承担起保家卫国的担当与责任，对内却成为维护蒋家王朝专制统治的御用工具。

中国军队的荣耀和辉煌是由中国共产党领导的人民军队创造的。无论是在北伐战争、土地革命、抗日战争还是解放战争时期，中国共产党所领导的人民军队总是在军事装备相对落后的情况下，依靠中国共产党强大的思想宣传、政治动员和有力组织之保障下取得最后胜利。如果说，除了抗日战争之外，北伐战争、土地革命、解放战争都属于内战，以至于西方殖民者一直存有自近代以来中国军队软弱可欺、战斗力弱的印象，那么，第一次对外展现中国军队强大战斗力的莫过于20世纪50年代初期的抗美援朝战争。在有着陆海空三军、武装到牙齿而且经过第二次世界大战洗礼的美国军队及其所操纵的联合国军队面前，中国人民志愿军同朝鲜人民军一道浴血奋战，击败了实力强大的美国及其联合国军队，把不可一世的西方军队赶回了三八线，使得

<<< 第二章 "四个自信"的生成逻辑、基本内涵与价值意蕴

近代工业革命以来西方国家及其军队颜面尽失,正如第一任抗美援朝总司令彭德怀元帅所言,抗美援朝的胜利充分证明,近代以来,西方列强在东方的海岸线上架起几尊大炮就可以霸占一个国家的时代已经终结了。对于中华民族而言,抗美援朝战争的胜利,一定意义上超越了抗日战争胜利的影响力。如果说,抗日战争的胜利是全民族抗战、全世界反法西斯统一战线的胜利,那么,抗美援朝的胜利则是中国人民志愿军的胜利。即使是在二战结束以后的一段时间里,一些日本右翼人士仍然叫嚣日本在中日战争中不是败于中国而是败在美国和苏联,而抗美援朝的胜利则让许多日本右翼闭上了嘴巴。因为按照这样的逻辑,中国军队打败了美国及其联合国军,而美国人又打败了日本人,那么,中国军队打败日本军队还在话下吗?而在其后的抗美援越、对印度、越南和苏联的自卫反击战中,中国人民解放军一直成为维护国家安全和民族尊严的钢铁长城,成为维护世界和平、坚持国际正义的重要力量。如果说,苏联开辟了一个社会主义革命和建设的新起点,那么,中国人民解放军在二战之后所取得的一系列胜利则标志着近代以来西方资本主义称霸世界的格局开始扭转,西方世界一统天下的局势一去不复返了。这无论是对于中华民族而言,还是对于世界人民而言,都是具有划时代意义的。

由此可见,国防和军队建设对于一个国家主权、安全、尊严和自信心所具有的意义和价值。随着高科技广泛运用于战争的当代,超视距现代化战争的来临,加大国防建设的经济、科技投入,加强国防和军队建设,进一步贯彻落实加强国防和军队现代化战略方针,坚持党对人民军队的绝对领导,全面推进政治建军、改革强军、科技强军、人才强军、依法治军方略,坚持走中国特色强军之路,构建中国特色现代军事力量体系,全面推进国防和军队现代化,把人民军队建设成为一支听党指挥、能打胜仗、作风优良的世界一流军队,"力争到二〇三五年基本实现国防和军队现代化,到本世纪中叶把人民军队全面建成世界一流军队"[①],为中华民族伟大复兴的中国梦提供强大的军事保障和战略支撑,为维护世界和平与发展事业贡献中国精神和中国智慧,不仅是必要的,而且是必需的。这是中国人民解放军和中华民族的历史使命

---

① 习近平.决胜全面建成小康社会 夺取新时代中国特色社会主义伟大胜利——在中国共产党第十九次全国代表大会上的报告[M].北京:人民出版社,2017:53.

和光荣职责，也是中国特色社会主义现代化建设的主要内容和目标指向，更是增强和坚定"四个自信"的有力保障和坚强后盾。

二、制度完善、社会和谐、生态文明和文化软实力建设是增强和坚定"四个自信"的必由之路与必然结果

决定一个国家综合实力的因素，除了经济、科技、军事硬实力之外，还包括社会制度的健全与完善、文化发展的先进性、国际话语权的权威性、国际外交的影响力和国际地位的提升等，这是国家综合实力的主要体现。

必须坚持中国特色社会主义政治发展道路，增强"四个意识"、坚定"四个自信"、做到"两个维护"，牢记"国之大者"，不断提高党科学执政、民主执政、依法执政水平，充分发挥党总揽全局、协调各方的领导核心作用！[①] 坚持和改善党的全面领导，坚决贯彻落实中国共产党的全面领导地位，努力实现坚持党的领导、人民当家作主、依法治国的有机统一。进一步巩固、完善和发展中国特色社会主义政治制度，继续探索拓宽人民当家作主的民主渠道和体制机制保障，坚持人民代表大会的根本政治制度，坚持中国共产党领导的多党合作和政治协商、民族区域自治、基层群众自治的基本政治制度，推进国家治理体系和治理能力现代化，建设社会主义法治国家。

必须坚持全面从严治党的治国方略，推进勇于自我革命的党的建设的伟大工程，进一步健全和完善党的政治建设、思想建设、作风建设和制度建设，通过全面深化改革，健全党和国家监督体系，坚决惩治各种腐败，建设一支高素质、专业化干部队伍，为实现中华民族伟大复兴的中国梦提供坚强的领导保障和方向引领。切实贯彻落实党的群众路线，巩固和发展包括全体中华儿女在内的广泛爱国统一战线，坚持民族大团结，推进中华民族共同体建设，为实现中华民族伟大复兴的中国梦奠定坚实的政治制度保障。

坚决贯彻落实以人民为中心的发展思想，坚持人民主体地位，坚定"江山就是人民、人民就是江山"的信念，坚持共同富裕方向，树立以人民为中

---

① 习近平.在庆祝中国共产党成立100周年大会上的讲话[M].北京：人民出版社，2021：11.

心主体、发展为了人民、一切依靠人民、人民共建、人民共享是中国特色社会主义的唯一价值取向、根本目标和实践路径。"必须坚持以人民为中心,一切为了人民,一切依靠人民,将创造人民的美好生活作为一切工作的出发点和立足点,着力改善民生,切实维护人民的合法权益,不断提高人民群众的物质文化生活条件,让人民群众共享发展成果,提高人民群众的获得感。"[①]包括教育、医疗、劳动就业、社会保障、文化、体育、社区建设等在内的社会发展与社会进步事业既关系到广大人民群众的生活质量和共同利益,又是中国特色社会主义的根本目标和主要价值追求。因而,要促进社会事业公平正义发展,完善社会服务功能,健全和完善民主政治、公共财政、收入分配、文化服务、社会保障等社会帮助与社会服务制度体系,合理配置公共服务资源,促进社会组织健康发展,保障广大人民在政治、经济、文化、社会、生态等方面享有公平公正的机会、规则和分配等权利,完善社会治理体系与治理能力。坚守增进民生福祉发展的根本目的,提高保障和改善民生水平,"社会保障在保障人民生活、调节收入分配、促进经济发展、维护社会稳定方面的重要作用不言而喻,而完善的社会保障体系是经济社会发展的重要保障,也是维护社会和谐稳定、维护国家长治久安的重要保障"[②]。树立共享发展理念,坚持社会公平正义的发展原则,推动基本公共服务均等化,优先发展教育、医疗和公共卫生事业,提高就业质量和人民收入水平,加强社会保障体系建设,进一步探索创新社会治理的有效路径和实践举措,着力解决经济和社会发展过程中不平衡、不充分的问题和矛盾,坚定走中国特色社会主义的共同富裕之路。

必须充分认识到先污染后治理的旧工业化发展模式的严重危害性,牢固树立和遵循人与自然"天人合一"、和谐共生的思想理念和基本原则,进一步树立和践行"绿水青山就是金山银山"的发展理念,继续探索健全和完善生态文明的思想理念、制度和体系建设以及实践举措的有效路径,按照"十四五"规划纲要要求,全力推进"碳达峰、碳中和"的战略目标实现,建

---

① 刘旺洪.从"三个自信"到"四个自信"[J].理论导报,2016(7):10.
② 黄新根.提高保障和改善民生水平 加强和创新社会治理[J].中共南昌市委党校学报,2019(2):62.

设高质量发展、高品质生活的生态、智慧和幸福城市。加大推进乡村生态振兴的力度,"乡村生态振兴是改善乡村生态环境、引领乡村全面振兴的重要支撑,是助推美丽乡村建设的关键依托和推进生态文明建设的实践举措"[①]。倡导绿色生产方式和生活方式,形成人与自然和谐发展的新格局,建设美丽中国,为实现中华民族伟大复兴的中国梦提供良好生态条件和永续发展动力。

经过40多年的改革开放,中国特色社会主义思想、理论和文化建设取得了巨大成就,形成了中国特色社会主义理论体系和先进文化,成为中国取得举世瞩目经济社会发展成就的强大精神力量和主要思想基础。必须持续推进马克思主义中国化,坚持把马克思主义基本原理同中国具体实际、中华优秀传统文化相结合,坚持马克思列宁主义、毛泽东思想、邓小平理论、"三个代表"重要思想、科学发展观,全面贯彻习近平新时代中国特色社会主义思想。中国特色社会主义思想、理论和文化建设是团结、凝聚和激励全国各族人民奋发向上的精神底蕴和力量源泉,为实现中华民族伟大复兴的中国梦提供精神动力和思想引导。中国特色社会主义思想、理论和文化的先进性是由其文化发展的价值取向、根本目的和规律特性所决定的。社会主义核心价值体系建设和社会主义核心价值观的培育、弘扬和践行,是社会主义先进文化发展的核心、精髓、灵魂和重大历史使命。"核心价值观是文化软实力的灵魂、文化软实力建设的重点……一个国家的文化软实力,从根本上说,取决于其核心价值观的生命力、凝聚力、感召力。培育和弘扬核心价值观,有效整合社会意识,是社会系统得以正常运转、社会秩序得以有效维护的重要途径……构建具有强大感召力的核心价值观,关系社会和谐稳定,关系国家长治久安。"[②]"百花齐放、百家争鸣""文明互鉴""创造性转化和创新性发展"是社会主义先进文化避免走"封闭僵化的老路、改旗易帜的邪路"的科学规律性认识。

培育文化自信,增强和提升中国特色社会主义文化自信,建设社会主义文化强国。

[①] 赵金科,李娜.乡村生态振兴的价值逻辑与践行路径——基于生态安全视角的思考[J].长白学刊,2020(5):117.

[②] 习近平.习近平谈治国理政:第1卷[M].北京:外文出版社,2018:163.

第一，必须坚持以马克思主义为指导，坚持走中国特色社会主义文化发展道路，坚持为人民服务、为社会主义服务的先进文化的前进方向等基本原则和方针，"坚持共同的理想信念、价值理念、道德观念，弘扬中华优秀传统文化、革命文化、社会主义先进文化，促进全体人民在思想上精神上紧紧团结在一起的显著优势"①。中华优秀传统文化是中华民族的思想价值基础和精神文化家园，革命文化和社会主义先进文化与其既血脉相连又守正创新，要深深根植于中华优秀传统文化沃土，要努力实现社会主义先进文化的创造性转化、创新性发展，要充分发挥核心价值观在文化建设中的轴心作用。②加快构建中国特色社会主义的哲学社会科学思想体系，把社会主义核心价值体系建设和积极培育、弘扬和践行社会主义核心价值观作为主线和灵魂。社会主义核心价值观是文化自信的灵魂，它有力回应了"普世价值""历史终结论"的挑战，缓解了社会经济转型时期人们的价值焦虑，为保持和增强文化自信提供了思想基础；以爱国主义为核心的民族精神是文化自信的精神源泉和支撑，它直面文化帝国主义的挑战和历史虚无主义的狂躁，捍卫着国家文化主权，保卫着国家文化安全，为保持和增强文化自信提供了强大动力和支持；以改革创新为核心的时代精神是文化自信的精神气质，它有效化解了"中国威胁论""中国崩溃论"的负面影响，充分展现了当代中国文化自信的精神风貌。③

第二，必须牢牢掌握意识形态工作领导权，加快推进落实意识形态工作和网络综合治理体系的领导工作责任制和管理体制机制建设，创新和深化文化事业和文化产业改革，繁荣发展社会主义文艺，大力推动文化事业和文化产业发展，提高国家文化软实力，加强广播影视、新闻出版、舆论宣传和传播形式手段的建设和创新，提高传播主流价值观和正能量引领作用。采取各种融理于情、寓教于乐、生动活泼、喜闻乐见的形式和措施，加强爱国主义、集体主义、社会主义教育，提升广大人民群众的思想道德觉悟和文明素养水平，加大社会公德、职业道德、家庭美德、个人品德、遵纪守法建设的力度

---

① 中共中央关于坚持和完善中国特色社会主义制度 推进国家治理体系和治理能力现代化若干重大问题的决定［N］.人民日报，2019-11-06（1）.

② 王为华，郑敬斌."四个自信"：托起民族复兴梦想［J］.理论学习，2016（10）：7.

③ 郑海祥，阚道远.托起文化自信的三大支柱：社会主义核心价值观、民族精神和时代精神［J］.思想理论教育导刊，2017（10）：85.

和广度，增强人们的诚信意识和规则意识、社会责任意识与奉献意识，并建立相应的评价、激励与惩戒机制。与此同时，还应大力推动优秀传统文化"活起来""融进去"和"走出去"，努力促进革命文化的"学术化""现代化"和"品牌化"，扎实推进马克思主义中国化、时代化与大众化建设，加强社会主义核心价值观建设，建构民族时代精神。①

第三，进一步推进中国特色社会主义的大国外交，推动"一带一路"建设，构建新型国际关系，为世界和平和人类文明发展做出贡献，提供中国智慧和中国方案，大力宣传"人类命运共同体"构建的时代价值和历史意义，引领世界人民为共同构建"人类命运共同体"而奋斗，"加强对外文化交流活动，讲好中国故事，增强国际话语权，加强对中华优秀传统文化的挖掘和阐发，大力宣传中华优秀传统文化中的和平主义精神特质与当代中国和平崛起的世界意义"②。尤其是针对2019年年底爆发的新冠肺炎疫情，以美国为首的西方势力，采取各种阴暗手段和卑鄙举措，肆意歪曲、抹黑中国，把新冠肺炎疫情妖魔化、政治化，试图通过新冠肺炎疫情溯源来达到转移自身抗疫不力所带来的重大人员伤亡、财政负担、种族矛盾冲突等重大社会问题。对此，我们必须坚决地通过外交等手段，大力宣传中国抗击新冠肺炎疫情的显著成果，阐释这种成就背后所蕴含的中国特色社会主义的先进价值理念和制度优势，深刻揭露资本主义逻辑主宰制下，由资本至上、利益至上、选举至上所决定而实行的漠视生命乃至草菅人命的残酷实质，阐述中国特色社会主义所坚持的人民至上、生命至上的价值理念，拓展中华文化和中国特色社会主义的国际传播和影响能力，增强其感召力、塑造力、号召力和认知力，进一步增强中华文化软实力，为实现中华民族伟大复兴的中国梦奠定和平发展环境，为人类发展探寻一条公平公正、和谐共生、和平发展、合作共赢的文明范式与发展道路，大力宣传中国作为"世界和平的建设者、全球发展的贡献者、

---

① 田克勤，郑自立.坚定文化自信的三个基本维度［J］.思想理论教育，2016（10）：11.
② 赵金科.中国文化建构和精神自觉的历史回顾与现代反思［M］.北京：中国社会出版社，2018：200.

国际秩序的维护者"[1]所做出的巨大努力,这无论是对于中国特色社会主义道路的拓展和深化,还是对于世界文明发展路径的开辟,都将具有重大的现实意义和深远的历史意义。

---

[1] 习近平.在庆祝中国共产党成立100周年大会上的讲话[M].北京:人民出版社,2021:16.

第三章

"四史"教育与"四个自信"的逻辑与机制

"四史"教育是新时代意识形态建设的重要抓手,通过开展"四史"教育,"引导广大人民群众深刻认识中国共产党为国家和民族做出的伟大贡献,深刻感悟中国共产党始终不渝为人民的初心宗旨,学习中国共产党推进马克思主义中国化形成的重大理论成果,传承中国共产党在长期奋斗中铸就的伟大精神,坚定不移听党话、跟党走,在全面建设社会主义现代化国家伟大实践中建功立业"[①]。作为习近平新时代中国特色社会主义思想的重要内容与当代中国共产党人治国理政的重要方略,以道路自信、理论自信、制度自信、文化自信为标识的"四个自信"不仅是一个系统严密的理论体系,具有十分丰富的内涵和外延,而且现实意义重大、影响深远。"四史"教育与"四个自信"虽然各自具有不同的具体内容、理论内涵和操作方法,但两者之间明显存在着紧密的逻辑和机制,这引导、支持并规制着两者的表现形式与作用方式。

第一节 "四史"教育与"四个自信"的逻辑原点

从学理上看,尽管"四史"教育与"四个自信"在一定范围内均是结构完整、内涵清晰、指代明确而又相对独立的理论体系,但如果把观察视野拓展开来,不难发现,二者有许多相融相通之处,不仅本质属性相同、目标一致,而且核心内容有较多契合之处。两者不仅都统一于中国特色社会主义伟大实践中,共同目标都是实现社会主义现代化和中华民族伟大复兴的"中国梦";而且本质属性、立足点、落脚处都是以马克思主义的立场、观点和方法

[①] 中办印发《通知》在全社会开展党史、新中国史、改革开放史、社会主义发展史宣传教育[N].人民日报,2021-05-26(1).

作为理论基础，以人民利益为中心，将马克思主义的基本原理和中国的具体实际相结合，共同探索和回答发展与建设中面临的重大理论和实践问题，孕育出从实践到理论的伟大创新。"四史"教育与"四个自信"的这种融会贯通性不仅注定两者之间的紧密逻辑关系，也鲜明昭示着二者可以很完整、有力地共同作用于新时代中国特色社会主义建设事业并发挥出重要的作用和效能。因此，本部分内容主要梳理剖析两者之间的融通之处，试图探寻其逻辑链条的基础与原点，为深入考察"四史"教育与"四个自信"之间的逻辑关系与生发、运行机制提供前提。

一、中国共产党的领导：融通的动力引领

"四史"中的新中国史、改革开放史、社会主义发展史明显都是围绕党史这个关键、"骨骼"展开并进展的。换言之，"四史"教育的核心问题是关于党的领导问题，即中国共产党领导地位是如何形成并在革命与建设过程中发挥领导核心作用的。学习"四史"应深刻认识到，"没有中国共产党就没有新中国"，也就没有中国特色社会主义。中国只有在共产党的坚强领导下，始终高举中国特色社会主义伟大旗帜，不忘初心、牢记使命、砥砺奋进，才能实现中华民族伟大复兴的中国梦。"四个自信"中，中国共产党的领导也是"自信"理念形成的关键，正是在中国共产党的坚强领导下，"四个自信"理论才具有实际意义与实践价值。显然，中国共产党正确且有力的领导是"四史"教育与"四个自信"相融相通的动力引领，催生了塑造二者逻辑关系的原点。

中国的革命、建设和发展道路反复证明，中国共产党的领导既是中国革命与建设的关键，是党和国家的根本所在、命脉所在，是全国各族人民的利益所系、命运所系，也是中国特色社会主义最本质的特征，是中国特色社会主义制度的最大优势。中国共产党的坚强领导不仅取得了中国革命的成功，还保证了中国特色社会主义高歌猛进，国际地位和人民生活水平大幅度提高。毛泽东同志指出："十八年的经验，已使我们懂得：统一战线，武装斗争，党的建设，是中国共产党在中国革命中战胜敌人的三个法宝，三个主要的法

宝。"① 改革开放后，邓小平依然将党的领导看作现代化建设的制胜武器，"中国由共产党领导，中国的社会主义现代化建设事业由共产党领导，这个原则是不能动摇的；动摇了中国就要倒退到分裂和混乱，就不可能实现现代化"②。党的有力领导还确保了中国特色社会主义的性质和发展方向，中国共产党在坚持马克思主义基本原理并结合我国基本国情的基础上，创造性地提出了坚持和发展中国特色社会主义的发展模式和原则，确保了中国特色社会主义不变质、不变色、不变味。另外，共产党与科学社会主义的目标方向是永远不可分割、紧密相连的。不坚持共产党的领导，科学社会主义就会失去组织保证；不坚持科学社会主义的方向，党就会失去奋斗目标。总之，中国共产党的坚强领导保证了中国特色社会主义不改旗、不易帜，砥砺前行、永不停歇。

"四史"教育与"四个自信"以中国共产党的坚强领导为基础和支撑，"党政军民学，东西南北中，党是领导一切的"③。只有毫不动摇地坚持和完善党的领导，才能够实现中华民族的伟大复兴。党要发挥领导作用，必须加强自身建设，增强政治意识、大局意识、核心意识、看齐意识，自觉维护党中央权威和集中统一领导，自觉在思想上、政治上、行动上同党中央保持高度一致，完善坚持党的领导的体制机制，坚持稳中求进的工作总基调，统筹推进"五位一体"总体布局，协调推进"四个全面"战略布局，提高党把方向、谋大局、定政策、促改革的能力和定力，确保党始终总揽全局、协调各方。中国共产党能够汇聚起民族团结的磅礴力量，关键在于党善于自我净化、自我完善，永葆先进性和纯洁性，能够坚持真理、修正错误，不断加强和改进党的政治、思想、组织、作风纪律和制度等方面的建设，不断提高执政能力和拒腐防变能力。

二、探索中国特色社会主义进程：融通的着力点

中国特色社会主义实践进程是"四史"教育与"四个自信"都重点关注

---

① 毛泽东.《共产党人》发刊词[M]//毛泽东.毛泽东选集：第2卷.北京：人民出版社，1991：606.
② 邓小平.目前的形势和任务[M]//邓小平.邓小平文选：第2卷.北京：人民出版社，1994：267-268.
③ 习近平.决胜全面建成小康社会，夺取新时代中国特色社会主义伟大胜利[M]//习近平.习近平谈治国理政：第3卷.北京：外文出版社，2020：16.

并强调的焦点，因而，自然成为联结融通的着力点。中国特色社会主义实践进程即中国特色社会主义道路形成、发展过程，是中国特色社会主义制度逐渐形成和完善的过程，也是中国特色社会主义文化的发展和繁荣过程。中国道路、理论、制度、文化统一于建设中国特色社会主义的历史进程。中国特色社会主义进程并非一帆风顺，也经历了曲折的探索过程。中华人民共和国建立之初，由于缺乏搞社会主义建设的经验，中国共产党带领中国人民只能走"苏联的路子"，但中国共产党很快就认识到"苏联模式"的局限性，开始积极探索适合中国国情的社会主义建设道路。1978年十一届三中全会胜利召开，党领导全国进入改革开放时期，成功开辟、坚持和发展了中国特色社会主义道路。如今的中国已成长为世界第二大经济体，人民生活实现了从温饱不足到总体小康的历史性跨越，这是中国特色社会主义道路的生动注脚。我们要更加坚定道路自信，笃信其是中国发展进步的唯一正确道路，也是实现国家富强、民族复兴、人民幸福的唯一正确道路。

显然，从发展时段看，中国特色社会主义的发展进程客观上有改革开放前和改革开放后两个历史时期。这两个时期相互联系又有重大区别，改革开放前的社会主义实践探索为改革开放后的社会主义实践探索积累条件，为当代中国一切发展进步奠定基础和前提；改革开放后的社会主义实践探索是前一个时期的坚持、改革、发展，把社会主义事业向前推进，但两个时期"本质上都是我们党领导人民进行社会主义建设的实践探索"[①]。

改革开放前的历史时期，尽管社会主义建设实践出现了重大曲折甚至失误，但也取得了巨大成就。实现了工业基础"从无到有"的历史性突破，建立了独立的、比较完整的工业体系和国民经济体系，为经济独立自主、持续发展奠定了牢固的物质技术基础。全面确立了社会主义基本制度，实现了中国历史上最伟大、最深刻的社会变革。"在理论探索上，提出以苏联的经验教训为鉴戒，把马克思列宁主义基本原理同中国实际进行'第二次结合'，积累起在中国这样一个社会生产力十分落后的东方大国进行社会主义建设的重要

[①] 中共中央文献研究室. 十八大以来重要文献选编：上［M］. 北京：中央文献出版社，2014：111-112.

经验。"① 正如邓小平指出的:"我们尽管犯过一些错误,但我们还是在三十年间取得了旧中国几百年、几千年所没有取得过的进步。"② "我们毕竟在工农业和科学技术方面打下了一个初步的基础,也就是说,有了一个向四个现代化前进的阵地。"③ 改革开放后,中国特色社会主义建设进入快速发展的轨道。中国共产党带领中国人民坚持马克思主义理论品格,牢牢抓紧发展主题,创新发展理念,走出了伟大的中国特色社会主义发展道路,政治、经济、社会、文化和生态等均得到全面科学的发展,并取得了举世瞩目的历史性成就,将中国特色社会主义推进到新时代。不仅极大改变了中国,也深刻改变了世界,"科学社会主义在中国的成功,对马克思主义、科学社会主义的意义,对世界社会主义的意义,是十分重大的"④。

因此,要了解中国特色社会主义形成和发展的脉络,应该拉长时间尺度,放在世界社会主义演进历程中去把握、理解。"中国特色社会主义是在改革开放四十多年的伟大实践中得来的,是在新中国成立七十年的持续探索中得来的,是在我们党领导人民进行伟大社会革命九十多年的实践中得来的,是在近代以来中华民族由衰到盛一百七十多年的历史进程中得来的,是在世界社会主义五百年波澜壮阔的发展历程中得来的,是在对中华文明五千多年的传承发展中得来的。""是党和人民历经千辛万苦、付出各种代价取得的宝贵成果。得到这个成果极不容易。"⑤ 中国特色社会主义的道路、理论、制度不仅是中国共产党100多年艰难探索的根本成就,而且是被实践证明了的具有全人类价值的成功创造,为人类千百年来对美好社会制度的艰辛探求提供了中国方案与样板。它"使具有500年历史的社会主义主张在世界上人口最多的国家成

---

① 李捷.把握新中国七十年发展的历史逻辑[N].人民日报,2019-09-27(13).

② 邓小平.坚持四项基本原则[M]//邓小平.邓小平文选:第2卷.北京:人民出版社,1994:167.

③ 邓小平.社会主义也可以搞市场经济[M]//邓小平.邓小平文选:第2卷.北京:人民出版社,1994:232.

④ 习近平在学习贯彻党的十九大精神研讨班开班式上发表重要讲话强调 以时不我待只争朝夕的精神投入工作 开创新时代中国特色社会主义事业新局面[N].人民日报,2018-01-06(1).

⑤ 中共中央宣传部.习近平新时代中国特色社会主义思想学习纲要[M].北京:学习出版社,2019:24-25.

功开辟出具有高度现实性和可行性的正确道路,让科学社会主义在21世纪焕发出新的蓬勃生机"[1],"意味着科学社会主义在二十一世纪的中国焕发出强大生机活力,在世界上高高举起了中国特色社会主义伟大旗帜"[2]。我们必须努力地坚持、发展和完善,使中国特色社会主义永远生机勃勃,永远引人入胜。

三、中国共产党的初心使命：融通的基础

2020年2月,习近平总书记号召广大党员干部,在复杂的新冠肺炎疫情面前要勇于冲锋在前,越是在紧要关头,越是要展现共产党人的大无畏精神和鲜明政治本色,"必须增强责任之心,把初心落在行动上、把使命担在肩膀上"[3]。为中国人民谋幸福、为中华民族谋复兴,最终实现共产主义,是中国共产党人的初心和使命,也是中共党史百余年和中华人民共和国史七十余年一脉贯通的红线。"从石库门到天安门,从兴业路到复兴路,我们党近百年来所付出的一切努力、进行的一切斗争、作出的一切牺牲,都是为了人民幸福和民族复兴。"[4] 中国共产党人的初心和使命是"四史"教育和"四个自信"融通的基础,正是因为有了永远以人民为中心,将广大老百姓的幸福摆在首要位置的初心使命,两者的融通才自然而然地拥有了最契合的基点。

"四史"教育学习是加强历史情感教育、坚定初心与使命的应有之义。深入学习"四史",在追本溯源中领会"江山就是人民,人民就是江山"的深刻意蕴,体悟"为人民谋幸福,为国家谋复兴"背后的力量彰显与责任追求,体悟中国共产党是近代以来中国人民经过反复比较和细致甄别做出的历史选择,真正明白为什么"我们党的百年历史,就是一部践行党的初心使命的历史,就是一部党与人民心连心、同呼吸、共命运的历史"[5]。从新民主主义革命

---

[1] 习近平.在庆祝中国共产党成立九十五周年大会上的讲话[M]//习近平.论中国共产党历史.北京：中央文献出版社,2021：118.

[2] 习近平.决胜全面建成小康社会,夺取新时代中国特色社会主义伟大胜利[M]//习近平.习近平谈治国理政：第3卷.北京：外文出版社,2020：8.

[3] 习近平.在统筹推进新冠肺炎疫情防控和经济社会发展工作部署会议上的讲话[M].北京：人民出版社,2020：24-25.

[4] 习近平.在"不忘初心、牢记使命"主题教育总结大会上的讲话[J].求是,2020(13)：10.

[5] 习近平.在党史学习教育动员大会上的讲话[J].求是,2021(7)：11.

时期"打土豪、分田地",到开展社会主义革命和建设、改变一穷二白的国家面貌,到实行改革开放、推进社会主义现代化,再到"全面建成小康社会,一个也不能少;共同富裕路上,一个也不能掉队"①,我们党始终把为中国人民谋幸福、为中华民族谋复兴作为根本使命,坚持全心全意为人民服务的根本宗旨,尊重人民主体地位和首创精神,始终保持与人民群众的血肉联系,以实际行动践行以人民为中心的发展思想。

中国共产党"为中国人民谋幸福,为中华民族谋复兴"的初心和使命,萌生于1840年以来近代中国的苦难历史,受到马克思主义指导而占据道义制高点,彰显于百余年来中国共产党的艰辛奋斗历程。因此,深刻认识党的初心和使命,必须回到历史中。"四史"则从不同的角度以大量的知识形成对党的初心和使命的叙述,系统呈现出中国共产党人初心使命的理论渊源、生成逻辑与实践价值。形成对"四史"的系统正确认知是理解初心使命的重要前提,这样的历史认知包含对"马克思主义不仅深刻改变了世界,也深刻改变了中国""只有社会主义才能救中国,只有中国特色社会主义才能发展中国"等结论的认同,对我们党遵循历史发展规律坚守初心、践行使命的理解,从而将"不忘初心、牢记使命"转化为深刻的理性认识。这样的历史认知,有利于推动广大党员干部知史爱党、知史爱国,从而把对初心和使命的理解转化为对待历史的正确立场和科学态度。

中华人民共和国成立七十余年来,人民的生活、教育、健康水平大幅度提高就是最有力的证明。"1949年我国居民人均可支配收入仅为49.7元,2018年居民人均可支配收入达到28228元,名义增长566.6倍,扣除物价因素实际增长59.2倍,年均实际增长6.1%。1956年我国居民人均消费支出仅为88.2元,2018年居民人均消费支出达到19853元,名义增长224.1倍,扣除物价因素实际增长28.5倍,年均实际增长5.6%。"②我国学龄儿童入学率在中华人民共和国成立之初只有20%左右,2018年,九年义务教育巩固率达到94.2%,高中

---

① 习近平. 新时代要有新气象,更要有新作为[M]//习近平. 习近平谈治国理政:第3卷. 北京:外文出版社,2020:66.

② 人民生活实现历史性跨越 阔步迈向全面小康——新中国成立70周年经济社会发展成就系列报告之十四[EB/OL]. 中华人民共和国中央人民政府,2019-08-09.

阶段教育基本普及；高等教育毛入学率达到48.1%，高于中高收入国家平均水平；中国人均预期寿命从新中国成立之初的35岁提高到2018年的77岁，提前完成联合国千年发展目标确定的指标，居民健康水平总体上优于高收入国家平均水平。2018年，全国共有卫生机构99.7万个，比1949年增长271.78倍；共有卫生人员1230万人，比1949年增长22.73倍。2018年与1949年相比，每千人口卫生人员数由1.00人增长到8.81人，每千人口医疗机构床位数由0.16张增长到6.03张，覆盖城乡的基层医疗卫生服务体系基本建成。[①]2021年，我国脱贫攻坚战取得了全面胜利，现行标准下9899万农村贫困人口全部脱贫，完成了消除绝对贫困的艰巨任务。

人民立场是中国共产党的根本政治立场，是马克思主义政党区别于其他政党的显著标志。"为人民而生，因人民而兴，始终同人民在一起，为人民利益而奋斗，是我们党立党兴党强党的根本出发点和落脚点。"[②]学懂"四史"，就要牢记党来自人民、植根人民、服务人民，从党的百余年奋斗中汲取坚守初心使命的营养剂和动力源；就要强化公仆意识和为民情怀，推动共同富裕取得更为明显的实质性进展，努力提升人民群众的获得感、幸福感、安全感，巩固党的执政基础。事实上，只要坚定信念，坚守"一切为了群众"的价值取向，践行"为人民谋幸福"的实际行为，坚持"为人民的利益坚持好的，为人民的利益改正错的"[③]的根本要求，就一定能够实现建成社会主义现代化强国的奋斗目标。

四、社会主义革命和建设的伟大成就：融通的最有力支撑

党的百年奋斗历程和伟大成就既是"四史"教育的关键内容，也是增强"四个自信"的最坚实基础。中国共产党带领人民在中国这片古老的土地上，书写了人类发展史上感天动地的壮丽史诗，完成和推进了三件改天换地的大

---

① 为人民谋幸福：新中国人权事业发展70年［EB/OL］. 中华人民共和国中央人民政府，2019-09-22.
② 习近平. 在党史学习教育动员大会上的讲话［J］. 求是，2021（7）：11.
③ 毛泽东. 为人民服务［M］// 毛泽东. 毛泽东选集：第3卷. 北京：人民出版社，1991：1004.

事：第一，党团结带领中国人民进行28年浴血奋战，完成新民主主义革命，建立了中华人民共和国，实现了中国从几千年封建专制政治向人民民主的伟大飞跃。第二，党团结带领中国人民完成社会主义革命，确立社会主义基本制度，为当代中国的发展进步奠定了根本政治前提和制度基础，为中国发展富强、中国人民生活富裕奠定了坚实基础，实现了中华民族由衰落到根本扭转命运、持续走向繁荣富强的伟大飞跃。第三，党团结带领中国人民进行改革开放新的伟大革命，开辟了中国特色社会主义道路，形成了中国特色社会主义理论体系，确立了中国特色社会主义制度，实现了中国人民从站起来到富起来、强起来的伟大飞跃。这三件大事，从根本上改变了近代以后中国内忧外患、积贫积弱的悲惨命运，不可逆转地开启了中华民族不断发展壮大、走向伟大复兴的历史进程，"今天，我们比历史上任何时期都更接近、更有信心和能力实现中华民族伟大复兴的目标"①。

邓小平最具标志性的话语——"贫穷不是社会主义"从理论上纠正了对"富"的偏见，明确了对"富"的追求："不能有穷的共产主义，同样也不能有穷的社会主义"②；"贫穷不是社会主义，社会主义要消灭贫穷"③。改革开放以来，在经济发展上，我国国内生产总值从改革开放之初的3679亿元增长到2017年的82.7万亿元，年均实际增长9.5%。主要农产品产量跃居世界前列，建立了全世界最完整的现代工业体系。"现在，我国是世界第二大经济体、制造业第一大国、货物贸易第一大国、商品消费第二大国、外资流入第二大国，我国外汇储备连续多年位居世界第一，中国人民在富起来、强起来的征程上迈出了决定性的步伐！"④"粮票、布票、肉票、鱼票、油票、豆腐票、副食本、工业券等百姓生活曾经离不开的票证已经进入了历史博物馆，忍饥挨饿、缺吃少穿、生活困顿这些几千年来困扰我国人民的问题总体上一去不复返

---

① 习近平.决胜全面建成小康社会，夺取新时代中国特色社会主义伟大胜利［M］//习近平.习近平谈治国理政：第3卷.北京：外文出版社，2020：12.

② 邓小平.答美国记者迈克·华莱士问［M］//邓小平.邓小平文选：第3卷.北京：人民出版社，1994：171-172.

③ 邓小平.政治上发展民主，经济上实行改革［M］//邓小平.邓小平文选：第3卷.北京：人民出版社，1994：116.

④ 习近平.在庆祝改革开放四十周年大会上的讲话［M］//习近平.论中国共产党历史.北京：中央文献出版社，2021：219-220.

了！"①当然，对新时代的中国而言，富起来还在进行中，还在不断提高标准，全体中国人仍要不断提高富裕总体水平，并突出地解决共同富裕问题。

中国不仅要富起来，还要强起来。十八大以来，以习近平同志为核心的党中央顺应实践要求和人民愿望，推出一系列重大战略举措，出台一系列重大方针政策，推进一系列重大工作，取得了改革开放和社会主义现代化建设新的重大成就。新时代我们迎来了从站起来、富起来到强起来的伟大飞跃。新时代的总目标是"强国"：到21世纪中叶"把我国建成富强民主文明和谐美丽的社会主义现代化强国"。为此各个方面都要强起来，党的十九大报告在文字上直接列出了12个强国目标：制造强国、科技强国、质量强国、航天强国、网络强国、交通强国、海洋强国、贸易强国、文化强国、体育强国、教育强国、人才强国，另有3个"一流"：一流企业、一流大学、一流军队。强起来必须走中国特色社会主义道路。"回顾历史，鸦片战争以后，中华民族用110年的时间实现了民族独立和人民解放，用70年的时间迎来了从站起来、富起来到强起来的伟大飞跃，用40多年的时间实现了综合国力、人民生活水平和国际影响力的大幅跃升。"②

自信源于对伟大实践的感知和把握，"四个自信"根源于百年来中国共产党团结带领以全国各族人民为基础力量的中华民族共同体对中国社会主义革命和建设的伟大实践。中国发展的辉煌成就给了我们理论自信的充足底气，正如习近平总书记在庆祝中国共产党成立95周年大会上所讲的："当今世界，要说哪个政党、哪个国家、哪个民族能够自信的话，那中国共产党、中华人民共和国、中华民族是最有理由自信的。"③当前，我国经济高速增长，社会稳定和谐，人民安居乐业、生活水平明显提升，综合国力显著增强，国际影响范围日益扩大，社会主要矛盾已经发生实质转化，中华民族的伟大复兴呈现出前所未有的光明前景。历史和现实一再证明，中国特色社会主义完全顺应时代潮流、切合中国实际，是中国共产党和广大人民群众坚定中国特色社会

---

① 习近平.在庆祝改革开放四十周年大会上的讲话[M]//习近平.论中国共产党历史.北京：中央文献出版社，2021：221.

② 习近平.在二〇二〇年春节团拜会上的讲话[EB/OL].新华网，2020-01-23.

③ 习近平.在庆祝中国共产党成立九十五周年大会上的讲话[M]//习近平.论中国共产党历史.北京：中央文献出版社，2021：125.

主义道路自信、理论自信、制度自信和文化自信的基本依据所在。

五、文化因子：融通的深厚持久力量

文化因子是"四史"教育和"四个自信"融通的最深厚持久力量，两者的推进都需要中华优秀文化的强力支持与推动。就本质而言，两者都是中国共产党和人民在继承中华优秀传统文化、培育革命文化和建设社会主义先进文化的百余年历史进程中，坚韧不拔而又与时俱进地进行文化建设、文化创造、文化积累、文化提升的历史性成果，是中华文化的历史连续性、空间广延性和价值普遍性在当代中国充满生机活力的现实展现与意义拓展。

（一）文化孕育着具有中华烙印的独特基因

习近平总书记指出："在5000多年文明发展中孕育的中华优秀传统文化，在党和人民伟大斗争中孕育的革命文化和社会主义先进文化，积淀着中华民族最深层的精神追求，代表着中华民族独特的精神标识。"[1]不仅中华优秀传统文化是中国特色社会主义文化的重要来源，而且革命文化和社会主义先进文化事实上就是党史文化、新中国史文化，其中也包括改革开放史文化和社会主义发展史文化，这两者在整个文化体系中占有很大分量。因此，"四史"教育与增强文化自信有着紧密关系，也成为塑造中华民族独特性格的重要因子。

文化是一个民族的烙印，塑造着民族特性与基因，"中华传统文化源远流长、博大精深，中华民族形成和发展过程中产生的各种思想文化，记载了中华民族在长期奋斗中开展的精神活动、进行的理性思维、创造的文化成果，反映了中华民族的精神追求，其中最核心的内容已经成为中华民族最基本的文化基因"[2]。"讲仁爱""重民本""守诚信""崇正义""尚和合""求大同"、与时俱进、知行合一、居安思危是中华优秀文化的思想精华，也具有超时代性。"中华民族有着深厚文化传统，形成了富有特色的思想体系，体现了中国

---

[1] 习近平. 在庆祝中国共产党成立九十五周年大会上的讲话 [M] // 习近平. 论中国共产党历史. 北京：中央文献出版社，2021：126.

[2] 习近平. 牢记历史经验历史教训历史警示　为国家治理能力现代化提供有益借鉴 [N]. 人民日报，2014-10-14（1）.

人几千年来积累的知识智慧和理性思辨。这是我国的独特优势。"①文化孕育的独特民族基因影响着一个国家的发展道路。"数千年来，中华民族走着一条不同于其他国家和民族的文明发展道路。我们开辟了中国特色社会主义道路不是偶然的，是我国历史传承和文化传统决定的。"②

中华优秀文化是人类历史上唯一绵延5000多年至今未曾中断的灿烂文明，为人类做出了卓越贡献，有其独特的价值体系，这深刻塑造了中华民族强烈的民族认同感、自豪感和向心力。可以为今天的人们认识和改造世界提供有益启迪，可以为治国理政提供有益启示，也可以为思想道德建设提供有益启发。中华优秀文化是中国化的马克思主义理论产生的直接沃土，是中国化马克思主义理论成果的重要思想源泉之一，因而，它必然就是中国特色社会主义道路、理论、制度的思想渊源、精神支撑之一。中国特色社会主义道路、理论、制度植根于中华优秀文化传统之中。革命文化和社会主义先进文化则是中国特色社会主义道路、理论、制度的思想渊源。植根于中华文化之中的中国特色社会主义道路、理论和制度之所以能够在短短40多年里创造了人类社会发展史上惊天动地的发展奇迹，是由于中国特色社会主义道路、中国特色社会主义理论、中国特色社会主义制度和中华优秀文化之间具有高度自洽、强力自证、严密的内在逻辑。

习近平强调："中国人民的理想和奋斗，中国人民的价值观和精神世界，是始终深深植根于中华优秀传统文化沃土之中的，同时又是随着历史和时代前进而不断与日俱新、与时俱进的。"③中国特色社会主义植根于中华文化的文脉承接、思想承替、传统承继之中，其文化内涵就在于，它始终坚持以中华文明5000多年发展中孕育的优秀传统文化为源头和根脉，始终坚持以我们党和人民开展结束旧中国半殖民地半封建社会的历史、完成中华民族有史以来最为广泛而深刻社会变革的伟大斗争孕育的革命文化为基础和依托，以改革开放以来我们党团结带领中国人民进行新的伟大革命孕育的社会主义先进文

---

① 习近平.在哲学社会科学工作座谈会上的讲话[N].人民日报，2016-05-19（2）.

② 习近平.牢记历史经验历史教训历史警示　为国家治理能力现代化提供有益借鉴[N].人民日报，2014-10-14（1）.

③ 习近平.在纪念孔子诞辰2565周年国际学术研讨会暨国际儒学联合会第五届会员大会开幕会上的讲话[N].人民日报，2014-09-25（2）.

化为主题和主线,推动了中华文明、科学社会主义和中华民族不断焕发出新的、蓬勃的文化生机与活力。也正是在这样的意义上,我们说中国特色社会主义的文化本质,就在于它包含了中华民族最深层的精神追求,代表了中华民族最独特的精神标识,开启了中华民族最广阔的精神创造。

(二)文化具有贯通历史、当下与未来的创造效能

中华优秀文化包括相互承继、内在联系的三种文化,一是中华优秀传统文化,它是在5000多年文明发展中孕育起来的;二是革命文化,是党和人民在新民主主义革命和社会主义革命伟大斗争中发展起来的;三是社会主义先进文化,是党和人民在社会主义建设伟大斗争中凝练出来的。中国特色社会主义不仅植根于社会主义先进文化和革命文化,而且植根于中华优秀传统文化之中,因为社会主义先进文化、革命文化与中华优秀传统文化存在着一脉相承、不可分割的内在联系。

中华优秀传统文化是马克思主义中国化的直接土壤、重要依凭,因而是中国化马克思主义理论成果的重要思想源泉之一,也是革命文化和社会主义先进文化的重要思想源泉之一,它是革命文化和社会主义文化的民族命脉、精神根基。弘扬中华优秀传统文化,是对历史传统的坚守,是对民族文化基因的传承,是中国文化发展取之不尽、用之不竭的生命源泉,是坚定"四个自信"特别是文化自信最坚实的根基。中华民族最基本的文化基因"跨越时空、超越国界、富有永恒魅力、具有当代价值"[①]。革命文化和社会主义先进文化则是中国特色社会主义的直接思想依凭,它是党领导人民在马克思主义的指导下,在推进中国革命、建设、改革的历史进程中,汲取了中华优秀传统文化而形成的,是对中华优秀传统文化的继承与发展,它赋予其当代的生命形式。

中国特色社会主义是中国共产党和中国人民在创造并坚持中国特色社会主义道路、理论和制度的基础上和过程中,坚持以马克思主义文化观为指导,坚持以当代中国的文化建设和文化强国实践为基础和本体,不断追求对中国特色社会主义本身进行文化表达、价值创造和意义建构的历史成果。"四个自

---

① 习近平.在哲学社会科学工作座谈会上的讲话[N].人民日报,2016-05-19(2).

信"重要论述的提出，反映了习近平总书记坚持以中国为主体并注重从总体性这一内在属性来把握中国特色社会主义的理论创造，也对当代中国共产党人和中国人民提出了必须在更为广阔的历史时空中去坚守并担当中国特色社会主义的文化使命、文化权利和文化责任的历史要求，本质上是在贯通历史、当下与未来的文化创造的长时段尺度上对中国特色社会主义文化依据的深刻呈现。

现代化并非是要完全斩断与传统的联系，事实上，在现代化过程中，现代总是与传统紧密相连在一起。现代化的本质是在传统基础上适应现代发展趋势而不断创新。历史上成功的现代化运动大多是一个双向互动的过程，既善于克服传统文化对现代化运动的阻力，也善于使传统文化转换成现代文明。抛弃传统、丢掉根本，就等于割断了自己的血脉；不忘本源才能开辟未来，善于继承才能更好创新。文化是沟通传统与现代的桥梁，对传统文化特别是其中一些合理的价值理念和道德规范，要坚持古为今用、推陈出新，努力用中华民族创造的精神财富来以文化人、以文育人。"只有坚持从历史走向未来，从延续民族文化血脉中开拓前进，我们才能做好今天的事业。"[1]

历经五千年历史的锤炼，中华民族依然屹立于世界民族之林，这是薪火相传的文化自信气质与积淀的历史底蕴使然。社会主义中国巍然屹立在世界东方，这是新时代中华民族文化自信赋予的强大生命力，是对中华优秀传统文化的创造性转化和创新性发展，是中国特色社会主义文化的力量使然。

（三）文化自觉决定着一个民族、一个政党的前途命运

毛泽东同志在回顾中国近代百年史时说："从一八四〇年的鸦片战争到一九一九年的五四运动的前夜，共计七十多年中，中国人没有什么思想武器可以抗御帝国主义。旧的顽固的封建主义的思想武器打了败仗了，抵不住，宣告破产了。不得已，中国人被迫从帝国主义的老家即西方资产阶级革命时代的武器库中学来了进化论、天赋人权论和资产阶级共和国等项思想武器和政治方案，组织过政党，举行过革命，以为可以外御列强，内建民国。但是

---

[1] 习近平.在纪念孔子诞辰2565周年国际学术研讨会暨国际儒学联合会第五届会员大会开幕会上的讲话［N］.人民日报，2014-09-25（2）.

这些东西也和封建主义的思想武器一样,软弱得很,又是抵不住,败下阵来,宣告破产了。""一九一七年的俄国革命唤醒了中国人,中国人学得了一样新的东西,这就是马克思列宁主义。中国产生了共产党,这是开天辟地的大事变。"①在近代中国最危急的时刻,中国共产党人找到了马克思列宁主义,并坚持把马克思列宁主义真理同中国实际相结合,在根本解决中国社会政治问题的基础上,唤起中国人民意识的觉醒,激活了中华民族历经几千年创造的伟大文明,使中华文明再次迸发出强大精神力量,中华文化的振兴也终于有了现实可能。

改革开放新时期,从邓小平提出社会主义物质文明和精神文明"两手抓、两手都要硬",到江泽民强调中国特色社会主义文化是"综合国力的重要标志",再到胡锦涛、习近平从战略高度深刻认识文化的重要地位和作用,都强调要牢牢把握文化发展主动权。我们党紧密结合时代条件,与时俱进,从实现党的中心任务出发,高举发展先进文化的旗帜,阐明与时俱进的文化纲领和奋斗目标,体现了深刻的文化自觉。

历史和现实表明,一个民族要走在时代前列,就一刻不能没有理论思维,一刻不能没有思想指引。一个民族的觉醒,首先是文化上的觉醒;一个政党的力量,很大程度上取决于文化的自觉。是否具有高度的文化自觉,不仅关系到文化自身的振兴和繁荣,而且决定着一个民族、一个政党的前途命运。一个民族的道路、理论、制度的合理性、正当性,说到底,都要靠这个民族的文化来支撑、证明。某种程度上,文化的厚度,限定了这个民族所走道路和与之相配套的理论与制度的成熟程度;文化的魅力和征服力,限定了这个民族所走道路和与之相配套的理论与制度被世界认可的程度。

文化是民族的灵魂、民族的血脉。没有灵魂的民族不可能屹立于世界,没有血脉的民族不可能发展壮大。实现中华民族伟大复兴,需要复兴中华文化。在当今世界思想文化不断交流、交融、交锋的新形势下,如果我们没有文化自信,一味否定传统、妄自菲薄、自轻自贱,必将丧失自己的优秀文化传统,成为西方文化的附庸。只有树立文化自信,才能在继承和弘扬优秀传

---

① 毛泽东.唯心历史观的破产[M]//毛泽东.毛泽东选集:第4卷.北京:人民出版社,1991:1513-1514.

统文化中建设文化强国。"以高度的文化自觉和文化自信,着眼于提高民族素质和塑造高尚人格,以更大力度推进文化改革发展,在中国特色社会主义伟大实践中进行文化创造,让人民共享文化发展成果。"[①]回望数千年中华文化的历史脉络,一个拥有深刻文化自觉的领导核心,是社会主义中国走向文化复兴的关键。新世纪的文化建设之路,昭示着中国共产党在文化认识论上的成熟与提升。

第二节 "四史"教育与"四个自信"的理论逻辑

"四史"教育与"四个自信"不仅相融相通,而且相辅相成。两者在内容上彼此依存又相互促进,基本指导思想与方法论基础也契合一致,形成紧密联系的严谨逻辑和一体结构,构成内在统一的科学整体,共同存在并作用于中国特色社会主义,不可或缺。"四史"教育更多强调对党和国家已经发生的重大事件、经历或伟大成就的梳理与认知,"四个自信"则是强调党和国家取得这些成就或推动事件良性发展的精神源泉和内在动力,为"四史"教育提供思想引领,指明发展航向。另一方面,"四史"教育的深入推进和纵深发展使"四个自信"更加具有说服力和确证力。

一、"四史"为"四个自信"提供事实依据和实践回馈

"四史"是讲述中华民族和中国人民争取独立、自由、解放和实现中华民族伟大复兴的百年探索史、奋斗史、创业史,是维护中华民族和中国人民切实利益的百年斗争史,是体现中国共产党领导中国人民和中华民族筚路蓝缕的百年飞跃史,是党和人民弥足珍贵的政治财富与精神瑰宝,是取之不尽、用之不竭的精神富矿,是对中国道路的忠实记载。"四个自信"之所以深入人心、振聋发聩,就是因为它既有真实、生动、丰富翔实的历史事实为依据,也有鼓舞人心的现实实践在持续不断地反馈。显然,"四史"就恰如其分地扮

---

① 胡锦涛.在庆祝中国共产党成立九十周年大会上的讲话[M]//胡锦涛.胡锦涛文选:第3卷.北京:人民出版社,2016:539.

演了这种角色，使"四个自信"完全建立在事实基础之上。就重点与核心内容而言，"四史"记载的中国共产党成立以来、中华人民共和国成立以来、改革开放以来多维度梳理总结的历史成就，"是基于对党和国家前途命运的深刻把握，是基于对社会主义革命和建设实践的深刻总结，是基于对时代潮流的深刻洞察，是基于对人民群众期盼和需要的深刻体悟"①。中国共产党成立百余年来，"是矢志践行初心使命的一百年，是筚路蓝缕奠基立业的一百年，是创造辉煌开辟未来的一百年"②。这波澜壮阔的百年历史进程，是中华民族从衰落到崛起的过程，也是中国共产党人逐步发展成熟的标志。中国应对全球新冠肺炎疫情大流行的策略、方式及取得的辉煌成就，更是大大鼓舞、增长了中国人的"四个自信"。"抗疫斗争伟大实践再次证明，中国特色社会主义制度所具有的显著优势，是抵御风险挑战、提高国家治理效能的根本保证。"③"四史"所载的成就，既是中国人"四个自信"的资本，也是中国人"四个自信"的源泉。

"四史"中记载的成功实践是最好的明证。这不仅以丰富的历史经验增进人们对历史发展规律的认识，而且将坚持和发展中国特色社会主义建立在确凿的历史事实和严密的历史逻辑之上，为坚定中国特色社会主义的"四个自信"提供了历史事实依据。这有利于广大党员干部在把握历史经验中坚定"四个自信"，形成坚持和发展中国特色社会主义的政治自觉、思想自觉和行动自觉。中华人民共和国成立后，历经70多年的发展，我国实现了一系列根本性转变：从贫穷落后的农业国成长为世界第一工业制造大国；人民生活水平从温饱不足迈向全面小康；从封闭走向开放；从"赶上时代"到"引领时代"；从世界舞台的边缘到日益走近世界舞台中央。概而言之，中华人民共和国成立以来，我们党领导人民创造了世所罕见的经济快速发展奇迹和社会长期稳定奇迹。这一系列转变和成就是中国特色社会主义发展成就的集中概括和生动体现，也标志着中国特色社会主义经受住了实践的检验。

---

① 习近平.在庆祝改革开放四十周年大会上的讲话[M]//习近平.论中国共产党历史.北京：中央文献出版社，2021：214.
② 习近平.在党史学习教育动员大会上的讲话[J].求是，2021（7）：6.
③ 习近平.在全国抗击新冠肺炎疫情表彰大会上的讲话[J].求是，2020（20）：13.

"四史"不仅充分展现中华人民共和国经济社会发展给国家面貌、中华民族面貌、人民群众面貌带来的深刻变化,还努力将这些成就和变化置于国际环境背景下进行评价,反映中国国际地位和国际竞争力的提升,这显然都为坚定"四个自信"提供了支撑。中国特色社会主义理论的产生和发展,既有其理论渊源、文化基础,也有其历史过程,是马克思主义中国化百年历史的重要组成部分。中国特色社会主义的成功实践,使世界社会主义摆脱危机、走出困境,宣告了"历史终结论"的终结、"中国崩溃论"的崩溃,展现了社会主义的光明前景,成为振兴世界社会主义的中流砥柱。将中国特色社会主义发展实践置于世界社会主义发展史的背景下进行考量评价,诠释中国特色社会主义对于世界社会主义的贡献,能从国际维度与世界价值为坚定"四个自信"提供支撑。

"四史"能为"四个自信"提供事实依据和实践回馈,使"四个自信"具有无可辩驳的史实根源。从而,"四个自信"不是一种无凭无据的盲目自信,它是在中国革命和建设的伟大实践中得到的,并随着实践发展而不断丰富完善,具有丰厚的事实来源和实践支撑。一方面,自信的主体是人民,人民群众的实践是最生动的实践,随着社会运动的发展,必然要战胜一切在经济、政治、文化、社会、生态等领域的困难和挑战,进行党内外、国内外一系列"伟大斗争",而这些斗争的胜利将进一步增强人民的自信心。另一方面,自信的来源可以是历史的,也可以是现实的,甚至可以是未来的,"四史"所载的已经取得的成就是历史的,正在进行的实践是现实的,即将取得的成就则是未来的,"四史"所载的伟大实践正是人们信心的来源,并促使人们对未来发展抱以信心。获得自信不是最终目的,最终目的是获得自信后取得更大的胜利。实践是不断变化发展的,理论创新也必然随之不断发展,实践使理论永葆生机和活力,是避免"四个自信"成为无源之水、无本之木的重要法宝。

二、"四史"教育是坚定、提升"四个自信"的重要路径

在当下中国特色社会主义进入新时代的历史方位下,"四史"教育作为共

产党人和青年学生坚定理想信念、践行初心使命的"必修课","可以引导他们深刻认识现代中国的发展脉络,深刻认识中国为什么选择马克思主义、为什么选择中国共产党、为什么选择中国特色社会主义道路,引导他们建立对我们国家政治制度和社会制度的历史认同和政治认同"[①]。这有助于深化对"四史"的认识,增强"四个意识",坚定、提升对中国特色社会主义的"四个自信",发挥启智增慧、凝聚共识、熔铸认同的功能,具有重大的现实意义和深远的历史意义。

(一)从"四史"教育中了解中国革命与建设的辉煌成就,坚定制度与道路自信

中国共产党百余年"深刻改变了近代以后中华民族发展的方向和进程,深刻改变了中国人民和中华民族的前途和命运,深刻改变了世界发展的趋势和格局"[②]。实现民族复兴的伟大梦想,需要一代又一代人的接续奋斗。在"三个深刻改变"中,中国共产党团结带领人民完成了"三件大事":取得新民主主义革命胜利,建立了人民当家作主的新中国;领导社会主义革命和社会主义建设取得辉煌成就,积累了丰富经验;推进改革开放和社会主义现代化建设。中国共产党带领中国人民一道谱写了中华民族伟大复兴的壮丽篇章,锐意进取的改革者用实干苦干推动民族振兴,书写了人类发展史上的伟大传奇,成为世界经济发展的稳定之锚,为世界和平发展贡献智慧和力量。

中国共产党领导人民创造了世所罕见的两大奇迹。一是经济快速发展奇迹。我国大踏步赶上时代,用几十年时间走完了发达国家几百年走过的工业化进程,跃升为世界第二大经济体,综合国力、科技实力、国防实力、文化影响力、国际影响力显著提升,人民生活水平显著改善,中华民族以崭新姿态屹立于世界东方。二是社会长期稳定奇迹。我国长期保持社会和谐稳定、人民安居乐业,成为国际社会公认的最有安全感的国家之一。"四史"记录表明正是在中国共产党的坚强领导下,我们不断深化对共产党执政规律、社会

---

① 靳诺.围绕立德树人 加强"四史"教育[J].思想政治工作研究,2020(5):22-23.

② 习近平.在庆祝中国共产党成立100周年大会上的讲话[J].求是,2021(14):5.

主义建设规律、人类社会发展规律的认识,才在这样短的历史时期内,创造出我国经济快速发展、社会长期稳定的奇迹。我们党通过改革开放,不断解放和发展社会生产力,特别是创造性地提出和发展社会主义市场经济,中国才发展成为世界第二大经济体,使我国综合国力空前增强。40多年来,我国改革开放和社会主义现代化建设取得举世瞩目的伟大成就,人民生活实现了从温饱不足到全面小康的飞跃,中国人民迎来了从站起来、富起来到不断强起来的伟大飞跃。中华民族才能以前所未有的崭新姿态屹立于世界东方,并日益走近世界舞台的中央。

党的十八大以来,以习近平同志为核心的党中央不断深化关于人民在社会历史发展中的地位和作用的认识,丰富和发展了马克思主义关于人民性的思想理念,提出了以人民为中心的思想,并指导改革发展实践,取得了巨大的理论成果、实践成果和制度成果。2020年我国国内生产总值达到100多万亿元,人均国内生产总值突破1万美元大关。对于脱贫攻坚这项最艰巨的民生工程,习近平总书记亲自谋划、部署,提出精准扶贫、精准脱贫基本方略,全面打响脱贫攻坚战。经过8年的持续努力,新时代脱贫攻坚任务如期完成,现行标准下农村贫困人口全部脱贫,贫困县全部摘帽,消除了绝对贫困和区域性整体贫困,取得了令全世界刮目相看的重大胜利,为全球减贫事业贡献了中国智慧和中国力量。中国共产党"团结带领人民""创造了世所罕见的经济快速发展奇迹和社会长期稳定奇迹,中华民族迎来了从站起来、富起来到强起来的伟大飞跃"。[①]党和国家各项事业取得了历史性成就、发生了历史性变革,中国特色社会主义进入了新时代。面对突袭而至的新冠病毒疫情,"用1个多月的时间初步遏制疫情蔓延势头,用2个月左右的时间将本土每日新增病例控制在个位数以内,用3个月左右的时间取得武汉保卫战、湖北保卫战的决定性成果,进而又接连打了几场局部地区聚集性疫情歼灭战,夺取了全国抗疫斗争重大战略成果。在此基础上,我们统筹推进疫情防控和经济社会发展工作,抓紧恢复生产生活秩序,取得显著成效"。这"极大增强了全党全国各族人民的自信心和自豪感、凝聚力和向心力,必将激励我们在新时代新征

[①] 习近平. 中共中央关于坚持和完善中国特色社会主义制度 推进国家治理体系和治理能力现代化若干重大问题的决定[M]. 北京:人民出版社,2019:2.

程上披荆斩棘、奋勇前进"[1]。在党带领人民办成的一项又一项大事中，经济腾飞、政治文明、社会和谐无可辩驳，中华民族正在走向世界舞台的中央，中国人的自信心正在不断增强。

这种被称为奇迹的辉煌成就，是中国共产党领导中国人民在社会主义制度下的成果，是社会主义道路的最好明证和记载。中国特色社会主义制度和国家治理体系以其显著优势推进了社会主义的创造性发展。"四史"以无可辩驳的丰富史实告诉世人，中国特色社会主义制度是当代中国发展进步的根本制度保障，是具有鲜明中国特色、明显制度优势、强大自我完善能力的先进制度。坚持党的领导，是中国特色社会主义最本质的特征。始终代表最广大人民的根本利益，保证人民当家作主，体现人民共同意志，维护人民合法权益，是中国特色社会主义制度有效运行、充满活力的根本所在。在革除体制机制弊端的过程中不断走向成熟，在国际竞争中赢得更大的比较优势，是中国特色社会主义生机活力的集中展现。

（二）从"四史"教育中汲取方法与经验，为坚定"四个自信"提供历史智慧支撑

"明镜所以照形，古事所以知今。"历史总是向前发展的，我们重视历史、研究历史、借鉴历史，就是为了更好地了解昨天、把握今天、开创明天，从中不断汲取开拓创新的经验、智慧和力量。习近平总书记强调，历史是最好的教科书，要认真学习，"要了解我们党和国家事业的来龙去脉，汲取我们党和国家的历史经验，正确了解党和国家历史上的重大事件和重要人物"[2]。只有透过历史的表象，探寻历史长河中的规律性认识，才能真正揭示中华民族能够迎来从站起来、富起来到强起来伟大飞跃的根本原因，才能使文化自信具有深厚根基。在"四史"教育学习过程中，我们熟知并汲取了更多的发展和斗争经验，也了解了其中的惨痛教训，这是我们增强"四个自信"的有力保障。

---

[1] 习近平.在全国抗击新冠肺炎疫情表彰大会上的讲话[J].求是，2020（20）：9.
[2] 习近平.2013年3月1日在中央党校建校80周年庆祝大会暨2013年春季学期开学典礼上的讲话[M]//习近平.论中国共产党历史.北京：中央文献出版社，2021：7.

"四史"提供了丰富的解决问题的方法和发展建设经验。无论是中国共产党的实践、新中国的成长、改革开放的探索还是社会主义的发展，都积累了大量的历史方法与经验，这些方法和经验保护着我们党和国家最终化危为机，化险为夷。其中的宝贵经验就是必须始终坚持马克思主义的指导地位，并结合具体国情创造性地运用和发展马克思主义，走出一条符合中国国情的正确道路；必须坚持中国共产党的领导，不断加强党的领导和党的建设；必须始终坚持人民立场，大力发展生产力，不断满足人民群众日益增长的美好生活需要，最终实现共同富裕，赢得人民的支持和爱戴；必须坚持无产阶级专政，大力发展人民民主和党内民主；必须正确认识和处理与资本主义的关系，善于吸收一切人类文明成果，利用资本主义发展社会主义；必须在独立自主、完全平等、相互尊重、互不干涉的基础上，加强与各国马克思主义政党的团结合作；中国共产党人要追求真理，永不懈怠，勇于自我革命，以全局性眼光和战略性思维，冷静应对各种危机和挑战，在错综复杂的环境下运筹帷幄，始终牢牢把握"中国之船"前行的方向等。这些历史经验凝结着对共产党执政规律、社会主义建设规律和人类社会发展规律的深刻认识，是被实践检验过的科学理论、发展模式，具有站得住、行得远的历史基础，应被"总结好、坚持好、运用好"。

通过"四史"学习教育，熟知历史事实，不仅可以总结经验，洞悉过往，更可以明理立身，为坚定"四个自信"提供历史智慧支撑。深化"四史"学习教育，在回溯道路选择历程的基础上，阐释道路选择的依据和方法，阐明历史积累、文化传统、现实国情在道路选择过程中的重要作用，诠释如何依据历史积累、文化传统、现实国情选择发展道路、确立发展目标[1]，能更好地厘清历史脉络，洞察历史真相，汲取历史经验，把握历史大势，启迪昭示未来。通过学习感悟"四史"，能更好地聚焦问题导向，强化忧患意识，坚持底线思维，以登高望远的战略眼光和坚强笃实的战略定力，探究治国理政之道，把握发展之规律，积极应对"世界百年未有之大变局"。深化"四史"学习教育，追溯这一理论形成发展过程中对马克思主义基本原理的运用和发展，再

---

[1] 陈金龙.深化党史研究 坚定"四个自信"[N].中国社会科学报，2021-04-08（1）.

135

现中国具体实际、时代特征变化的历史轨迹，准确把握社会主义初级阶段的国情和时代特征的变化，诠释马克思主义基本原理与中国具体实际、时代特征相结合的方法，总结理论创新的经验和智慧，有利于推动中国特色社会主义理论创新发展。

（三）从"四史"学习教育中认识中国共产党的伟大，坚定永远跟党走的信念，落实"四个自信"

"四史"画卷波澜壮阔，跌宕起伏，其轴心是中国共产党和中国共产党的领导。通过"四史"学习教育，认知中国共产党的伟大，从灵魂深处厚植爱党爱国情怀，坚定永远跟党走的信念，落实"四个自信"。习近平总书记提出"四个自信"的初衷，首先就是要在全民族中激发出自信心和自豪感，不过，对党员干部特别是领导干部而言，则必须把这种自豪感升华为一种刻骨铭心的信仰。也就是说，"四个自信"语境下的"自信"，既是一种自豪的感觉，更是一种发自内心的理性认同。一个真正拥有"四个自信"的党员干部，必定会拥有一种"在党信党、在党爱党"的自豪感、幸福感和归属感。

1. 从学习党对旗帜和道路选择的执着坚守中坚定"四个自信"

旗帜和道路选择是决定党的事业成败的关键，"如果党内没有解决好举什么旗帜走什么道路问题，就难以战胜挑战和应对考验"[1]。毛泽东同志讲："主义譬如一面旗子，旗子立起了，大家才有所指望，才知所趋赴。"[2]100多年来，我们党从无到有、从小到大、从弱到强，不断发展壮大的根本原因就是选择了马克思主义，并能够把马克思主义基本原理与中国具体实际相结合，走出一条既坚持科学社会主义基本原则，又具有鲜明中国特色的革命、建设和改革道路。

鸦片战争以后，中华民族陷入积贫积弱、任人宰割的黑暗境地。为了民族复兴，无数仁人志士进行了艰辛探索，无论是太平天国运动、洋务运动，还是维新变法、辛亥革命，无一能从根本上解决中国的前途和命运问题，其

---

[1] 张静如，齐卫平.中国共产党对旗帜和道路选择的历史考察[J].中共党史研究，2008（2）：21.

[2] 毛泽东.致罗璈阶信[M]//毛泽东.毛泽东早期文稿.长沙：湖南人民出版社，2013：498.

中涌现出的资本主义、改良主义、自由主义、无政府主义等各种主义和思潮均以失败告终。十月革命一声炮响，给苦苦探寻救亡图存出路的中国人民送来了马克思列宁主义。从此，中国革命有了科学理论的指导，中国革命的面貌也就焕然一新了。我们党运用马克思主义这一"无产阶级的宇宙观作为观察国家命运的工具"①，探索出一条农村包围城市、武装夺取政权的正确革命道路，建立了中华人民共和国。在社会主义建设和改革发展中，正是坚守了马克思主义的基本原理和活的灵魂，具体情况具体分析，我们的党和国家才能在经历一次次重大而关键选择时始终沿着马克思主义中国化的道路，坚定不移地走自己的路，使科学社会主义在21世纪的中国焕发出强大生机与活力。

旗帜和道路的选择与树立从来都不是轻而易举之事，既要付出艰辛的努力，又会面临复杂的斗争。正是经历了无数牺牲与艰难选择，我们党才走上了健康发展的康庄大道。习近平总书记指出："中国特色社会主义不是从天上掉下来的，是党和人民历经千辛万苦、付出各种代价取得的根本成就。"②深入学习"四史"，我们就会深切感受到，我们党在推进革命、建设、改革的进程中，是怎样深入了解学习、反复比较和总结，最终坚定执着地选择了马克思主义、选择了社会主义道路，并为此不惜抛头颅洒热血，艰苦奋斗，奉献全部的心力；是怎样积极探索，努力把马克思主义基本原理同中国实际和时代特征紧密结合起来，独立自主走自己的路，迎来了中国特色社会主义从创立、发展到完善的伟大飞跃，从而自然而然地进一步增长、坚定"四个自信"。

2. 从体会党把握重大危机转折关头的历史清醒中坚定"四个自信"

从中国共产党100多年的奋斗史、中华人民共和国70多年的发展史，可以清晰地看到：中国共产党经历了无数何去何从的重大危急关头，而每一次都能保持历史清醒，化险为夷、转危为机，最终走上正确道路。

1927年第一次大革命失败后，革命形势急转直下，在血雨腥风的危急关头，尚处幼年的中国共产党紧急召开八七会议，坚决纠正和结束了右倾投降

---

① 毛泽东.论人民民主专政[M]//毛泽东.毛泽东选集：第4卷.北京：人民出版社，1991：1471.

② 习近平.在纪念毛泽东同志诞辰120周年座谈会上的讲话[M]//习近平.论中国共产党历史.北京：中央文献出版社，2021：59.

主义错误,确定了土地革命和武装反抗国民党反动派的总方针,给正处在思想混乱和组织涣散中的中国共产党指明了新的出路。1935年,红军第五次反"围剿"失败,长征初期严重受挫,在党和红军面临灭顶危险的生死关头,我们党召开遵义会议,坚决纠正了军事指挥上的"左"倾错误路线,确立了毛泽东同志在党内和军内的领导地位,使红军在极端险恶的情况下转危为安,挽救了党、挽救了红军、挽救了中国革命,打开了中国革命的新局面。十一届三中全会之前,党和国家事业百业待兴、百废待举,1978年12月召开的党的十一届三中全会及时果断地纠正了"文化大革命"的错误理论和实践,把全党的工作重点和全国人民的注意力转移到社会主义现代化建设上来,重新确立了马克思主义思想路线、政治路线、组织路线,做出了改革开放的历史性决策。这是一次决定中国命运的关键选择,标志着中国共产党在新的时代条件下的伟大觉醒和重大转折。

学习"四史",我们就会深刻体会到,中华民族伟大复兴不是轻轻松松、敲锣打鼓就能实现的,每到重大转折关头,我们党总能站在历史制高点上,从伟大胜利中激发奋进力量,以高度的历史清醒和历史自觉廓清思想迷雾,从弯路挫折中吸取历史教训,使"中国号"巨轮沿着正确方向航行;就会明白,中国特色社会主义道路,是我们党带领人民历尽千辛万苦、付出各种代价走出来的"人间正道",必须增强"四个意识"、坚定"四个自信"、做到"两个维护",让中国特色社会主义道路越走越宽广,前途越来越光明。①

3. 从理解党对待重大挫折的科学态度中坚定"四个自信"

历史发展从来都不是一帆风顺的。我们党的奋斗、探索历程也经历了挫折、磨难与失败,但由于我们的党总能勇于并且善于对已经遭受的失败进行理性总结,深刻反思,中国特色社会主义事业才能在曲折中不断发展前进。

回顾我们党带领人民革命的历史,我们党遭遇的一个重大挫折是土地革命时期以王明为代表的"左"倾教条主义错误,这一错误给党和中国革命带来重大损失,甚至使党一度处于濒临失败的危险境地。面对这一重大挫折,我们党进行了深入总结和认真反思,1945年4月党的六届七中全会通过了《关

---

① 陈晨.在学习党史新中国史中坚定"四个自信"[N].光明日报,2019-09-27(5).

于若干历史问题的决议》，总结了党从成立到抗日战争全面爆发这一时期、特别是六届四中全会至遵义会议这一时期的正反两方面的斗争经验，对党内若干重大历史问题，尤其是六届四中全会至遵义会议期间中央的领导路线问题，做了正式总结。社会主义建设时期，"文化大革命"使党、国家和人民遭到中华人民共和国成立以来最严重的挫折和损失，能否以科学的态度对待"文化大革命"，能否坚持真理、修正错误，关系到我们党能否走出挫折的阴影、回归正确的历史前进方向。1981年6月党的十一届六中全会通过了《关于建国以来党的若干历史问题的决议》，对中华人民共和国成立32年来党的若干重大历史事件做出了正确总结，全面地、实事求是地评价了毛泽东同志的历史地位，充分论述了毛泽东思想作为我们党的指导思想的伟大意义，这对于我们正确认识和对待党的历史，统一全党思想，具有重要指导作用。正如习近平总书记所指出的："我们党对自己包括领袖人物的失误和错误历来采取郑重的态度，一是敢于承认，二是正确分析，三是坚决纠正，从而使失误和错误连同党的成功经验一起成为宝贵的历史教材。"[1]

学习党史、新中国史、改革开放史，我们就会深刻领悟到，我们党的伟大之处就在于始终保持了自我革命精神。自我革命精神是党永葆青春活力的强大支撑，也是中国共产党区别于其他政党的显著标志。"党历经百年沧桑更加充满活力，其奥秘就在于始终坚持真理、修正错误。党的伟大不在于不犯错误，而在于从不讳疾忌医，积极开展批评和自我批评，敢于直面问题，勇于自我革命。"[2]学习党史、新中国史、改革开放史，我们就会明白，不论发生过什么样的波折和曲折，不论出现过什么样的苦难和困难，时代总是在进步，历史总是向前发展的，在面对重大挫折时，只要能够运用科学理论，站在全局、战略、宏观的高度看待分析形势和问题，就能找到有效的应对举措并坚定实施，不断攻坚克难、化险为夷，扭转危局、破解困境。

---

[1] 习近平. 在纪念毛泽东同志诞辰120周年座谈会上的讲话[M]//习近平. 论中国共产党历史. 北京：中央文献出版社，2021：57.

[2] 中共中央关于党的百年奋斗重大成就和历史经验的决议[N]. 人民日报，2021-11-17（1）.

4. 从感知党面对重大斗争的胸襟视野中坚定"四个自信"

社会是在矛盾运动中前进的,有矛盾就会有斗争,没有斗争就没有胜利。坚持斗争、敢于斗争、在斗争中前进,是中国共产党人的本色。抗日战争,是中华民族生死存亡之战,1931年九一八事变后,民族危亡上升为国内主要矛盾,刚刚崭露头角的中国共产党人以国家和民族为重,义无反顾地举起联合抗日的大旗,派出大批干部到东北,成立抗联,在白山黑水之间,与日军进行艰苦卓绝的战斗,杨靖宇、赵一曼等优秀共产党员在战斗中献出了宝贵生命。此后,不管是被迫长征,还是国共合作,中国共产党始终占据民族大义的制高点,团结一切可以团结的抗日力量,积极主动,建立并领导抗日民族统一战线,实现了无产阶级、农民阶级、城市小资产阶级和民族资产阶级等不同阶级的大团结、大联合。在抗日战争中,中国共产党充分结合自己实际,开辟敌后战场,不仅拖住了大量日军,还在战争中消灭了大量的日伪军,对我国抗战真正起到中流砥柱的作用,最终在国共双方和中华民族的共同努力下,将日本帝国主义驱逐出中国,取得中华民族解放斗争史上的伟大胜利。

中国特色社会主义进入新时代,我们比历史上任何时期都更接近、更有信心和能力实现中华民族伟大复兴。面对举世瞩目的成就,我们党明白,党和人民取得的一切成就,都不是天上掉下来的,不是别人恩赐的,而是通过不断斗争取得的。因此,我们党没有躺在功劳簿上沾沾自喜,没有在一片喝彩声、赞扬声中丧失革命精神和斗志,而是始终牢记"船到中流浪更急、人到半山路更陡",永远保持着建党时中国共产党人的斗争精神,为了人民、国家、民族,为了理想信念,无论敌人如何强大、道路如何艰险、挑战如何严峻,总是绝不畏惧、绝不退缩,不怕牺牲、百折不挠。正如习近平总书记所指出的:"实现伟大梦想,必须进行伟大斗争。""我们党要团结带领人民有效应对重大挑战、抵御重大风险、克服重大阻力、解决重大矛盾,必须进行具有许多新的历史特点的伟大斗争。"①

无数铁的事实表明,党是中国特色社会主义事业的领导核心,是全国人民抵御国内外各种风险和考验以进行伟大斗争的主心骨,是带领中华民族走

---

① 习近平.决胜全面建成小康社会,夺取新时代中国特色社会主义伟大胜利[M]//习近平.习近平谈治国理政:第3卷.北京:外文出版社,2020:12.

向伟大复兴的主体力量。中国共产党是伟大的，是值得信赖、值得托付的党。我们坚定毫不动摇听党话、跟党走的信念。

5. 从学习党攻坚克难的实干精神中坚定"四个自信"

实干是一种科学态度，一种政治品格，一种优良作风。中国共产党百余年的历史就是一部艰苦奋斗、攻坚克难的实干历史，中华人民共和国的每一个进步、人民生活水平的任何改变都离不开实干精神，都是中国共产党带领中国人民脚踏实地干出来的。中国共产党有脚踏实地干事情的传统。从嘉兴南湖红船到"复兴号"巨轮，从风雨飘摇、荆棘丛生到巨龙腾飞、山河锦绣，中国共产党一路走来，正是靠着实干精神，不断发展壮大，不断凝聚民心。也正是靠着实干精神，中国越来越强大，人民生活越来越美好。

从历史来看，共产党人正是凭着实干精神，不畏艰难，奋发进取，战胜了前进道路上的无数困难，开辟了光明灿烂的美好前景。实干兴邦是中国共产党人一贯强调的执政理念，也是党的优良传统和作风，更是继往开来的法宝。毛泽东同志大力倡导"实事求是，力戒空谈"[①]。邓小平同志南方谈话的立足点是空谈误国、实干兴邦，反复强调："世界上的事情都是干出来的。不干，半点马克思主义都没有。"[②] 江泽民同志强调"落实，落实，再落实，因为这是做好一切工作的关键环节""不要在层层表态、层层开会、层层造声势上做文章，而要在层层抓落实、层层抓解决问题上下功夫"[③]。胡锦涛同志反复强调"求真务实，真抓实干""要坚持发扬共产党人的革命精神和坚持科学求实态度的统一，脚踏实地，埋头苦干，坚决反对形式主义和官僚主义"[④]。习近平总书记在参观"复兴之路"大型展览时强调，"实现中华民族伟大复兴是一项光荣而艰巨的事业，需要一代又一代中国人共同为之努力""空谈误国，实干

---

① 杜栋.毛泽东："实事求是，力戒空谈"——1945年为《七大纪念册》题词[J].党的文献，2020（3）：2.

② 中共中央文献研究室.十六大以来重要文献选编：下[M].北京：中央文献出版社，2008：874.

③ 江泽民.狠抓各项工作的落实[M]//江泽民.论党的建设.北京：中央文献出版社，2001：150–151.

④ 胡锦涛.在西柏坡学习考察时的讲话[M]//胡锦涛.胡锦涛文选：第2卷.北京：人民出版社，2016：10.

兴邦"①。他在广东考察时再次强调，全面建成小康社会要靠实干，基本实现现代化要靠实干，实现中华民族伟大复兴要靠实干。②

在我国社会主义革命、建设、改革的非凡历程中，一代又一代奋斗者顽强拼搏、不懈奋斗，涌现出无数感天动地的英雄模范，他们用智慧和汗水，甚至鲜血和生命，为国家富强、民族振兴、人民幸福书写了可歌可泣的壮丽篇章。辽宁丹东凤城市大梨树村原党委书记、村委会主任毛丰美历经30余年，将荒山秃岭、一贫如洗、"八山半水一分田"的大梨树打造成"辽东第一村""全国文明村"。中铁一局电力工工匠技师窦铁成坚持走自学成才、岗位成才之路，参加工作40余年来，从一名只有初中文化程度的铁路电力工人成长为学习型、知识型、技能型、创新型的技术专家，累计写下90余本、200多万字的工作学习笔记，解决现场施工技术难题69项，排除送电运行故障400余次，获得2项国家专利，为企业创造和节约费用1800余万元。地球物理学家黄大年学成后毅然放弃国外优越条件回到祖国，携团队夙兴夜寐，刻苦钻研、勇于创新，多次累倒在岗位上，取得了一系列重大科技成果，填补了多项国内技术空白。他们凭一己之力扛起了全村、全国、全民族的希望，耗尽心血只为国富民强。

一切伟大的成就都是接续奋斗的结果，一切伟大的事业都需要在继往开来中推进。美好蓝图的实现离不开每一个中国人的奋斗，离不开每一名党员发挥先锋模范作用。我们已走过千山万水，仍需要不断跋山涉水。亿万人民只要以必胜的信心、昂扬的斗志、扎实的努力投身新的历史征程，不畏风浪、直面挑战、勇于开拓、锐意创新，真抓实干、埋头苦干，就一定能战胜前进道路上一切风险挑战、不断从胜利走向新的胜利，把党的事业继续推向前进，在人类的伟大实践历史中创造中华民族的伟大历史实践，在实干中赢得美好未来。

---

① 习近平.实现中华民族伟大复兴是中华民族近代以来最伟大的梦想[M]//习近平.习近平谈治国理政.北京：外文出版社，2014：36.
② 习近平在广东考察时强调 增强改革的系统性整体性协同性 做到改革不停顿开放不止步[N].人民日报，2012-12-12（1）.

（四）从"四史"学习教育中把握社会历史发展规律，坚定社会主义必胜信念

自16世纪空想社会主义者托马斯·莫尔的《乌托邦》问世以来，人类对社会主义的认识与探索已有500余年的历史。1848年《共产党宣言》的发表，标志着科学社会主义的诞生，世界社会主义运动有了科学理论指导。20世纪90年代，苏联解体这一地域性的政治灾难重创了整个世界社会主义事业，西方社会出现了大规模"唱衰"社会主义的论调。但苏联模式绝非社会主义发展的唯一样板，它的失败不代表社会主义的失败。中国特色社会主义取得的举世瞩目的成就就是社会主义生命力的最好体现。这一曲折发展历程表明，数百年来，人类对社会主义的追求从未止步，也不会止步。

社会主义作为思想、运动和制度，出现在近代资本主义兴起之后。对于社会主义，大量思想家提出了诸多理论观点、思想体系，并进行了无数次最终失败的社会实验，只有马克思、恩格斯在批判继承创新的基础上提出了资本主义必然灭亡、社会主义必然胜利的历史性结论。列宁把马克思、恩格斯提出的理论与俄国社会现实相结合，建立了世界上第一个社会主义国家，并对建设社会主义道路进行了大胆的探索，积累了宝贵的历史经验。随着欧亚一系列社会主义国家的建立，社会主义从一国胜利到多国胜利，开创了人类社会历史的新篇章。

中国特色社会主义便是社会主义在当代发展的一种成功典范——中国共产党再次将马克思主义与中国现实相结合，开创了中国特色的社会主义建设和改革之路。中国特色社会主义是科学社会主义理论逻辑与中国社会发展历史逻辑的辩证统一，具有无可比拟的独特性和优越性，并渗透在经济发展、政治改革、文化自信、生态保护和社会治理等方方面面。中国特色社会主义不断成功，很大程度扭转了冷战结束后世界社会主义万马齐喑的局面，扭转了社会主义同资本主义在长期竞争中形成的被动局面。作为马克思主义政党，我们党在中国这样一个有着14亿多人口的大国执政，面对十分复杂的国内外环境，肩负十分繁重的执政使命，更加需要加强理论学习，深入认识共产党执政规律、社会主义建设规律、人类社会发展规律，不断增强战胜各种风险

和困难的理论思维能力。

中国特色社会主义是在中国的社会土壤中生长起来的，是由中国的历史文化、社会性质、经济发展水平决定的，"是经过革命、建设、改革长期实践形成的，是马克思主义基本原理同中国具体实际相结合的产物，是理论创新、实践创新、制度创新相统一的成果，凝结着党和人民的智慧"①。中国特色社会主义不仅凝结着实现中华民族伟大复兴的历史夙愿，也展现着人类对社会主义的美好憧憬和不懈求索。中国特色社会主义道路，不仅是中国自身的发展道路，也是中国开拓并塑造人类文明新形态的发展道路；当代中国所累积的建设中国特色社会主义的雄厚经验，不仅是中国本土的独特经验，也是为了解决"世界之问"、构建人类命运共同体所贡献的中国智慧和中国方案。中国特色社会主义进入了新时代，不仅迎来了中华民族伟大复兴的光明前景，也在世界上高高举起了中国特色社会主义伟大旗帜，拓展了发展中国家走向现代化的多元路径，给世界上那些既希望加快发展又希望保持自身独立性的民族和国家提供了全新选择，显示出了科学社会主义在21世纪中国焕发出的强大生机活力。

概言之，开展"四史"学习教育，正是要充分发挥党的历史以史鉴今、资政育人的作用，引导广大党员、干部进一步筑牢信仰之基、补足精神之钙、把稳思想之舵，总结经验、把握规律、增加勇气，坚定"四个自信"，做到理想信念更加坚定、政治品格更加纯粹、斗争精神更加昂扬、奋斗激情更加饱满。不断把党的创新理论转化为推进新时代中国特色社会主义伟大事业的实践力量，以不懈奋斗把中华民族前无古人的伟大复兴事业推向前进。

三、"四个自信"为"四史"教育提供思想引领

作为一对相辅相成的辩证关系，"四个自信"不仅为"四史"教育提供精神源泉和内在动力，激励中华民族砥砺前行，为人类文明发展提供精神指引并探索更好的道路，还为"四史"教育指明进展航向；当然，"四史"教育的深化发展和实践推进也会使"四个自信"更加具有说服力和确证力。

---

① 习近平.坚持和完善中国特色社会主义制度 推进国家治理体系和治理能力现代化[J].求是，2010（1）：5.

(一)"四个自信"为"四史"教育提供动力引擎

自信代表着一种精神状态,更是一种精神力量,是一种促成目标达成、理想实现、梦想成真的重要精神力量。"四个自信"是中国人民精神状态的真实展现,也是新时代的国家共识,丰富了中国特色社会主义的内涵。"四个自信"为"四史"教育提供强大精神动力和丰沛能量,为"四史"教育的践行提供有力支撑;同时,"四个自信"的内在强化也离不开"四史"教育的整体推进。

"四个自信"蕴含的精神力量能鼓励人们加强"四史"学习。"四个自信"不仅有利于凝聚各方力量,朝着共同目标迈进,还表达了中国共产党人推进改革的决心、强化建设的恒心、深化改革建设的路径和化解矛盾的智慧,有利于统一思想、凝聚共识、塑造和谐,以创新发展,这能成为推动"四史"教育前进的强大动力基础。近代以来,随着反侵略战争的屡次失败,部分中国人滋生了一种弱国心态和崇洋心理,改革开放以来,有些中国人的自信并未随着国力的增强而提升。"四个自信"的提出,有利于矫正国人的弱国心态、崇洋心理,激发坚持和发展中国特色社会主义的正能量,这也会鼓励中国人民强化对自身历史特别是"四史"的学习。"'四个自信'表明了中国共产党不忘社会主义、共产主义理想的'初心',展示了中国特色社会主义的发展前景,是中国共产党对世界的庄严承诺,也是中国共产党人继续前进的精神动力"[①],会天然地推动"四史"教育向纵深发展。

中国特色社会主义道路自信、理论自信、制度自信和文化自信是一个有机整体,"四个自信"内在逻辑的强化离不开"四史"教育的整体推进。离开"四史"教育的深入推进,"四个自信"之间的关系很难深度融会,缺少支撑,也容易坠入自说自话的窘境。一般而言,中国特色社会主义道路是实现途径,中国特色社会主义理论体系是行动指南,中国特色社会主义制度是根本保障,中国特色社会主义文化是精神力量,它们统一于中国特色社会主义伟大实践。而"四史"则是中国特色社会主义伟大实践的最忠实记载,"四史"学习教育

---

① 陈金龙."四个自信":中国共产党人继续前进的精神动力[N].中国社会科学报,2016-07-14(1).

则是传播这一实践过程的最佳路径。

"四个自信"不断凝聚着人们的理想信念和斗争决心，是中国特色社会主义的重大理论创新，为开创新的辉煌、夺取新的胜利注入强大精神动力。不仅为包括"四史"教育在内的新时代一切执政兴国的行为提供支持，还具有超越国界和时代的价值，激励中华民族砥砺前行，为人类文明发展提供精神指引并探索更好的道路，将在引领国际共产主义运动走向复兴方面凸显中国贡献。

（二）"四个自信"为"四史"教育指明进展航向

思想理论就是力量。一个民族要走在时代前列，就一刻不能没有理论思维，一刻不能没有思想理论的指引。"四史"教育往何处去？进展航向为何？"四个自信"做了最深刻、最全面、最精准的提炼概括。必须按照"四个自信"的理念持续推进"四史"教育，"四个自信"为"四史"教育做了最明确的指引。

"四个自信"丰富了"四史"教育的理论指导。"四个自信"把中国特色社会主义的理论与实践推向一个新阶段。首先，长期以来马克思主义政党对社会主义内涵的认识，总体上局限于"理论、运动、制度三者统一"的大框架内，而"四个自信"则"突破了这一逻辑框架，这是我们党对中国特色社会主义认识的重大突破，也是对科学社会主义内涵具有原创性的重大突破"[1]。其次，"四个自信"把对中国特色社会主义的道路、理论、制度自信升华到一个民族"最深层的精神追求""价值理念"，民族文化的"独特创造""鲜明特色"的精神和哲学高度，使中国特色社会主义的发展有了至高境界精神力量。再次，"四个自信"是对中国特色社会主义的集中归结和精神浓缩。"四个自信"浓缩、概括了中国特色社会主义的最基本的核心内涵，并赋予它信念与信仰的精神动力。这是中国共产党对"三大规律"认识的进一步深化。[2]

"四个自信"为"四史"教育指明进展航向。"四个自信"在道路、理论、制度以及文化相统一的逻辑框架的基础上，揭示了中国特色社会主义道路的

---

[1] 内蒙古中国特色社会主义理论体系研究中心.中国特色社会主义"四个自信"并列提出的重大价值[J].红旗文摘，2016（18）：15.

[2] 李勇华，洪千里."四个自信"的历史渊源、内在逻辑与时代价值[J].观察与思考，2017（9）：45.

正确性、理论的科学性、制度的优越性以及文化的先进性，是中国特色社会主义的重大理论创新，是党的创新理论的生长点和聚焦点。学习历史，要用党的实践创造和历史经验启迪智慧、砥砺品格，让我们在面对国内外复杂形势和进行艰巨卓绝斗争时不迷航、不退缩，勇往直前，奋斗不止，而"四个自信"就最有效地发挥着这样的作用与功效。"四个自信"要求在"四史"学习教育中，从党的辉煌成就、艰辛历程、历史经验、优良传统中深刻领悟中国共产党为什么能、马克思主义为什么行、中国特色社会主义为什么好等道理，并真正弄清楚其中的历史逻辑、理论逻辑、运作模式、实践路径。

（三）坚定"四个自信"可以推进"四史"教育

坚定以道路自信、理论自信、制度自信、文化自信为内容的"四个自信"，就是在坚信中国特色社会主义理论体系的正确性、坚信中国共产党执政的合法性、坚信中国特色社会主义建设事业中解决困难的坚决性和坚信实现中华民族伟大复兴的必然性。如此等等都是"四史"教育的关键与核心内容。因此，从本质上而言，这就是在进行"四史"教育。换言之，坚定"四个自信"能推进"四史"教育。

坚定"四个自信"有助于"四史"教育的建设与开发。"四史"教育需要吸纳新的理论成果和不断更新的实践成果，也需要采用新的方式方法，还需要面对不断变化更新的受众，因此，"四史"教育不是也不可能一成不变，而是处在持续不断的更新、建设、发展中。"四个自信"无疑是最好的丰富、创新"四史"教育的生动素材。以"四个自信"为依据，完善推动"四史教育"。中国特色社会主义进入新时代将面临许多新的重大挑战、重大阻力与重大风险。克服这些困难需要用"四个自信"强化人们的斗争意识，激发人们的精神斗志，道路自信、理论自信、制度自信、文化自信将使人们用更加积极的心态面对未来的发展。在"四个自信"指导下取得的社会主义建设成果自然是"四史"教育的重要内容。

坚定"四个自信"，推动"四史"教育工程建设。坚定"四个自信"理念，用道路自信、理论自信、制度自信、文化自信不断完善与建设党史、新中国史、改革开放史、社会主义发展史，可以为"四史"教育建设注入新的、强大的活力和动力，赋予"四史"新的形态和理念，使"四史"教育成为一个与时俱进、不断发展的学科，成为一个为中华民族伟大复兴不断做出贡献的行为。

第三节 "四史"教育与"四个自信"的现实逻辑

"四史"教育与"四个自信"之间具有现实逻辑。深度开展"四史"学习教育和"四个自信"理论的深入宣传有强烈的现实考量，两者互相支持，共同呼应着现实的需要，扮演着执政兴国的角色，指导着社会的发展。具体而言，两者强烈的现实逻辑关系主要体现在因应中国共产党推进自我革命、强化自身建设的需求，反对历史虚无主义，立德树人，为中国发展道路正名、应对百年未有之大变局的策略等方面。

一、中国共产党推进自我革命、强化自身建设的需求

强化自身建设，勇于自我革命，是我们党最鲜明的品格，也是我们党最大的优势。风霜雪雨、大浪淘沙，百年来，我们党能够从最初的50多名党员发展到当下的9514.8万名党员①，战胜一个又一个困难，取得一个又一个胜利，关键在于始终坚持党要管党、全面从严治党不放松，在推动社会革命的同时进行彻底的自我革命。从党的建设角度看，"四史"教育和"四个自信"揭示了中国共产党自我建设的成长密码，有助于我们党汲取历史智慧，在不断自我净化、自我完善、自我革新、自我提高中始终走在时代前列，始终成为中国特色社会主义事业的坚强领导核心。换言之，推动"四史"教育和"四个自信"既是中国共产党强化自身建设、推进自我革命的迫切需要，也是中国共产党强化自身建设、推动自我革命的手段和方式。

尽管中国共产党领导中国人民强力推进社会革命和自我革命，不断从胜利走向胜利，但党内仍存在很多突出问题，各种弱化党的先进性、损害党的

---

① 中央组织部部务委员齐家滨谈怎样保证党员群体的质量和入党动机的纯洁性[EB/OL].共产党员网，2021-08-26.

纯洁性的因素无时不有，各种违背初心和使命、动摇党根基的危险无处不在。同时，中国共产党也面临执政考验、改革开放考验、市场经济考验、外部环境考验的长期性和复杂性。要想深刻认识党面临的精神懈怠危险、能力不足危险、脱离群众危险、消极腐败危险的尖锐性和严峻性，就必须坚持问题导向，保持战略定力，推动全面从严治党向纵深发展；就需要通过自我革命强化党的建设、通过自我革新完善党的制度，更需要青年党员干部不畏险阻、敢于担当、奋勇向前，把个人理想追求同祖国的命运发展结合起来，把人生价值体现在为民族复兴、为人民谋幸福上来。在全党开展"四史"学习教育，就是要教育引导全党在开启新征程的关键时刻，继续发扬彻底的革命精神，坚持全面从严治党永远在路上，保持"赶考"的清醒，以新时代党的自我革命引领新的伟大社会革命。

"我们要应变局、育新机、开新局、谋复兴，关键是要把党的各级领导班子和干部队伍建设好、建设强。"[①]开展伟大斗争需要高素质的干部人才，然而在党员干部中却存在着"能力不足"的危险，"本领恐慌"的问题。首先，为了增长才干，党员干部和青年学子既要从"四史"中体悟斗争历程，学习斗争本领，还要从"四个自信"中经受思想淬炼，提高自身综合素养，增长解决现实问题的能力。思想是行动的先导，只有思想不滑坡，行动才能顺利开展。受教育者要在思中学、在学中思，常反思、勤修炼，筑牢思想防线，提升思想境界，坚定马克思主义的立场，科学掌握马克思主义的观点、方法，自觉以习近平新时代中国特色社会主义思想为理论指导，不断从中华优秀传统文化中汲取精神养分，提高理论水平，增强斗争本领。其次，要积极投身严格的实践锻炼，在复杂严峻的斗争实践中锻炼胆魄、磨意志长才干。在实践中运用和发展理论。实践是理论的归宿，从实践中得出经验也并非一劳永逸，党员干部要将理论继续运用于实践中，指导斗争更好地开展，并且要与时俱进，在实践中创新和发展理论。最后，党员干部和青年学子要从"四史"中充分吸收斗争艺术，培养运用斗争的意识，丰富斗争方法，灵活开展斗争的策略。

---

① 习近平.贯彻落实新时代党的组织路线，不断把党建设得更加坚强有力[J].求是，2020（15）：9.

通过"四史"与"四个自信"的学习教育，党员干部和青年学子必将能够在中国共产党党史学习中体会到中国红色政权的来之不易，在新中国史学习中认识到我国社会主义道路的弥足珍贵，在改革开放史学习中感受到中华民族从站起来、富起来到强起来的伟大意义，在社会主义发展史学习中领悟到中国特色社会主义对世界社会主义运动的巨大贡献；也必将能够在坚定"四个自信"中将中国特色社会主义道路坚定不移地走下去，不惧任何艰难险阻，不为任何干扰所困惑，真正做到"不管风吹浪打，胜似闲庭信步"。

二、反对历史虚无主义，聚集正能量动力

历史虚无主义是改革开放以来我国意识形态领域出现的一种严重错误思潮，它的本质在于"从根本上否定马克思主义指导地位和中国走向社会主义的历史必然性，否定中国共产党的领导"[1]。这容易对一部分人特别是青年学生产生思想误导，不利于他们形成正确的历史观、政治观、人生观，侵蚀了思想政治教育的效果。如果任由历史虚无主义泛滥，中国人民历尽千辛万苦取得的伟大成就将毁于一旦，中华民族伟大复兴的历史进程也将被迫中断。对此，我们脑子要特别清醒、眼睛要特别明亮、立场要特别坚定，旗帜鲜明地反对历史虚无主义，绝不能有任何含糊和动摇。而进行"四史"教育与"四个自信"的宣传学习无疑是最好的反击历史虚无主义的手段。面对历史虚无主义的侵蚀，必须加强"四史"与"四个自信"教育，依靠催人警醒的历史案例和理论创新为人们提供明是非、养正气、祛邪气的良药。要重视对其中重要人物、重大事件、辉煌成就和宝贵经验的教育，这必定有助于培养受教育者正确的历史观、政治观，帮助树立崇高理想。[2]

习近平总书记指出："只有真正弄懂了马克思主义，才能在揭示共产党执政规律、社会主义建设规律、人类社会发展规律上不断有所发现、有所创造，

---

[1] 中共中央党史研究室.历史是最好的教科书——学习习近平同志关于党的历史的重要论述［M］.北京：中共党史出版社，2014：8.
[2] 虞志坚."四史"教育融入高校思想政治理论课教学的三重逻辑［J］.江淮论坛，2020（6）：21.

才能更好识别各种唯心主义观点、更好抵御各种历史虚无主义谬论。"①忽视了马克思主义所指引的方向，就容易陷入盲目状态甚至误入歧途，在纷繁复杂的形势中无所适从，难以抵御各种错误思潮，被一些天花乱坠、脱离实际甚至荒唐可笑、极其错误的东西所迷惑、所俘虏。我们要准确把握党的历史发展的主题主线、主流本质，从党的百年历史中深刻领悟中国共产党领导的历史必然性、马克思主义的真理性、中国特色社会主义道路的正确性；坚定广大干部群众对中国特色社会主义的道路自信、理论自信、制度自信、文化自信，进一步激发全体人民爱党、爱国、爱社会主义的巨大热情。

强化"四史"学习和"四个自信"教育利于正确认识和科学评价党史、新中国史、改革开放史上的重大事件、重要会议、重要人物，批驳抹黑党的历史、诋毁党的领袖的言行。习近平总书记指出，革命领袖"是人不是神""不能因为他们伟大就把他们像神那样顶礼膜拜，不容许提出并纠正他们的失误和错误；也不能因为他们有失误和错误就全盘否定，抹杀他们的历史功绩，陷入虚无主义的泥潭"。②对历史人物的评价，应该放在其所处时代和社会的历史条件下去分析，不能离开对具体历史条件、历史过程的全面认识和对历史规律的科学把握，不能忽略历史必然性和历史偶然性的关系。不能把历史顺境中的成功简单归功于个人，也不能把历史逆境中的挫折简单归咎于个人。不能用今天的时代条件、发展水平、认识水平去衡量和要求前人，不能苛求前人干出只有后人才能干出的业绩来。

加强"四史"教育和"四个自信"宣传，能澄清对党史、新中国史、改革开放史上一些重大历史问题的模糊认识和片面理解。马克思说过："人们自己创造自己的历史，但是他们并不是随心所欲地创造，并不是在他们自己选定的条件下创造，而是在直接碰到的、既定的、从过去承继下来的条件下创造。"③正确处理改革开放前后的社会主义实践探索的关系，不只是一个历史问题，更主要的是一个政治问题。"这个重大政治问题处理不好，就会产生严重

---

① 习近平.在哲学社会科学工作座谈会上的讲话［N］.人民日报，2016-05-19（2）.
② 习近平.在纪念毛泽东同志诞辰120周年座谈会上的讲话［M］//习近平.论中国共产党历史.北京：中央文献出版社，2021：57.
③ 马克思.路易·波拿巴的雾月十八日［M］.北京：人民出版社，2015：9.

政治后果"[1]，明确地将历史虚无主义的性质提升到了危害党和国家长治久安以及我国社会主义前途命运的政治高度。改革开放前的社会主义实践探索为改革开放后的社会主义实践探索积累了条件，改革开放后的社会主义实践探索是对前一个时期的坚持、改革、发展。不能用改革开放后的历史时期否定改革开放前的历史时期，也不能用改革开放前的历史时期否定改革开放后的历史时期。要警惕历史虚无主义者通过割裂两个历史时期，歪曲新中国建设伟大实践，抹杀新中国建设伟大成就，否定社会主义制度优越性，涣散中国人民建设中国特色社会主义的信心信念。历史是写在人民心中的，历史不容抹杀，也抹杀不了。一切否认侵略战争性质的言行，一切歪曲甚至美化侵略战争的言行，一切逃避侵略战争历史责任的言行，都是对历史的嘲弄，是对人类良知的侮辱，必然失信于世界人民。

新时代持续推进"四史"教育和"四个自信"是抵制历史虚无主义的坚强盾牌和反对历史虚无主义的锐利武器。在这一过程中，党员干部和青年学子在马克思主义科学历史观和方法论的指导下，通过深入学习研究，领会我们党的光荣传统、宝贵经验和伟大成就，坚定不移走中国道路、弘扬中国精神、凝聚中国力量，必将能够坚决反对任何形式的历史虚无主义、积极主动地同任何形式的历史虚无主义做毫不妥协的最坚决的斗争，保证党和国家的根基永固。

三、改善精神风貌、立德树人的要求

"四史"既是实践探索累积的历史，也是崇高精神积淀的历史。建党精神、红船精神、井冈山精神、延安精神、铁人精神、红旗渠精神、雷锋精神、"两弹一星"精神、抗洪精神、抗击"非典"精神、伟大抗疫精神……这一座座依托于各个历史时期伟大实践的精神丰碑，蕴含着坚定的理想信念、执着的人民立场和崇高的道德品质，构成了中国共产党人的精神谱系，并成为中华人民共和国强大的软实力，展示出马克思主义的信仰之力、真理之光，展示出中国共产党的为民之情、强国之志，高扬着社会主义、集体主义、爱国

---

[1] 中共中央文献研究室．十八大以来重要文献选编：上［M］．北京：中央文献出版社，2014：113．

主义的价值追求，是新时代中国共产党人补足"精神之钙"的营养剂。事实上，学习"四史"和进行"四个自信"教育就是经受思想洗礼、实现精神升华。"党员、干部要多学党史、新中国史，自觉接受红色传统教育，常学常新，不断感悟，巩固和升华理想信念。革命博物馆、纪念馆、党史馆、烈士陵园等是党和国家红色基因库。要讲好党的故事、革命的故事、根据地的故事、英雄和烈士的故事，加强革命传统教育、爱国主义教育、青少年思想道德教育，把红色基因传承好，确保红色江山永不变色。"①

在全社会广泛开展"四史"与"四个自信"教育，推动广大党员干部和青年学生对照革命先辈自我检省、自我教育，自觉提升思想境界、陶冶道德情操、规范言行举止，并鼓舞他们增强责任感、使命感，以永不懈怠的精神状态和一往无前的奋斗姿态，为坚持和发展中国特色社会主义、实现中华民族伟大复兴做出新的更大贡献。在这一过程中，一方面要强化针对党员干部和青年学生政治信仰的主导力、塑造力、说服力和统摄力，坚定他们对马克思主义的信仰、对中国特色社会主义的信念、对实现中华民族伟大复兴中国梦的信心和对中国共产党领导的拥护；另一方面要引导党员干部和青年学生认清自身的历史使命，树立强烈的使命意识，更好地把握中国特色社会主义发展的大势，自觉地把个人理想和国家前途、民族命运紧密联系起来，实现个人成才与国家发展、民族复兴的有机结合。

学习"四史"与"四个自信"，要以学思践悟习近平新时代中国特色社会主义思想为主线，从"四史"中更好地感悟信仰之力、理想之光、使命之艰、担当之要，用中国梦来激扬青春梦，把个人理想融入民族伟大复兴和中国特色社会主义事业中，当好生力军和突击队，为建设社会主义现代化强国努力奋斗。要引导青年在抓住历史机遇中实现人生价值。"时间之河川流不息，每一代青年都有自己的际遇和机缘，都要在自己所处的时代条件下谋划人生、创造历史。"②今天青年的人生黄金时期，同实现"两个一百年"奋斗目标的进

---

① 习近平.把红色基因传承好，把红色江山世世代代传下去［M］//习近平.论中国共产党历史.北京：中央文献出版社，2021：111.
② 习近平在北京大学考察时强调：青年要自觉践行社会主义核心价值观 与祖国和人民同行努力创造精彩人生［N］.人民日报，2014-05-05（1）.

程完全吻合。"只有把人生理想融入国家和民族的事业中，才能最终成就一番事业。"[①]要引导党员干部和广大青年深刻了解近代以来中国人民和中华民族不懈奋斗的光荣历史和伟大历程，坚定不移跟党走，勇做走在时代前列的奋进者、开拓者、奉献者，让青春在为祖国、为人民、为民族的奉献中焕发出绚丽光彩。

高校只有教育大学生在中国特色社会主义共同理想上形成同心力和凝聚力，才能为增强大学生对中国特色社会主义的"四个自信"注入强劲的动力，从而更好地完成立德树人、培根铸魂的根本任务，引导受教育者正确地总结党的历史经验，准确地把握"四史"发展的内在规律，深刻地理解历史和人民为何选择了中国共产党、为何选择了中国特色社会主义；能够促使高校青年大学生深入"四史"演进过程内部去把握其脉络与规律，在理论逻辑与历史逻辑的辩证统一中掌握科学的世界观和方法论，进而在大是大非面前站稳正确的政治立场，力争培养出更多合格的中国特色社会主义建设者和接班人。

四、为中国发展道路正名的策略

当代中国正在经历深刻的社会变革。中华民族前所未有地靠近世界舞台中心，前所未有地接近实现伟大复兴的目标，前所未有地具有实现这个目标的能力和信心。这是中华民族实现伟大复兴的战略全局。而在当今世界变化复杂深刻、中国同世界的联系和互动空前紧密的情况下，更要密切关注国际形势发展变化，把握世界大势，统筹好国内国际两个大局，在时代前进潮流中把握主动、赢得发展。开展"四史"学习教育，就是要在学习中进一步提升工作能力与增长工作本领，增强、坚定"四个自信"，传承弘扬以爱国主义为核心的民族精神和以改革创新为核心的时代精神，为中国发展道路正名，为早日建成社会主义现代化强国、实现中华民族伟大复兴的"中国梦"提供强大的精神动力和智力支持。

一个国家选择什么样的制度和治理体系，是由这个国家的历史传承、文化传统、经济发展水平决定的。在长期的实践探索中，中国共产党人走出了

[①] 习近平给大学生回信：勇做走在时代前面的奋进者开拓者奉献者[EB/OL].人民网，2013-05-05.

一条符合中国实际的道路,建立了中国特色社会主义制度。中国特色社会主义制度坚持以人民为中心,遵循人民至上的价值理念,保障人民的根本利益,体现人民的主体地位。实践证明,只有社会主义才能救中国,只有中国特色社会主义才能发展中国。除此之外,我们党一直坚持自我改革和完善。40多年的改革开放有力推动中国特色社会主义制度和国家治理体系在革除体制机制弊端的过程中不断走向成熟。特别是党的十八大以来,我们党坚持全面深化改革,不断将坚守道路与自我完善并举、将原则的坚定性与策略的灵活性结合起来,根据实际情况不断推动制度创新并取得重大成就。《商君书·壹言》载有:"凡将立国,制度不可不察也。"制度优势是一个国家的最大优势。党的十九届四中全会通过的《中共中央关于坚持和完善中国特色社会主义制度 推进国家治理体系和治理能力现代化若干重大问题的决定》系统论述了我国国家制度和国家治理体系具有的13个方面的显著优势,反映了我们党在改革发展稳定、内政外交国防、治党治国治军各个方面的制度创新成果,让中国特色社会主义制度彰显出"中国之治"强大的生命力。

"四史"教育与"四个自信"坚定了中华民族在中国特色社会主义道路上实现中国梦的矢志不移的信念。首先,它能拂去尘埃,扭转困局,鼓舞士气。改革开放以来,国内外一些人或势力对中国特色社会主义的怀疑、质疑、否定声音从来就没有停息过,关于中国崩溃论的谣言也不时出现。"四个自信"庄严地告诉世界,中国已经发展到今天这样的程度,任何对中国特色社会主义的怀疑、质疑、否定都是过时的,经不住实践检验的。其次,坚定信念,鼓足干劲,全心全力推动向前发展。我们应该毫不动摇地坚持并推进中国道路、中国探索、中国创造,不断开辟中国特色社会主义新境界,坚定在中国特色社会主义道路上实现中华民族复兴的信念。"中国特色社会主义不断取得的重大成就,意味着近代以来久经磨难的中华民族实现了从站起来、富起来到强起来的历史性飞跃。"[1]

"四史"教育与"四个自信"在引领国际共产主义运动走向复兴方面凸显了中国贡献。苏联解体、东欧剧变,世界共产主义运动遭受重大挫折,国际

---

[1] 习近平.高举中国特色社会主义伟大旗帜,为决胜全面小康社会实现中国梦而奋斗[M]//习近平.习近平谈治国理政:第2卷.北京:外文出版社,2017:62.

国内一些人怀疑、动摇乃至抛弃了对马克思主义的信仰。"中国道路""中国模式""中国经验"就是在马克思主义指导下在科学社会主义道路上发展中国、富强中国、复兴中国的道路、模式和经验。始终"不忘初心",以马克思主义为自己行动指南的中国共产党70多年社会主义建设的伟大成就已经证明了马克思主义历久弥坚的真理力量,已经把国际共产主义运动推向一个新境界,并贡献了中国智慧;待到中国共产党和中国人民"为人类对更好社会制度的探索提供中国方案"[①]并得到世界广泛认可、效仿学习之时,就是国际共产主义运动步入新阶段的历史时刻,就是中国共产党对国际共产主义事业做出历史性贡献的时刻。中国特色社会主义和"四个自信",在把中国特色社会主义伟大事业,也就是把国际共产主义运动推进到一个新阶段时,将在世界范围重显马克思主义、共产主义的真理光辉,重塑对马克思主义和共产主义的广泛信仰。

70多年来,中国人民在中国共产党领导下探索出一条成功的中国特色社会主义发展道路。习近平指出:"随着中国特色社会主义不断发展,我们的制度必将越来越成熟,我国社会主义制度的优越性必将进一步显现,我们的道路必将越走越宽广,我国发展道路对世界的影响必将越来越大。"[②]沿着中国特色社会主义道路前进,中国特色社会主义的伟大事业取得了成功,实现了全面建成小康社会的目标,中国的现代化建设成就令世界瞩目,中国抗疫的成功方略也同样令世界震惊,"中国模式""中国道路"在世界上声名鹊起。

五、应对"百年未有之大变局"的需要

历史之中有未来。当今世界大发展大变革大调整,多极化、社会信息化、文化多样化等深入发展,全球治理体系和国际秩序变革加快推进,新兴市场国家和发展中国家快速崛起,国际力量对比更趋均衡,世界各国人民的命运从来未像今天这样紧紧相连。同时,世界面临的不稳定性不确定性突出,保

[①] 习近平.在庆祝中国共产党成立九十五周年大会上的讲话[M]//习近平.论中国共产党历史.北京:中央文献出版社,2021:126.

[②] 习近平.毫不动摇坚持和发展中国特色社会主义[M]//习近平.习近平谈治国理政.北京:外文出版社,2014:22.

护主义、民粹主义等思潮抬头，贫富分化、地区热点、恐怖主义、网络安全等非传统安全持续蔓延。归结来说，就是世界之大变局百年未有，而突如其来的新冠肺炎疫情又加速了这个变局。世界怎么了？中国应该怎么办？这是日益开放发展、融入世界的中国需要回答的问题。"放眼全球，我们正面临百年未有之大变局。无论国际风云如何变幻，中国维护国家主权和安全的信心和决心不会变，中国维护世界和平、促进共同发展的诚意和善意不会变。"①这既是中国共产党对世界发展大势的判断，更是对中国未来发展方式和道路的思考和明确宣示。这些判断和思考，以明澈的历史大视野、清晰的历史大逻辑，抓住了当代中国发展的关键，指明了世界未来的方向，为人类发展进步注入更多确定性的力量。

从党的执政事业看，"四史"是党治国理政的"百科全书"，揭示了共产党执政规律、社会主义建设规律、人类社会发展规律，有助于我们加深对历史规律性的认识和历史必然性的把握，增强心有所信的定力和行稳致远的力量，更好应对"百年未有之大变局"的机遇与挑战。因此，习近平总书记明确指出："在全党开展党史学习教育，是党中央立足党的百年历史新起点、统筹中华民族伟大复兴战略全局和世界百年未有之大变局、为动员全党全国满怀信心投身全面建设社会主义现代化国家而作出的重大决策。"②因此，应对百年未有之大变局，应对当前中国改革发展稳定任务之重、矛盾风险挑战之多、治国理政考验之大前所未有的国内局势以及波谲云诡的国际形势、复杂敏感的周边环境，我们必须强化"四史"和"四个自信"的学习教育，理解、体悟中共百年的发展历程，从中领悟、提高运用马克思主义分析和解决实际问题的能力，提高运用科学理论指导我们应对重大挑战、抵御重大风险、克服重大阻力、化解重大矛盾、解决重大问题的能力，把党建设得更加坚强有力，攻无不克战无不胜。

深入开展"四史"和"四个自信"学习教育，有助于进一步增强政治意识，明确政治方向，并力促坚持正确的政治方向。中国共产党人的政治方向，从根本上讲就是共产主义；坚持坚定正确的政治方向，从根本上讲就是坚持共

---

① 国家主席习近平发表二〇一九年新年贺词［EB/OL］.新华网，2018-12-31.
② 习近平.在党史学习教育动员大会上的讲话［J］.求是，2021（7）：4.

产主义理想、社会主义信念。我们要把理想信念教育作为思想建设的战略任务，保持全党在追求理想信念上的政治定力，自觉做共产主义远大理想和中国特色社会主义共同理想的坚定信仰者、忠实实践者。进一步增强大局意识，要自觉服从大局、坚决维护大局。特别是要把国际国内两个大局、"五位一体"总体布局、"四个全面"战略布局、"新发展理念"的科学内涵和精神实质学深学透、融会贯通，自觉贯彻到工作中。进一步增强核心意识，要坚决维护习近平总书记党中央的核心、全党的核心地位，坚决维护党中央权威和集中统一领导。进一步增强看齐意识，要自觉向党中央看齐，向党的理论和路线方针政策看齐，在思想上、政治上、行动上始终同以习近平同志为核心的党中央保持高度一致。

深入开展"四史"和"四个自信"学习教育，也有助于进一步坚定"四个自信"，为人类社会更好地探索社会制度建设提供中国方案。习近平总书记强调："全党必须高举中国特色社会主义伟大旗帜，牢固树立中国特色社会主义道路自信、理论自信、制度自信、文化自信，确保党和国家事业始终沿着正确方向胜利前进。"[①]中国特色社会主义道路是实现社会主义现代化、创造人民美好生活的必由之路。它是在改革开放40多年的伟大实践中走出来的，是在中华人民共和国成立70多年的持续探索中走出来的，是在对近代以来180多年中华民族发展历程的深刻总结中走出来的，具有深厚的历史渊源和广泛的实践基础，是中国人民、中华民族和中国共产党未来发展的希望。中国特色社会主义理论体系是指导党和人民实现中华民族伟大复兴的正确理论，凝结了几代中国共产党人团结带领人民不懈探索的智慧和心血，是马克思主义中国化的最新成果，是党最宝贵的政治和精神财富，是全国各族人民团结奋斗的共同思想基础。中国特色社会主义制度是中国人民的伟大创造，是当代中国发展进步的根本保障，是具有鲜明中国特色、明显制度优势、强大自我完善能力的先进制度。中国特色社会主义文化是中国特色社会主义道路、理论和制度的基础，能够为坚持和发展中国特色社会主义提供深厚和丰富的文化滋养。中国的文化、制度、道路能够而且也应该为人类社会的发展进步提

---

① 习近平.高举中国特色社会主义伟大旗帜，为决胜全面小康社会实现中国梦而奋斗[M]//习近平.习近平谈治国理政：第2卷.北京：外文出版社，2017：59.

供中国方案,让世界更美好、更和谐、更进步。有了信心与勇气,辅以必要的能力和素养,就能毫无畏惧地面对一切困难和挑战,就能坚定不移地开辟新天地、创造新奇迹。

第四节 "四史"教育与"四个自信"的生发机制

一般而言,作为两种具有不同具体内涵和指向的宣教模式,"四史"教育与"四个自信"基本都在外部力量拉动和内部力量推进的共同作用下紧密融会结合,并且相互影响。也正是在这两种力量的催生下,它们的紧密逻辑关系得以产生并有了进一步发展。

一、外部拉动:政策引导与制度嵌入

(一)规划实施

长期以来,中国共产党人都重视对党史、新中国史等历史知识的学习教育。毛泽东、邓小平、江泽民、胡锦涛、习近平等都对此类学习教育做出过系统全面的规划实施方略的指示,深刻引导并规制着教育学习活动的发展与走向。1942年3月30日,毛泽东在中央学习研究组专门做了《如何研究中共党史》的报告,指出把党的路线政策的历史发展搞清楚,"这对研究今天的路线政策,加强党内教育,推进各方面的工作,都是必要的""如果不把党的历史搞清楚,不把党在历史上所走的路搞清楚,便不能把事情办得更好"。[①]邓小平也非常熟悉党的历史,并十分重视总结党的历史经验。他亲自主持起草了《关于建国以来党的若干历史问题的决议》,反复强调"总结过去是为了引导大家团结一致向前看"[②]。1998年2月,江泽民《在十五届二中全会上的讲话》中指出,要运用党史教育增强党员干部"坚持党的基本理论、基本路线、基

---

① 毛泽东.如何研究中共党史[M]//毛泽东文集:第2卷.北京:人民出版社,1993:399.
② 邓小平.对起草《关于建国以来党的若干历史问题的决议》的意见[M]//邓小平.邓小平文选:第2卷.北京:人民出版社,1994:292.

本纲领的自觉性,提高大家驾驭全局和处理各种复杂事务的本领"。这实际上是要求充分发挥党史学习中的思想政治教育功能。胡锦涛要求领导干部学习历史,"必须把深入理解国情、切实解决中国的问题作为立足点"[①]。

党的十八大以来,以习近平同志为核心的党中央更加注重从党史、新中国史、改革开放史、社会主义发展史的宝库中汲取治国理政的智慧。习近平强调:"要继续加强对党史、新中国史的学习,在对历史的深入思考中做好现实工作、更好走向未来。"[②]他将"四史"教育提升到事关中华民族伟大复兴的战略高度。2017年2月27日,中共中央、国务院印发《关于加强和改进新形势下高校思想政治工作的意见》,强调要引导大学生"坚定中国特色社会主义道路自信、理论自信、制度自信、文化自信"。积极引导大学生坚定社会主义理想信念,自觉抵制错误的意识形态是高校思想政治教育的使命与担当。2018年8月21日至22日,习近平总书记在全国宣传思想工作大会上指出:"要把坚定'四个自信'作为建设社会主义意识形态的关键。"[③]2019年7月,中央"不忘初心、牢记使命"主题教育领导小组印发《关于在"不忘初心、牢记使命"主题教育中认真学习党史、新中国史的通知》,要求党员干部把学习党史、新中国史作为牢记初心和使命的重要途径。2020年1月,习近平总书记在"不忘初心、牢记使命"主题教育总结大会上的重要讲话中指出:"要把学习贯彻党的创新理论作为思想武装的重中之重,同学习马克思主义基本原理贯通起来,同学习党史、新中国史、改革开放史、社会主义发展史结合起来。"[④]2020年10月,习近平总书记在参观"铭记伟大胜利 捍卫和平正义——纪念中国人民志愿军抗美援朝出国作战70周年主题展览"时强调,要"学好党史、新中国史、改革开放史、社会主义发展史,激励全党全军全国各

---

① 中共中央组织部党建研究所.党的建设大事记(十六大—十七大)》[M].北京:党建读物出版社,2008:45.
② 习近平.学习党史、国史是坚持和发展中国特色社会主义的必修课[M]//习近平.论中国共产党历史.北京:中央文献出版社,2021:16.
③ 习近平.自觉承担起新形势下宣传思想工作的使命任务[M]//习近平.论党的宣传思想工作.北京:中央文献出版社,2020:340.
④ 习近平.在"不忘初心、牢记使命"主题教育总结大会上的讲话[J].求是,2020(13):12.

族人民更加紧密地团结在党中央周围"①，为实现中国梦不懈奋斗。显然，他把"四史"教育作为推动全党和全国人民思想统一、政治团结、行动一致的必要途径。

在具体的学习教育过程中，习近平总书记强调，"要讲好中国特色社会主义的故事，讲好中国梦的故事，讲好中国人的故事，讲好中华优秀文化的故事，讲好中国和平发展的故事""要组织各种精彩、精炼的故事载体，把中国道路、中国理论、中国制度、中国精神、中国力量寓于其中，使人想听爱听，听有所思，听有所得"②。习近平总书记还要求："要讲好党的故事、革命的故事、根据地的故事、英雄和烈士的故事，加强革命传统教育、爱国主义教育、青少年思想道德教育，把红色基因传承好，确保红色江山永不变色。"③2021年5月12日，教育部发布《关于在思政课中加强以党史教育为重点的"四史"教育的通知》，要求在大中小学思政课中开展以党史教育为重点的"四史"教育，并清晰指明了"四史"教育的具体内容、施行方式与要求。2021年5月25日，中共中央办公厅印发《关于在全社会开展党史、新中国史、改革开放史、社会主义发展史宣传教育的通知》，对在中国共产党成立100周年之际开展"四史"宣传教育做出详细安排部署，并指明了8种具体的教育活动。④详细且有可操作性的规划实施方案是"四史"教育与"四个自信"生发机制的基础，也为两者逻辑机制的产生与发展提供了重要的动力支持。

（二）引导推动

就"四史"与"四个自信"教育学习的生发机制来看，各级党委政府和教育机构的引导推动起了重要作用。各级党组织和机构是"四史"教育与"四

---

① 习近平在参观"铭记伟大胜利 捍卫和平正义——纪念中国人民志愿军抗美援朝出国作战70周年主题展览"时强调 在新时代继承和弘扬伟大抗美援朝精神 为实现中华民族伟大复兴而奋斗［N］.人民日报，2020-10-20（1）.

② 中共中央文献研究室.习近平关于社会主义文化建设论述摘编［M］.北京：中共中央文献出版社，2017：212.

③ 习近平.坚定信心埋头苦干奋勇争先 谱写新时代中原更加出彩的绚丽篇章［N］.人民日报，2019-09-19（1）.

④ 中办印发《通知》在全社会开展党史、新中国史、改革开放史、社会主义发展史宣传教育［N］.人民日报，2021-05-26（1）.

个自信"生发的最直接的推动者和责任人,自然也是两者生发机制的最直接推动力。各级党委(党组)强化了对"四史"和"四个自信"教育活动的领导和推动,积极承担主体责任,主要领导同志亲自抓、率先垂范,成立领导机构,切实把党中央部署和要求落到实处。学习教育领导小组也都加强了指导,省区市党委和行业系统主管部门党组(党委)加强对所属地区、部门和单位的督导检查。全党、全国人民深入学习"四史"和"四个自信"是增强党的意识、党员意识的重要途径。党员、干部、青年学生不管处在哪个层次和岗位,都全身心投入,静下心来,认真学习、深入思考,做到学有所思、学有所悟、学有所得。

各级党组织和政府机构都在主题教育活动中对"四史"教育与"四个自信"宣传做出具体安排,把《毛泽东 邓小平 江泽民 胡锦涛关于中国共产党历史论述摘编》《习近平论中国共产党历史》等经典论述与《中国共产党简史》《中华人民共和国简史》《改革开放简史》《社会主义发展简史》等党史、新中国史著作作为重要学习辅导材料,组织党员、干部认真抓好自学。了解党史、新中国史的重大事件、重要会议、重要文件、重要人物,了解我们党的光荣传统、宝贵经验和伟大成就,在深入学习和不断领悟中,弄清楚我们从哪里来、往哪里去,做到知史爱党、知史爱国,做到常怀忧党之心、为党之责、强党之志。

各级领导干部,特别是党员领导干部都深入其中,亲力亲为,把自己融入具体的学习过程中去,真学深学,学会历史思维,培养历史眼光,增强历史担当。各级党委(党组)理论学习中心组采取适当方式进行学习交流,把"四史"学习作为党员、干部日常教育培训的重要内容持续抓下去,切实抓出成效。新时代持续推进"四史"教育要积极引导党员干部,一方面主动把"学"与"思"内在统一、"知"与"信"融贯一体,坚持读原著、学原文、悟原理,知其然更知其所以然;另一方面深入思考并充分理解中国共产党为什么能、马克思主义为什么行、中国特色社会主义为什么好等系列基本问题,不断提高并最终建立起马克思主义信念和共产主义信仰,把对"四史"学习的厚度转化为对习近平新时代中国特色社会主义思想感悟的深度,自觉增强"四个意识",坚定"四个自信",做到"两个维护"。

（三）宣传动员

"四史"学习教育与"四个自信"宣传都是关系国家命运与发展前途的重大命题，也是执政兴国的重要行为。对二者的重要价值和意义，有一些人还没有清晰的认知。为澄清误解和化解分歧，统一干部和群众思想认识，政府和相关机构的宣传发动工作尤为必要，也极为重要。各级党组织和政府部门及教育机构都要重视"四史"与"四个自信"学习教育的宣传动员，2016年10月21日，习近平总书记在纪念红军长征胜利80周年大会上的讲话中对坚持"四个自信"的基本内涵进行了高度概括。同年11月30日，习近平总书记在中国文联十大、中国作协九大开幕式上的讲话中，对坚持"四个自信"的重要地位和作用进行了论述。2017年7月26日，习近平总书记在省部级主要领导干部专题研讨班上的重要讲话中，对坚持"四个自信"的目标任务进行了深刻论述。2021年2月20日，党史学习教育动员大会在北京召开。中共中央总书记、国家主席、中央军委主席习近平出席会议并发表《在党史学习教育动员大会上的讲话》。3月15日，王沪宁在党史学习教育用书出版座谈会暨专题宣讲动员会上表示，要深入学习贯彻习近平总书记在党史学习教育动员大会上的重要讲话精神，增强"四个意识"、坚定"四个自信"、做到"两个维护"，紧紧围绕学党史、悟思想、办实事、开新局，学好用好学习材料，深入开展专题宣讲，推动党史学习教育取得扎扎实实的成效，以优异成绩庆祝建党100周年。[①]2021年7月1日，在中国共产党成立100周年之际，习近平总书记总结中国共产党100年来的历史经验，对广大党员进行"四史"教育，使这个世界上最大的政党永远保持先进性和纯洁性，永葆青春活力，具有特别的作用和意义。

除了领导布置、引导宣传工作之外，还充分发挥了广播、电视、期刊、新闻媒体和信息网络等各类传媒优势，《人民日报》《求是》、中央电视台、新华社等以及各级党政权威主流媒体均播发、刊登了大量相关信息、文章，充分发挥党员干部、各类先进人物等群体的模范带头作用；同时，各类期刊推

---

① 王沪宁在党史学习教育用书出版座谈会暨专题宣讲动员会上强调 深入学习贯彻习近平总书记重要讲话精神 推动党史学习教育取得扎扎实实成效［N］.人民日报，2021-03-16（1）.

出许多相关研究选题，刊发大量相关文章，立项众多科研项目，使相关研究在社会科学界长期保持高热度、高产出，以加强"四史"知识与"四个自信"理论对人民群众的吸引力和影响力，使人民群众对理论真正做到入眼、入脑、入心，从而进一步坚定"四个自信"，涵育建设社会主义现代化国家的动力。此外，积极举办各种相关的会议交流和实地参观学习活动，这不仅有利于地区干部之间相互借鉴和学习各地行之有效的思路和点子，使各地好的经验和做法在更大范围内得到扩散和推广，而且通过会议、参观和访问活动也有利于进一步消除干部在观念上的障碍和思想顾虑，从而坚定其推进教育学习的信心和勇气。再有，组织基层宣讲活动。广泛开展百姓宣讲，深入基层开展巡回宣讲，举办形势报告会，"四史"专题宣讲，用小故事讲透大道理。各实验县、市区等基层部门也通过充分利用广播、电视、会议、专栏、标语和走访农户的方式和形式对干部和群众进行宣传和发动，从而为相关活动的开展营造一个良好的环境和氛围。

（四）制度规范

在理论上，任何一项制度变革和创新行为的初始状态往往呈现"合理不合法"的现象。因此，为消除人们在思想、观念上的阻力和意识形态的束缚，推动制度变迁的进程并最终成功实现制度转型，通过制度建设为改革和创新提供规范和合法性支持至为关键，力争把"四史"与"四个自信"学习教育制度化，以保证学习教育的常态化与长效化，推动学习教育的落实。

充分发挥学习教育领导小组及办公室牵头抓总作用，加强统筹谋划，制订学习方案、明确学习专题、健全学习机制，重点部署推进，拧紧责任链条，形成工作合力。建立省领导基层联系点制度，指导联系点健全"我为群众办实事"长效机制。及时把学习教育经验做法规范化、制度化，改进提升工作效能。坚持以上率下，领导班子成员带头讲"四史"专题党课，发挥示范领学作用。建立领导班子带头在党委常委会、办公会上及时系统深入学习和传达中央重大会议、重要讲话、重要举措的机制，规范组织好中心组学习；结合教育机构实际情况，划出专门时间组织受教育者开展集体学习和专题学习，读原文读原著，既学思想也学方法，让"四史"知识与党的创新理论在人们心底扎根,让理论学习成为习惯。实施"四个纳入",将"四史"学习教育纳入校院两级理论学习中心组和师生政治理论学习安排,纳入师生理论宣讲计划,纳入党员干部、新进教师和大学生骨干等各类培训,纳入理论研究专项课题。"在上海高校中,有部分学校建立了每周有半天不排课集体学习的制度,有部分高校构建纵横网格、联动联学的整体格局,将全校党员干部按照工作相关性,组合建立学习小组,开展联组学习教育。"①

通过加强制度建设,不仅有利于减少教育学习工作中的摩擦和改革成本,为教育学习提供制度保障和支持,而且也有利于进一步巩固改革和创新的成果,从而为形成"四史"教育与"四个自信"宣传的长效机制奠定基础。

二、内部推动:协同互联的能动性

强化"四史"教育与"四个自信"的生发机制要坚持全面协同,重视协同互联的能动性。"四史"与"四个自信"的学习教育需要教育主体、教育渠道、教育方法等的全面协同。强化"四史"与"四个自信"学习教育的全面协同,既要明确家庭、学校、政府、社会的共同责任,调动各方力量优势互补,担当起学习教育的历史责任,通过主体协同推进"四史"与"四个自信"的学习教育,也要抓住学校教育渠道、社会教育渠道、网络教育渠道,使各渠道协同形成全员、全过程、全方位"四史"与"四个自信"的学习教育格局,通过渠道协同推进"四史"与"四个自信"的学习教育。另外,还要强化"四史"与"四个自信"学习教育的顶层设计与贯彻落实相结合、显性教育与隐性教育相结合、整体推进与重点突破相结合,通过不同的方式方法协同推进"四史"教育与"四个自信"生发机制。

(一)集中宣讲与自我学习

在全国全党开展集中性学习教育,是我党推进自我革命的重要途径,也是一条重要经验。改革开放以来,我们先后开展整党、"三讲"教育、先进性教育活动、学习实践科学发展观活动、群众路线教育实践活动、"三严三实"

---

① 杨劲松,王丹,陈燕.高校党史学习教育中不忘初心、牢记使命长效机制建设[J].高校辅导员学刊,2021(2):74.

专题教育、"两学一做"学习教育、"不忘初心、牢记使命"主题教育、"四个自信"教育、"四史"教育等活动,有力推进了党的建设新的伟大工程,党的创造力、凝聚力、战斗力显著提高,党的自我净化、自我完善、自我革新、自我提高能力不断增强。同时也积累了大量重要的学习教育经验,这些经验成为宝贵的财富。

集中宣讲,应抓好专题学习、专题党课、专题民主生活会、专题培训,精心组织宣讲团开展专题宣讲工作,用好党的红色资源,让干部群众切身感受艰辛历程、巨大变化、辉煌成就。要在全社会广泛开展党史、新中国史、改革开放史、社会主义发展史宣传教育,普及党史知识,推动党史学习教育深入群众、深入基层、深入人心。构建"制度+平台教育"模式,运用线上线下融合的方式,丰富体制机制的表现形式,将制度的内容与规定明确化、具体化。集中宣讲,不仅应在时间跨度上具有效用,而且在空间范围内也能融入日常教学和生活。

除集中宣讲授业学习之外,还应利用自我学习模式,发挥个人学习的积极性与主动性。自我学习除包括一般意义上的分散自学,还包括集中自学。可通过举办读书会、讲座交流、沙龙、参观考察等多种多样的形式,把学习教育、调查研究、检视问题、整改落实贯通衔接起来,坚持高标准高质量严要求,精心部署、周密组织,扎实推进。全体党员要原原本本学原著、读原文、悟原理,把必学文件和必读书目真正学深悟透、入心入脑,及时跟进学习习近平总书记最新重要讲话和关于高校党的建设和思想政治工作的一系列论述及指示批示精神,进一步理解核心要义和实践要求,强化理论武装,增强政治自觉,自觉对标对表,及时校正偏差,并最终落实在行动上与工作中,成为建设社会主义现代化国家的动力。

(二)历史与现实相贯通

"四史"学习不仅是单纯的历史学习,而是要站在历史发展的高度,用辩证的、理性的思维把握历史规律,阐释中国共产党为什么能、马克思主义为什么行、中国特色社会主义为什么好的重要理论问题。让受教育者掌握更多的历史史实也并非是"四史"教育的唯一目的,从历史中发现真相、从历史中学会工作方法和解决问题的经验，增长解决现实问题的能力和素养，并最终落实在民族复兴的伟大社会实践中，才是"四史"教育与"四个自信"宣传学习的最终目的。"四史"与"四个自信"学习教育是最好的沟通历史与现实的桥梁和纽带。所以，在深入学习中，必须把历史与现实贯通起来，用历史智慧解决现实问题，用现实实践丰富历史智慧。

知史以明鉴，查古以知今，始能明白历史方位。习近平总书记指出，"了解历史，才能看得远；永葆初心，才能走得远"[1]，强调"建成社会主义现代化强国，实现中华民族伟大复兴，是一场接力跑"[2]。历史责任感是激励接续奋斗的力量之源，一代人有一代人的使命，一代人有一代人的奋斗。学习"四史"的最终目的是能够更好地指导当下实践，展望未来；把握学习重点，积极学习历史、研究历史，既明确历史任务，又明确时代使命，为破解现实问题构建"四史"学习谱系。

要加强"四史"研究，深化历史总结。历史总结立足于研究基础之上，深化"四史"研究有助于更好地总结历史经验，遵循历史规律。推进和深化"四史"研究宣传教育，就要在回顾历史基础上，深刻总结历史进程，特别是要放在新中国史和社会主义发展史中来审视历史缘起、逻辑起点、社会主要矛盾、历史地位及社会性质等。新时代持续推进"四史"教育要积极引导党员干部以历史为镜，悟初心使命，"在解放思想中统一思想，在深化认识中提高认识"[3]，增强初心如磐、使命在肩的历史担当；积极引导党员干部在坚定理想信念中不断提升自我、净化自我，永葆共产党人忠诚干净担当的政治品格和对党忠诚、为党分忧、为党尽职的政治本色；积极引导全体党员干部在思想上、政治上、行动上同党中央保持高度一致，坚决保证"党中央提倡的坚决响应，党中央决定的坚决照办，党中央禁止的坚决杜绝，决不允许上有政策、下有对策，决不允许有令不行、有禁不止，决不允许在贯彻执行中央决

---

[1] 习近平.了解历史才能看得远，永葆初心才能走得远[M]//习近平.论中国共产党历史.北京：中央文献出版社，2021：261.

[2] 习近平.在纪念五四运动一百周年大会上的讲话[M]//习近平.论中国共产党历史.北京：中央文献出版社，2021：252.

[3] 习近平.在"不忘初心、牢记使命"主题教育总结大会上的讲话[J].求是，2020(13)：12.

策部署上打折扣"①。

（三）理论与实践相结合

"四史"教育与"四个自信"的生发机制要求必须把理论与实践紧密结合起来。这既是学习教育的要求，亦是学习教育的目的。党员干部对"四史"的学思践悟，就是要在执政实践中更好地继承和发扬这些革命优良传统，把党在长期奋斗中积累的宝贵经验和优良作风与中国特色社会主义丰富实践相结合，为在新时代建功立业提供源源不断的精神滋养。优良革命传统孕育伟大革命精神，伟大革命精神筑就崇高理想信仰。党员干部深入学习"四史"，传承崇高理想信仰，根植红色基因，树立正确理想信念，及时给理想信念"补钙壮骨"。

我们应该能注意到，习近平总书记强调党的百年历史就是一部践行党的初心使命的历史，强调的是"践行"二字。这就向我们提出了学好"四史"必须做到"学习"与"践行"两者不可分割的明确要求。也就是说，我们要按照党中央的部署，在党史学习教育中践行党的初心使命，在践行党的初心使命中学好党史，以做到学史明理、学史增信、学史崇德、学史力行，达到学党史、悟思想、办实事、开新局的要求。以习近平同志为核心的党中央已经做出部署，要在这次"四史"学习教育中切实为群众办实事、解难题。我们不仅要在学习党史中坚定初心使命，而且要在践行初心使命中开展好"我为群众办实事"的实践活动。对广大党员干部来说，更要在教育学习中深化对党的"两个先锋队"性质和"全心全意为人民服务"根本宗旨的认识，懂得"江山就是人民，人民就是江山"的道理，牢记"党执政后的最大危险是脱离群众"的告诫，进一步强化公仆意识和人民情怀，进一步以共产党员的模范行动形成全民族齐心协力为实现中华民族伟大复兴而奋斗的强大力量。

习近平总书记指出，"只有掌握科学理论才能正确把握前进方向"②，"理论

---

① 习近平同中央党校县委书记研修班学员座谈[N].人民日报，2015-01-13（1）.
② 习近平.在纪念红军长征胜利八十周年大会上的讲话[M]//习近平.论中国共产党历史.北京：中央文献出版社，2021：149.

上坚定成熟，什么力量也不能动摇我们"[1]。理论联系实践历来是我们党的优良传统。我们都有这样的体会，理论常学常新，"四史"也是常学常新，联系生动、新颖的理论知识研读学习"四史"更会常学常新。当下，我们强调"四史"学习教育与"四个自信"的逻辑与机制，特别是通过学习"四史"与"四个自信"更好地领会党的初心使命，更好地领会习近平新时代中国特色社会主义思想，更好地增长斗争与工作本领，增强自身素养与技能，必须结合当下的工作实践与社会实践来学习。只有这样，才能把党百年来恪守的初心使命转化为今天为人民谋幸福、为民族谋复兴的生动实践，才能在守正中创新，开创中国特色社会主义事业的新境界。

学习党史要同总结经验、观照现实、推动工作结合起来，把职责使命摆进去，办实事、开新局；要深刻认识我们党百年来在革命、建设、改革领域的实践历程、宝贵经验和工作规律，围绕服务好党的政治路线，深入贯彻新时代党的组织路线，不断健全完善党和国家机构职能体系，努力为坚持和加强党的全面领导、完善中国特色社会主义制度、推进国家治理体系和治理能力现代化做出新的更大贡献；要扎实开展"我为群众办实事"实践活动，聚焦机构编制职责，聚焦群众、基层反映的民生领域突出问题，聚焦持续深化转职能、转方式、转作风，深入了解群众需求，坚持实践实干实效，用心用情用力解决人民群众"急难愁盼"问题背后的体制机制矛盾，确保实事办好、好事办实。

习近平总书记曾提道："历史是最好的老师，它忠实记录下每一个国家走过的足迹，也给每一个国家未来的发展提供启示。"[2]尊重历史、敬畏历史、读懂历史、牢记历史的现实价值就是获取历史经验，指导现在和未来。从历史发展来看，党史见证了中国共产党从幼稚走向成熟的历史实践，新中国史展现了中国共产党领导下推进新中国建设的历史实践，改革开放史体现了社会主义制度自我完善和发展的历史实践，社会主义发展史体现了社会主义制度

---

[1] 中共中央文献研究室.习近平关于全面从严治党论述摘编[M].北京：中央文献出版社，2016：67.

[2] 习近平.走和平发展道路是中国人民对实现自身发展目标的自信和自觉[M]//习近平.习近平谈治国理政.北京：外文出版社，2014：266.

具有长足发展的优势。因此,"四史"向当代青年传达出要坚持跟党走、坚持改革开放、坚持中国特色社会主义制度不动摇的历史启示,使学生自觉将历史发展与现实实践相结合,保持理论学习的热度。

(四)创新学习教育方式

"四史"与"四个自信"学习教育有自身的特点和规律,要发扬马克思主义优良学风,坚持分类指导,明确学习要求、学习任务,推进内容、形式、方法的创新,不断增强针对性和实效性。习近平总书记指出:"党史学习教育有自身的特点和规律,要发扬马克思主义优良学风,坚持分类指导,明确学习要求、学习任务,推进内容、形式、方法的创新,不断增强针对性和实效性。"[1]推动"四史"与"四个自信"学习教育常态化、制度化,要紧密结合时代的变化、实践的发展,创新理论学习的方式方法、拓宽载体渠道,才能充分调动党员干部学习"四史"与"四个自信"的积极性主动性。

第一,组织开展分众化的学习培训。要针对受教育者队伍结构的特点,加强对不同领域、不同行业、不同单位的受教育者开展分众化的学习培训,区分省直机关、省管国有企业、省属高校、农村、城市社区5个领域,围绕农村党员、流动党员、高校学生等不同对象,制定有针对性的学习策略。抓好专题学习、专题党课、专题民主生活会、专题培训等,精心组织宣讲团开展专题宣讲,增强学习效果。建立分层分类的学习机制。整合和完善学校党员学习教育培训体系,面向领导干部、党组织书记、党务工作者、新进党员和积极分子等,有专题、有重点地开展培训,在保证完成必学内容的同时,结合人群特点,定制学习菜单,实现"普遍学"和"特色学"的有机结合。

第二,要充分利用"红色资源"开展实践教育。要把红色资源作为党史学习教育的生动教材,发挥好革命遗址遗存、纪念场馆等的宣传教育功能,通过组织广大干部、高校学生、群众参观革命遗迹、瞻仰革命文物、讲述红色革命故事等,形成系列化、系统化的教育活动,使其在实践中激发对"四史"与"四个自信"学习的热情,深化对相关问题和知识的理解。发挥红色资源富集优势,通过实地实物、鲜活讲解、互动体验等方式,组织党员干部

---

[1] 习近平.在党史学习教育动员大会上的讲话[J].求是,2021(7):17.

就近就便开展学习教育。"要把课堂教学和实践教学有机结合起来,充分运用丰富的历史文化资源,紧密联系中国共产党和中国人民的奋斗历程,深刻领悟马克思主义中国化的内在道理,深刻领悟为什么历史和人民选择了中国共产党和社会主义,进一步坚定'四个自信'。"①

第三,创作"四史"题材的文艺作品特别是影视作品。要鼓励创作"四史"题材的文艺作品特别是影视作品,精心组织相关主题出版物的出版发行,要抓好青少年学习教育,着力讲好党的故事、革命的故事、英雄的故事,厚植爱党、爱国、爱社会主义的情感,让红色基因、革命薪火代代传承。

第四,要注重发挥新媒体的作用。充分运用互联网技术和信息化手段,拓宽"四史"学习的广度,改进"四史"与"四个自信"学习教育工作,用好用活新媒体等宣传手段讲好历史故事,增强"四史"教育话语体系的解释、转换与创新能力。充分运用"互联网+"模式,着力打造"四史"教育线上公共学习平台。一是在机关、学校官网、微信公众号、QQ、微博等网络平台开设"四史"教育专题栏目,设计丰富多样的学习专题和知识竞答项目等,激发受教育者的情感共鸣与价值认同,切实增强"四史"教育与"四个自信"的吸引力和感染力;二是注重引导受教育者通过"学习强国"APP、网上大讲堂等公共平台接受"四史""四个自信"学习教育;三是打造"四史"与"四个自信"教育网上课堂,创建精品课程网站,定期推送相关的优质直播或录播等网络学习视频,组织受教育者观看并在线上提交观后感。此外,可依据"四史"与"四个自信"的重要内容,利用现场教学、社会实践、情景剧表演、红歌演唱、红色家书朗诵、红色影视展播等方式,增强育人针对性和吸引力,如此,既利用好便于"碎片化"学习的优势,也利用好网络平台知识系统性、集成性的特点,提高理论学习实效,提升育人实效。

总体来看,"四史"教育与"四个自信"的生发机制主要由两部分力量主导,即外部拉动与内部推动决定,是在内外力的综合作用下产生并发展起来的。因此,欲推动"四史"教育与"四个自信"紧密关系的生成,必须从这两方面入手。只有在内外两方面行动,才能使"四史"教育与"四个自信"

---

① 习近平在湖南考察时强调 在推动高质量发展上闯出新路子 谱写新时代中国特色社会主义湖南新篇章[N].人民日报,2020-09-19(1).

在良性的发展轨道上越来越亲密。

第五节 "四史"教育与"四个自信"的运行机制

"四史"教育与"四个自信"等思想政治学习机制的正常运行需要保持一种有序的平稳状态,并且必须按照科学规律和步骤有条不紊地展开。要实现机制的高效有序运转,就必须不断加强运行机制建设,使机制结构和要素功能不断得以优化。"机制的运作过程,也就是一种关系结构转化为功能的过程。在这一过程中,关系结构是基础和框架,相互作用是实际作用的方式和过程,产生功能是交互作用的效果和效应,这种逻辑关系就是所谓的结构功能转化原理。"① 因此,梳理并完善以"四史"教育与"四个自信"为标志的思想政治学习运行机制要处理好各种结构关系以使每一个要素都能发挥其优良功能,这也是降低思想政治教育运行成本、提高运行效率的必然要求。

一、全员参与、全程融入、全面系统:运行机制的范畴

总体而言,"四史"教育与"四个自信"运行需要的是一种新型的思政学习教育机制,这一机制要求全员参与、全程融入、全面系统。"全"是该机制运作的最基本要求,不能有半点缺失,也不能有丝毫遗漏。

首先,"四史"与"四个自信"的学习教育要坚持全员参与。全体人员都要参与其中,不能有遗漏。"四史"与"四个自信"的学习教育关系到广大党员和人民群众正确历史观、国家观和世界观的形成,关系到工作的热情和勇气,和每一个人息息相关,和中国的前途命运相关,需要全体人民群众共同参与。要全员形成正确的历史观、国家观、世界观和发展观,就必须注重"四史"与"四个自信"的学习教育的全员参与,形成全面覆盖、层次分明、重点突出的"四史"与"四个自信"学习教育格局,努力面向全体社会成员开展学习教育活动,使每一个中国人都能自觉做党和国家事业发展的坚定维护者和忠实践履者。

---

① 沈荣华.政府机制[M].北京:国家行政学院出版社,2003:5.

其次,"四史"与"四个自信"的学习教育还要求强化全程融入。正确的历史观、国家观和世界观、发展观的形成是一个长期过程,而工作技能与素养的培养也非一朝一夕之事,必须强化"四史"与"四个自信"学习教育的全程融入。该学习教育的全程融入,就是要结合人们的身心发展特点、成长成才规律和国家发展目标,将相关学习教育融入人们成长成才各阶段、融入国民教育体系各环节、融入国家发展各方面。强化"四史"与"四个自信"学习教育的全程融入,要把这一学习教育融入人们身心发展的各个阶段(从童年到老年),也要把学习教育融入从小学教育到高等教育的国民教育各个环节,还要把学习教育融入经济社会发展各行各业,形成各阶段、各环节、各方面相互衔接、相互促进的"四史"与"四个自信"学习教育体系。

最后,"四史"与"四个自信"的学习教育还要强化全面系统地学。"四史"是一个不可分割的连贯整体,在内容上虽难免存在知识交叉、时间重叠的现象,但并非是四时段历史的自然接续,而是大时间段与小时间段的包含交错。因此,在学习时,"既把40年的改革开放史置于新中国70年发展史的大背景中学习,也要把新中国70年的发展史置于中国共产党近百年的奋斗历程中学习,更要把近百年的中国共产党史置于500年的社会主义发展史中学习。通过点、线、面的联通汇合,打牢'四史'的基础知识,构筑结构严密的'四史'知识逻辑体系,进而弄清历史事件的来龙去脉、前后因果及其路径走向"[1]。要坚持以马克思主义理论为指导,结合马克思主义经典著作展开学习研究,在刻苦钻研中认清、学懂、弄透历史发展的主流和支流以及"四史"中蕴含的历史本质和规律,不可走马观花式地浅尝辄止,否则,只能是装模作样、敷衍塞责而已,发挥不出任何有价值的效用。

只有不断对人民群众加强"四史"与"四个自信"的教育,注重全员参与、全程融入与全面系统地学习,才能促使人民群众形成正确的历史观、国家观和世界观;才能凝心聚力,形成建设中国特色社会主义强国的最强动力;才能高效助力中华民族的伟大复兴。

---

[1] 张桂芳.青年党员学好"四史"的方法论遵循[N].文汇报,2020-08-04(12).

二、求真务实：运行机制的原则

所谓求实原则，就是要从既有事实出发，奉行实事求是原则，力行实践，为人民群众办实事。"四史"与"四个自信"学习教育必须把研判世情、国情、党情、社情作为根本立足点，围绕受教育对象的思想、理论实际具体展开，首先在新时代历史大视野下秉持实事求是的原则研习"四史"和"四个自信"，既梳理单个个体的史实和关系，也构建两者之间的逻辑与价值；其次根据受教育对象的多样性特征因材施教，以提高"四史"和"四个自信"教育的精准度；最后在二者的学习教育活动中，还应强调做实事，力戒空言、反对形式主义。

"四史"和"四个自信"学习教育要大力弘扬理论联系实际的马克思主义学风。习近平总书记指出："我们党的历史反复证明，什么时候理论联系实际坚持得好，党和人民事业就能够不断取得胜利；反之，党和人民事业就会受到损失，甚至出现严重曲折。"[1] 学习"四史"和"四个自信"，弘扬理论联系实际的马克思主义学风，坚持马克思主义的历史观和方法论，结合工作实际，知古鉴今、古为今用，这样我们才能在认识和处理现实问题时，发挥历史知识应有的积极作用。不言而喻，新时代加强"四史"和"四个自信"学习教育的根本目的就在于"一求真，二求用，三真、用结合"[2]，就是寻求在整体上理解历史、理解支配历史的原则及它可能隐含着的意义，使人们透过历史事件抽象出历史过程的统一性、整体性，历史的意义和目的，历史的方向和动力，不断深化对共产党执政规律、社会主义建设规律、人类社会发展规律的认识。坚持学以致用、知行合一，做到想问题、做决策更好地注重运用历史思维、历史眼光，树立辩证科学的大历史观。

"四史"与"四个自信"学习教育要坚持问题导向。要带着问题去学习历史进程中的重要事件和重大决议，要结合自身思想实际情况学习历史人物的优秀品质，及时发现自身在理论知识等方面存在的不足并主动纠正，在分

---

[1] 习近平在中央党校（国家行政学院）中青年干部培训班开班式上发表重要讲话强调　立志做党光荣传统和优良作风的忠实传人　在新时代新征程中奋勇争先建功立业[N].人民日报，2021-03-02（1）.

[2] 郑天挺.漫谈治史[M]//郑天挺.及时学人谈丛.北京：中华书局，2002：464.

析和解决问题的过程中不断提升思想觉悟。善于进行历史与现实的比较，在比较中评说历史、认清现实；尊重历史发展规律，注重观察历史大势，动态把握中国历史方位的变化，认清当代中国的历史坐标，既顺势而为，又保持定力。

坚持效果导向，务求实效、防止形式主义，把解决问题作为衡量学习教育成效的重要标志，做到学习教育与中心任务两促进、两不误，要把学习"四史"同总结经验、观照现实、推动工作结合起来，把学习成效转化为工作动力和成效，防止学习和工作"两张皮"。"四史"与"四个自信"学习教育要同解决实际问题结合起来，开展好"我为群众办实事"实践活动。"深入开展'大走访''大排查''大提升'，通过第一书记和工作队、《问政山东》、12345政务热线等渠道，摸准民生需求。开展'三问于民''群众评、群众议'活动。省级层面确定21个方面82项实事，16市梳理1900余项，总结推广一批'我为群众办实事'成效典型。"① 既要立足眼前、解决群众"急难愁盼"的具体问题，又要着眼长远、完善解决民生问题的体制机制，增强人民群众获得感、幸福感、安全感。

要坚决克服形式主义、官僚主义，注意为基层减负。要防止为完成任务应付了事，出现"人在心不在"等现象，防止照本宣科，防止为了博眼球信口开河。要防止肤浅化和碎片化，学"四史"讲"四史"不能停留在讲故事、听故事层面，而要通过讲故事引导广大党员、高校大学生加深对党、新中国、改革开放等问题的历史理解和把握，加深对党、中国特色社会主义的理论理解和认识。

三、定位明确，导向清晰：运行机制的要求

目标定位是"四史"与"四个自信"学习教育机制运行的新起点和落脚点，目标定位决定"四史"与"四个自信"学习教育的发展方向并决定了系统要素的结构性分布状况和动力指向。"整个思想政治教育过程即是在思想政治教育目标价值枢纽作用的观照下进行的，是以实现思想政治教育目标为导向来

---

① 山东省委党史学习教育领导小组办公室.以"五个聚焦"深入开展党史学习教育［N］.人民日报，2021-05-19（14）.

组织、协调和调整主体全部行动的过程。就是说,思想政治教育主体的全部活动都是服从和服务于思想政治教育目标的。"[1]实现目标定位的确实性,为目标机制的可行性提供了最雄厚的支撑,也使目标机制不再是一句空话。"四史"与"四个自信"学习教育目标设定必须以科学调查为前提依据,要充分考虑外部环境和内部资源的均衡性。如果目标设定不切实际就会在分工、执行、落实等方面出现冲突,也容易造成资源的浪费或者形成无谓的内耗。目标设计要保持总体统一性,使人为要素在"四史"与"四个自信"学习教育中实现方向性统一。目标的设定还必须坚持正确的政治方向,自觉以马克思主义理论为指导,弘扬民族传统和时代精神。只有不断完善目标机制,才能减少"四史"与"四个自信"学习教育活动的盲目性和懈怠性现状,才能有利于教育机构相关部门、人员、设施等资源的优化配置并实现思想政治教育的有序协调发展。

"四史"与"四个自信"教育定位明确,导向清晰。对于两者的学习教育,一开始就有明确而清晰的定位,即学习两者,要有助于正确认识党情、国情,有助于开创未来,还要能增添正能量,"对我们共产党人来说,中国革命历史是最好的营养剂。多重温我们党领导人民进行革命的伟大历史,心中就会增加很多正能量"[2]。因此,视"四史"与"四个自信"学习教育为"补钙壮骨"的好方法。对"四史"学习教育的意义,习近平总书记有深刻的阐述,即"在全党开展党史学习教育,是牢记初心使命、推进中华民族伟大复兴历史伟业的必然要求,是坚定信仰信念、在新时代坚持和发展中国特色社会主义的必然要求,是推进党的自我革命、永葆党的生机活力的必然要求"[3]。显然,"四史"学习教育的目标定位非常明确、直接而不含糊,其导向也非常清晰。即通过学习,增强听党话、跟党走的思想自觉和行动自觉,牢固树立中国特色社会主义的道路自信、理论自信、制度自信、文化自信;要通过"四史"教育有效提升政治认同、思想认同、情感认同,真正做到"学史明理、学史增

---

[1] 张澍军.论德育目标的价值蕴含[J].东北师大学报,2006(2):18.

[2] 习近平.中国革命历史是最好的营养剂[M]//习近平.论中国共产党历史.北京:中央文献出版社,2021:24.

[3] 习近平.在党史学习教育动员大会上的讲话[J].求是,2021(7):6-8.

信、学史崇德、学史力行",坚定对马克思主义的信仰、对中国特色社会主义的信念、对中华民族伟大复兴中国梦的信心,以昂扬姿态为全面建设社会主义现代化国家而努力奋斗。

习近平总书记指出,历史是最好的教科书,也是最好的清醒剂。"四史"学习教育要达到的目的是学历史、悟思想、办实事、开新局。从党的历史中汲取思想的力量、信仰的力量、道德的力量、实践的力量,从而统一全党的思想、意志、行动,凝聚全国各族人民磅礴的力量。"四史"的基本功能是以史鉴今、资政育人。目标内容具体明确。"四史"教育主要学习党的理论探索史、学习始终践行党的初心使命的历史、学习党的不懈奋斗史、学习党的自身建设史、学习党的政治锻造史。[①]作为一门必修课,"四史"与"四个自信"的学习必须有明确的目标指向,不能无的放矢。"要把'四史'学习教育与做好当前工作紧密结合起来。从历史中汲取精神力量、汲取经验智慧、汲取坚守人民立场的定力,努力克服疫情影响,坚定不移做好自己的事情,更好推动改革开放再出发,更好增进人民群众福祉。"[②]党员干部学习"四史"与"四个自信",了解历史事实、厘清历史脉络、把握历史规律、得出历史结论,重在实现"三个汲取"。

四、常态化、制度化的长效机制:运行机制的保障

育人及解决人的思想问题从来都是一项长期而艰巨的工作,绝非也不可能一蹴而就,切忌急功近利。长效性是一切育人模式运行的核心命题,"要深化党的创新理论学习教育,推动理想信念教育常态化制度化,加强党史、新中国史、改革开放史、社会主义发展史教育,加强爱国主义、集体主义、社会主义教育,引导人们坚定道路自信、理论自信、制度自信、文化自信,促进全体人民在思想上精神上紧紧团结在一起"[③]。为保证教育成效,绝不能搞成"运动式"的体验,必须把育人当成常态化的教育形式与手段,坚持规范化、

[①] 曲青山.党史学习教育的根本遵循[N].人民日报,2021-03-24(9).
[②] 张春美."四史"学习,要达到什么样的目标[EB/OL].东方网,2020-05-15.
[③] 习近平.在教育文化卫生体育领域专家代表座谈会上的讲话[N].人民日报,2020-09-23(2).

科学化、长期化。"四史"与"四个自信"学习教育更是涵盖历史、现实、未来的全新理论体系，不仅涉及的知识内容广泛，时间跨度长，理论价值重大，现实意义也是无与伦比，蕴含着丰富的治国理政经验和精神财富。因此，更应该时时学、长期学，建立制度化的长期学习模式。

第一，抓实日常学习教育。勤于学习、善于学习是我们党与生俱来的重要特质。各类教育机构应高度重视"四史"与"四个自信"学习教育，各级领导带头学习"四史"与"四个自信"，以实际行动带动全体人员读"四史"、学"四史"、悟"四史"，形成自上而下全员学习"四史"与"四个自信"的良好氛围。在教育培训机构，特别是高等学校要开设"四史"教育相关必修或选修课程，推进"四史"教育课程常态化，使"四史"进课程、进课堂、进学生头脑；要鼓励师生开展与"四史"相关的学术研究和学习活动，营造浓厚的"四史"学习、研究氛围；要为"四史"教育相关必修课程或选修课程的开设、相关学术研究和学习活动的开展提供经费支持和政策制度保障。

习近平总书记在各种场合对广大党员干部反复强调思想建党、理论强党的重要性，指出党员干部在学习实际中，"只有坚持思想建党、理论强党，不忘初心才能更加自觉"[①]。学史明志、学史明德，要在学习过程中坚持同频共振，不断提高思想认知，从历史学习中汲取宝贵经验智慧。同时要防止浮于表面，坚持集中学习和自主学习相结合，将"四史"与"四个自信"教育在日常学习工作中落深、落细和落实。

第二，重视发挥"关键少数"的示范作用。"四史"与"四个自信"学习教育要突出抓好领导干部这个"关键少数"，"关键少数"担负关键责任，因而要发挥关键作用。各级领导干部要进一步增强"四史"与"四个自信"学习教育的自觉性，充分发挥好领导干部作为"关键少数"的示范引领作用，切实为各级基层组织当好表率，推动"四史"与"四个自信"学习教育向基层延伸。"四史"与"四个自信"学习教育能不能取得更大实效，很大程度上就取决于"关键少数"在思想上有没有真重视，在行动上有没有发挥带头示范作用。"领导机关和领导干部要先学一步、学深一点，先改起来、改实

---

① 习近平. 在"不忘初心、牢记使命"主题教育总结大会上的讲话[J]. 求是, 2020(13): 11.

一点"①，带领广大普通党员干部跟着学、照着做，发挥以上率下的整体效应。"四史"与"四个自信"学习教育涵盖党内、政府机关各个领域、各个层级，关系到全体党员以及高校青年学生，面广量大、任务艰巨，更要注重通过"关键少数"的引领示范作用，创新工作理念和工作方法，抓实普通党员这一"绝大多数"，为推动中国特色社会主义事业的进一步发展增添新动力。

第三，压实主体责任，加强制度建设。在"四史"教育与"四个自信"中，必须落实好常态化制度化主体责任制，定期分析当前"四史"教育工作开展的情况与存在的问题，对于各种形式主义的行为要追究领导责任，做到守土有责、守土负责、守土尽责，从而形成层层负责、联动互动的工作格局，确保"四史"与"四个自信"教育常态化制度化落到实处。健全理论武装制度，要坚持和完善党委各层级学习制度、干部培训制度等。要推动党员、干部深入学习贯彻习近平新时代中国特色社会主义思想，做到思想行动始终与初心相契合、与使命相符合，夯实党长期执政的思想基础。要完善常态化、多样化的党员学习培训制度，不断增强学习的针对性和实效性，切实提升党员的宗旨意识、廉洁意识、纪律意识、法治意识等。建立健全学习监管、督促检查等各项制度，形成全面系统学习的长效机制。

只有坚持不懈地反复学习、扎实学习、勤奋学习，持之以恒，坚持不懈，把"四史"与"四个自信"学习教育作为基础性工程，融入日常学习和工作生活中去，做到常态化开展、制度化推进，同时注意从领导干部抓起，形成常态化、制度化的长效机制。

第六节 "四史"教育与"四个自信"的监管机制

"四史"教育与"四个自信"是新时代具有重要影响和价值的思想政治学习方式，为了保证二者的推行效果，必须重视针对它们的独特形式的监管评价机制。构建两者之间行之有效的监督评价机制，既是检查、深化、强化学

---

① 习近平. 在"不忘初心、牢记使命"主题教育工作会议上的讲话[J]. 求是, 2019(13): 13.

习效果的要求，也是进一步推进工作的天然需要。为了顺利完成预定的计划和目标，就必须对"四史"教育与"四个自信"相互影响、相互作用的整个生发、运作过程和结果实施监督和调控，以检查相关工作部门和人员是否能尽职尽责，是否按照规范进行工作。这样的监督和评估有利于获取工作运行信息，这些信息成为下一步调整、完善工作政策和规划的最重要依据。"监管机制伴随在整个思想政治教育工作运行过程之中，可以说监督、评估、调整之后还会出现再监测、再评估、再分析、再反馈等环节，也正是在一个个循环往复中思想政治教育工作不断得到发展。"①

一、构建全程融入、"从严从实"的监督机制

监督是权力正确运行的保证，是国家制度和治理体系有效运转的重要支撑。"四史"教育与"四个自信"的监督必须坚持全程融入，从严从实，着力解决学习教育过程中出现的不深入、表面化、形式主义等问题，让受教育者特别是党员干部和青年学子更好、更健康地成长，从而确保我们的各项事业快速、有效、健康发展。这种监管模式是由两者的独特本质特点决定的，思政育人的长效性特点注定对该过程的监督必须是全程融入、全程监督，任何短时段的监督都有可能导致随心所欲，都难以发挥最大的效能。

从严从实加强监督，必须端正思想，把"两个维护"融入血脉、注入灵魂，坚持以习近平新时代中国特色社会主义思想为指导，聚焦习近平总书记对"四史"教育和"四个自信"学习的重要指示要求和党中央决策部署，以严实监督推动真落实、快落实。必须把党的领导贯穿监督工作全过程，各级党组织要切实担负起监督主体责任，党委（党组）书记要以身作则、以上率下，班子成员要主动担责、勇于负责，以常态长效监督推动各项决策部署落到实处。重视"从严从实"督促指导。山东组建18个省委巡回指导组，召开巡回指导培训会，印发《工作手册》，制定《重点任务提示单》，统一目标、任务、要求；因地制宜，精准指导，及时纠正苗头性、倾向性问题，确保规

---

① 胡新峰.大学生思想政治教育机制研究［D］.长春：东北师范大学，2014：108.

定动作做到位、自选动作有实效。①

必须注重创新方式方法，完善监督模式。通过设立监督意见箱、电子信箱、监督电话、公开接受监督地址等多种形式，丰富监督方式，扩大监督力度。通过述职答辩、专题民主生活会等形式，大家在一起交流思想、听取意见、自查自纠，真正拿起批评和自我批评的武器，既批评别人，也接受别人的批评监督。另外，还要完善事前、事中、事后的监督。目前主要是事后监督，事前和事中监督乏力，容易造成不良后果。要以预防、引导、检查、督促为主，把事前、事中和事后监督三者有机结合起来，保持整个监督过程首尾的有机联系，从整体上提高监督效果，保证学习教育的质量和效果。拿出"真抓的实劲、敢抓的狠劲、善抓的巧劲、常抓的韧劲"②，学以致用、用以促学、学用相长，自觉用理论学习中的立场观点方法武装头脑、指导实践、推动工作，真正把政治理论内化于心、外化于行，努力在学懂弄通上做实走在前、做表率，把业务发展抓好，争做新时期的实干家，扎实有序推进各项工作落实到位。

要力戒形式主义、官僚主义，聚实干之力，避免监督流于形式。形式主义、官僚主义是实干的大敌，是阻碍实干的最大羁绊。形式主义是以形式的、作秀的、花拳绣腿的表面文章代替实干，必然会分散干事的时间和精力，消耗实干的果敢与锐气；官僚主义是用官僚习气、衙门作风对待工作，必然脱离实际、脱离群众，污染干事的环境，消蚀干事的力量。力戒形式主义，各级领导干部应主动从繁文缛节中解放出来，从应酬中解放出来，从文山会海中解放出来。③如此，才能提升"四史"与"四个自信"学习教育的效果。

二、完善激励机制

在"四史"与"四个自信"学习教育中，必须完善激励机制。所谓激励，

---

① 山东省委党史学习教育领导小组办公室.以"五个聚焦"深入开展党史学习教育[N].人民日报，2021-05-19（14）.
② 中共中央政治局召开民主生活会　习近平主持并发表重要讲话[N].人民日报，2017-12-27（1）.
③ 李宗文.领导干部要大力弘扬实干精神[J].新湘评论，2013（5）：27.

是指"组织中使组织成员产生和增强为实现组织目标的工作动力的管理活动的总称"[①]，激励机制作为思想政治学习教育的重要机制对正确协调人际关系、保持正确方向、推动教育事业发展具有重要意义。因此，应不断丰富激励手段、增加激励强度以建构和完善合理的激励机制来调动思想政治教育工作者的积极性、主动性和创造性，从而提高"四史"与"四个自信"学习教育的质量，促进教育目的的达成。具体而言，激励机制的构建与完善应从以下三方面入手。

第一，完善目标激励模式。把"四史"与"四个自信"教育工作需要同党、国家、社会发展和个人进步需要结合起来，树立正确的激励方向和目标。绝大多数党员干部和青年学子渴望成长、追求进步、有较强的成就需要。有了理想和目标，才有动力、才有奔头，在追求理想目标的过程中才有乐趣和积极性。因此，应引导大多数党员干部和青年学子根据自身需要和国家社会需要，设置行为奋斗目标和远大理想；对学习认真、学习效果好的学员给予表彰奖励，评选出一批带头示范作用明显的优秀学员。对受到表彰的优秀学员可以在个人年度考核上给予相应的加分，纳入年度党员民主评议以及评优评先的范围，甚至与个人年度奖励绩效考核挂钩。

教育者要注意引导受教育者努力提高个人修养，坚定"四个自信"，把自己成才与国家、社会需要结合起来设定成长目标。确立的目标要尊重客观实际，不能太高，也不能太低，这样才能对受教育者有吸引力。除设置长远目标之外，还要有近期的甚至当下就可实现的目标。因此，激励目标的设置应有高低、远近、个体的与集体的区别。显然，"四史"与"四个自信"教育激励目标的设置与完善，既应强调长远的、宏大的目标，也应注意把解决当下人民群众最亟须解决的问题作为重要的激励目标，这样，保持目标设置能发挥最佳的激励效果。

第二，强化典型激励模式。典型激励就是选用突出的、典型的人或事对受教育者进行激励的模式。在选择典型榜样时，除主要用先进典型激励受教育者之外，还要选择落后典型进行反面教育，让他们引以为戒。在选用先进

---

① 侯光明.管理激励与约束［M］.北京：北京理工大学出版社，1999：76.

典型发挥激励作用时，除选择历史上老一辈革命家、著名科学家、爱国人士的事迹外，还应选择身边的、正在发生的普通人的先进事迹，普通人在普通岗位上做出的不平凡成绩同样具有很大的鼓舞与激励作用，甚至能发挥出更好的教育效果。这样的典型人物不胜枚举，既有爱国将士、革命英烈、战斗英雄、劳动模范，也有科学精英、发明大王、艺术大师、企业大腕、技术能手、体育明星，还有刻苦学习、忘我工作、无私奉献、勤俭节约、助人为乐、见义勇为、救死扶伤等方方面面的先进典型。教育者还要善于在受教育者中间寻找、发现、培养、树立各种先进典型，如此既是对先进典型的激励，也可激励全体受教育者，使他们向身边标杆式的典型看齐，学习有榜样，努力有方向，奋斗有目标。①

在构建完善"四史"与"四个自信"学习教育激励机制中，还应努力通过丰富多彩、形式各异的竞赛评比活动，增强受教育者的竞争意识、团结意识，激发他们的学习积极性和工作创造性。"四史"与"四个自信"教育机构应积极开展广泛的学术交流研讨、专业技能技巧比赛、"四史"知识竞赛、文体活动竞赛、人文科学知识竞赛等活动。当然，这种竞赛活动要融政治性和知识性，专业性和娱乐性为一体，既为受教育者提供施展个人才华和满足个人求知欲望的机会，也调动了参加者的动力和兴趣，还创造了平等竞赛、团结协助、共同进步的机会，取得了良好的社会效果，发挥了教育的作用，完成了学习教育的最终目的。

恰当的奖励能进一步调动人的积极性，因此，对于先进典型，要大张旗鼓地奖励，应善于把物质奖励与精神奖励结合起来。物质奖励是必要的，但精神奖励更能使人的主动性和积极性持续下去，激发人的自尊心、责任感和成就感。在完善激励机制时，应把奖励与惩罚结合起来，两手抓，两手都要硬。恰当的惩罚，适当的威慑，不仅有助于消除不良行为，还能化消极因素为积极因素。奖惩都要讲究时效性。好人好事要及时表扬，坏人坏事、歪风邪气要及时纠正压制，过期的奖与惩，都会失去其应有的激励和鞭策作用。奖惩要有"度"，过轻过重都发挥不出激励作用，还会产生危害性，造成新矛

---

① 李祖超.教育激励理论探讨［J］.教育评论，2001（5）：9.

盾，导致新问题。

第三，坚持信任激励模式。信任激励就是激励主体用自己的信任、鼓励、尊重、支持、关怀的情感对受教育者进行激励的模式。在"四史"与"四个自信"学习教育中，对受教育者要坚持信任激励模式。首先，工作信任——教育者把工作委托给受教育者负责，以锻炼培养他们的工作能力，提高他们的综合素养。这也是对受教育者自身能力的认可，有助于增加受教育者的自信心。其次，人格信任——体现教育者与受教育者的平等。全国人民都要接受"四史"与"四个自信"教育，大家都是学习者，都是受教育者，不存在高低上下之分。这能使所有的受教育者增强责任感、使命感、正义感和主人翁意识，充分发挥每个人的主体性，也使每一位受教育者都能严格要求自己，努力把工作和学习搞好。最后，成就信任——相信受教育者能够积极上进，不断追求，取得成就。对受教育者取得的成绩，各级党政部门、教育者都要细心观察，及时鼓励，充分肯定，不能视而不见，不能无动于衷，如此，会挫伤受教育者的积极性，使他们失去成就感。①

学习教育激励模式灵活多样，实际运用中也并非单独使用某一种模式，更多时候是交互使用的，彼此支持。"四史"与"四个自信"教育主管部门及主导机构要树立激励思想，遵循激励原则，不断探讨和改进激励机制在实际工作中的运用方法，这样才能增强思想教育工作的生机和活力，发挥学习教育的目的。

三、优化全面科学的考核评估机制

评估机制是指对"四史"和"四个自信"教育的质量进行科学的调查和判断，以便管理者、教育者及时总结工作经验，诊断问题，改进思想政治教育工作的方式方法，进而实现理想的教育目标。评估机制能够为思想政治教育工作顺利开展提供决策依据，对于强化竞争意识，提高教育者的积极性和工作的实效性具有激励和督促作用。但长期以来，教育者对评估考评机制的认识还存在着将它划为形式主义、功利主义等误区，常把考评获得物质奖励

---

① 李祖超.教育激励理论探讨[J].教育评论，2001（5）：10.

视为学习教育的最终目的，这明显不利于思想政治教育工作的长远发展和教育者职业道德素质的根本性提升，无法真正实现思想政治教育目标，自然也无法使评估考评机制成为真正高效化的手段。

在评估方式和手段上，要坚持多层次、多角度、多主体、多渠道和灵活性原则。一个有效的评估体系来自对思想政治教育目标的层层分解和对工作过程的分析，因此在评估方法和类型上呈现出多样性。实践育人工作具有一定的持续性和渐进性，初心使命、理想信念和政治素质以及某些党建工作成效等具有主观性和难以量化的特点，在一定程度上也给考核评价、成果交流甚至示范引领工作带来相应的难度。那么，应构建何种考核评价机制呢？实际上，"某种政治机制是否具有合理性，并不是由该机制所产生的历史因素决定的，而主要取决于它所发挥的功能和效应及其适应社会进步和发展需要的程度。"因此，构建的评估机制是否合理取决于"能否维持社会主义政治系统的稳定""能否最大程度地实现社会政治公平""能否实现社会主义政治资源的最佳配置"。①

在"四史"与"四个自信"学习教育中，应积极探索和创新考核评价机制，使弹性的、模糊的、非确定性和难以量化的工作要求和工作规范趋向精确化和可量化，实现科学地、公正地评价与考量，不仅要实现考评主体的多元化，还要强化考核评估、监督检查和动态追踪，实现考评内容的多元化，以实现对思想政治教育活动的整体性评估。

一是落实过程性评价。借助大数据等技术，以学习教育参与频度、参与次数、参与质量和理论掌握程度等评价指标为基本参数，并逐步扩大指标范围，以理论学习成效考核为实际案例，逐步健全完善智能化统计和识别的过程性评价系统。这一过程把原来意义上的一次评估变成多次评估和过程性评估，不致再因一次年终评估就彻底肯定或否定思想政治教育评估对象的工作，如此评估更科学，更能及时发现学习教育过程中出现的问题，也更能体现出评估的意义与价值。过程性跟踪评估不仅更加重视日常化，力求把评估过程同日常思想政治教育工作指导、检查等活动结合起来；还注重评估目标设置

---

① 文晓明，王立新.社会主义民主政治运行机制研究[M].北京：人民出版社，2004：47-48.

的灵活与细化，把整体目标和部分目标结合起来。可以把整体目标划分为重要目标和一般性目标，也可划分为短期、中期和长期目标。这种灵活细化的层次性目标划分有利于提升过程评估的针对性与有效性，也能使"四史"与"四个自信"教育工作做到有序并能起到目标督促或激励作用。

对受教育者的思想政治教育过程性评估可以通过课堂小测验、日常行为表现、同学和老师的反馈进行。对"四史"与"四个自信"课程任课教师的评估可以通过检查教学笔记、教案、学生反馈、课堂纪律检查、听课等活动进行。对班主任、辅导员等的过程性评估可以通过检查其日常工作内容、受教育者或家长的反馈信息进行。管理层的过程性评估除查看日常工作事务以外，还应集中考察近期内工作中出现的问题和整改效果等。过程性评估既可以减少年度考察的应付心态和弄虚作假行为，又有利于领导层随时掌握基层思想政治教育工作的具体运行情况。应该说，过程性评估符合当下思想政治教育发展的规律，能够使评估结果更加真实客观，也能使整个思想政治教育运行机制更能体现实效性。

二是强化多元化评价。在"四史"与"四个自信"教育过程中，对受教育者思想政治教育考评对象实施全面考核、综合评定的评估方略，特别是，改变过去那种过于重视实体性指标的思想政治教育量化评价方式，实行"质化评价"与"量化评价"相结合的弹性评估方式。不仅要进行横向比较（团体或个人），还要考虑纵向比较以体现变化发展状况乃至整体趋势。应用区块链等先进技术，挖掘、整合和分析领导、同事、本人等多元主体对初心使命、理想信念、政治素质和工作成效的交互评价信息，既可以绘制立体评估"画像"，也能构建信息溯源、公开机制，降低信息交易传递成本。[1]

三是注重个性化评价。在"四史"与"四个自信"学习教育评价方式上，应体现不同教育组织机构、不同受教育者的个体差异，在评价结果上要体现不同主体的自我发展和在群体中的相应位置。在这一评价体系中，要加大信息技术的使用力度，将个性化评估和标准化评估相结合、过程性评价和结果性评价相结合、量化评估和质化评估相结合，逐步实现科学评价与考量。

---

[1] 陈川. 全方位提升质量治理水平［N］. 光明日报，2019-12-24（6）.

评估机制是对人的道德观念、业务素质、领导管理水平等内涵的全方位评价的机制，具有很大的不确定性和多元性特点。另外，"从本质上讲，它是一种价值判断过程，必须对思想政治教育的社会效果做出价值判断"[①]，但社会效果又与价值观提升和思想品德改善等主观因素有很大的相关度，因此如何把主观因素转化为可操作的客观指标成为一个难题。所以，构建并优化全面科学的考核评估机制非常重要，更十分必要。建构完善的评估考核机制既有赖于考核方式、评价体系的设计科学化，又有赖于考核管理队伍自律意识的增强和业务水平的提升，以更加公正、公平、透明的结果来增强考核评估的说服力。总之，考核评估机制的顺利实施重点在于评估完善制度建设，关键在于认真落实，进而使考核评估机制真正对受教育者发生效力。

四、搭建反馈机制

评估离不开反馈，评估的前提需要反馈信息，评估之后也需要在指导上做出反馈。以"四史"和"四个自信"学习为代表的思想政治教育是一个多层次的结构复杂的系统工程，而受教育对象是一个多要素综合作用的复杂系统。为了使思想政治教育的决策和管理能对瞬息万变的外部环境和内部结构做出有效调整，保证该系统的协调运转与正确贯彻，提高思想政治教育的针对性、实效性，就必须重视搭建思想政治教育的反馈机制。教育者可以根据反馈得来的信息，或排除干扰，或调节各系统之间的关系，或修正系统出现的偏差，并把这些反馈信息经过加工处理后再反馈出去，从而使思想政治教育工作系统做出合乎目标的、稳定的、有效的、科学的决策。

大致来看，完善"四史"和"四个自信"学习教育反馈机制应从以下四方面入手：

一是加强宣传工作反馈机制建设。此类反馈主要针对以高等院校为代表的教育机构周边环境、宣传教育情况等内容进行，反馈的内容涉及教育机构周边影响受教育者思想政治教育的不利环境因素、宣传动员、工作效果及改进建议等。

---

① 吴潜涛，刘建军.新时期思想政治教育史论[M].合肥：安徽人民出版社，2004：204.

二是对受教育者的整体状况进行及时反馈。必须将受教育者的学习、思想、经济、生活、家庭、人际关系、身心健康等状况都纳入反馈机制之中。教育机构的管理人员、任课教师等要主动配合相关工作部门对受教育者的整体状况及相关信息进行收集、整理、上报,目的是检查受教育者状态预警系统的正确性、监督系统的有效性。其中受教育者的学习情况是重点关注对象,一方面要将成绩反馈给受教育者,使其明确自己的学习状态,从而为受教育者提供改进措施和具体手段方法等;另一方面是对受教育者的学习状况进行预警和监督机制的反馈,从而对工作方法得当性、沟通畅通性和效果大小进行反馈评估。最终取得指导和改进工作内容和方式的效果。

三是网络思想政治工作反馈。此反馈包括如下两个方面:其一是针对作为工具本身的网络状况的反馈,主要内容是对网络本身是否适应受教育思想政治教育工作的客观发展需求,网络思想政治教育平台运行、维护的情况等的反馈,这一工作主要由网络信息部门负责。其二是强调具备社会影响力的网络反馈,教育管理部门应加强反馈网络内容、观点对受教育者的影响以及对思想政治教育工作方式方法的影响,以及网络思想政治教育工作的优劣势等。

四是强化系统内部反馈。此反馈主要是对思想政治教育内部运行系统、预警监控系统的良好与否进行的信息收集、整理和反馈过程。当教育人员工作不到位或者思想政治教育系统内部某些职能不能正常发挥其应有作用或某些制度显示出不合理情况时,反馈系统就会及时发出预警,督促相关责任人从制度、方法、组织结构关系等方面找出问题根源,并及时调整修订原有规划,以便及时弥补工作中的失误和不足,使各项工作规范、有序、有效。

第四章

新时代大学生"四史"教育的价值意蕴与实践路径

党的十八大以来,以习近平同志为核心的党中央高度重视高校思想政治教育在中国特色社会主义建设全局中的地位和作用,提出了一系列新理念、新思想、新观点,系统回答了关于思想政治工作的方向性、根本性、全局性、战略性的问题,为做好新时代的高校思想政治工作提供了行动指南,也为新时代高校思想政治教育的内容和方法提供了根本遵循。在新时代新形势下,"四史"教育同样是以马克思主义理论为指导,基于辩证唯物主义和历史唯物主义的立场、观点和方法,结合当前中国发展实际,融汇于习近平新时代中国特色社会主义思想的各个方面。高校作为培养新时代中国特色社会主义事业合格建设者和可靠接班人的主阵地,坚持"四史"学习教育与立德树人紧密结合,推进"四史"学习教育与思想政治工作深度融合,引领广大青年学生学好"四史"这门必修课,从"四史"中筑牢信仰根基、锤炼意志品质、汲取奋进力量,必将成为加强和改进新形势下高校思想政治工作的重要内容。

第一节 新时代大学生"四史"教育的时代价值

在新时代,"四史"教育工作要紧跟时代步伐,与时俱进,明确自身的历史使命,充分认识当代思想政治教育的新矛盾,掌握好思想政治教育的舵,从当代思想政治教育的新方向,以当代思想政治的新使命去培养新人才。在经济全球化的过程中,各种文化交织在一起,我们不否认先进文明成果对我国新时代"四史"教育有利的方面,但同时也看到了随之而来的巨大挑战,面对这样的国际大环境,我们要兼收并蓄、取长补短。除此之外,我们还要通过全方位、多层面来搭建新时代"四史"教育共同体。因此,我们要切实贯彻落实党的十九大精神，以习近平新时代中国特色社会主义思想为指导，科学理解中国特色社会主义的精神，坚持维护党对一切工作的指导，明确"培养什么人""为谁培养人""怎么培养人"，大力培养担当民族复兴大任的时代新人，着力推动"四史"教育走深走实。

一、"四史"教育聚焦新矛盾

（一）突出中心：坚决维护党对一切工作的领导

加强党对高校的领导，是办好中国特色社会主义大学的根本保证。在新时代，我们必须清醒地认识到，一定要坚持党的领导，坚决拥护党中央对一切工作的领导，其中就包括党对"四史"教育工作的领导。党的十九大把"坚持党对一切工作的领导"①作为新时代坚持和发展中国特色社会主义基本方略的第一条，并将其写入党章。深刻领会和贯彻落实这一基本方略，对于促进新时代"四史"教育具有重要意义。

党兴则国强，党衰则国弱。坚持党对一切工作的领导，是由近代以来中国发展的历史逻辑、政治逻辑和实践逻辑所决定的。党的十八大以来，以习近平同志为核心的党中央举旗定向、运筹帷幄，以巨大的政治勇气和强烈的责任担当，推动党和国家事业发展取得了全方位、开创性的历史性成就，带领中国人民在马克思主义和中国特色社会主义指导下开启了中国特色社会主义新时代，迎来了中国从站起来、富起来到强起来的伟大飞跃。正是有了中国共产党的坚强领导，中国人民才从根本上改变了自己的命运，中国发展才取得了举世瞩目的伟大成就，中华民族才能以崭新姿态屹立于世界的东方。由此可见，党的领导是我国飞速发展的关键所在，也是新时代继续推进党和国家各项事业更上一层楼的根本保证。坚持党领导一切，必然包括坚持党对新时代"四史"教育工作的指导。正如习近平总书记强调指出，要坚持党的教育方针，坚持社会主义办学方向，坚持立德树人、强化思想引领，扎根中国大地办大学，加强和改进思想政治工作，全面推进党的建设各项工作，切

---

① 习近平.决胜全面建成小康社会 夺取新时代中国特色社会主义伟大胜利——在中国共产党第十九次全国代表大会上的报告［M］.北京：人民出版社，2017：11.

实把党要管党、从严治党落到实处。

"党是领导一切的"[①]，是我们党的优良传统和成功经验。毛泽东曾说："工、农、商、学、兵、政、党这七个方面，党是领导一切的。党要领导工业、农业、商业、文化教育、军队和政府。"[②] 邓小平也明确指出"党是领导一切的核心"[③]。所以，坚决维护党对一切工作的领导，将有利于新时代"四史"教育在时代的大浪潮中维护社会稳定。同样，"党是最高的政治领导力量"[④]，是党的十九大报告对党的核心领导地位的政治界定，它明确了中国共产党是领导国家政权、领导人民发展社会主义事业的最高政治领导力量，其他任何政治力量都必须接受中国共产党的领导。这从根本上回答了国家政权归谁领导、国家政权由谁掌握这一治国理政的根本问题。

党十九大报告中，习近平总书记对新时代社会矛盾提出了新的认识，这也就要求我们必须加强新时代"四史"教育意识。他提出了两个"认识"：第一个是必须认识到"我国社会主要矛盾的变化是关系全局的历史性变化，对党和国家工作提出了许多新要求。我们要在继续推动发展的基础上，着力解决好发展不平衡不充分问题，大力提升发展质量和效益，更好满足人们在经济、政治、文化、社会、生态等方面日益增长的需要，更好推动人的全面发展、社会全面进步"[⑤]，第二个是必须认识到"我国社会主要矛盾的变化，没有改变我们对社会主义所处历史阶段的判断，我国仍处于并将长期处于社会主义初级阶段的基本国情没有变，我国是世界上最大发展中国家的国际地位没有变"[⑥]。这就要求我们从思想政治角度去充分理解这两个"认识"，了解社会矛盾并在党的领导下解决矛盾。面对新时代的诸多问题，要做到服从党对一切工作的领导，就必须做到在"四史"教育上从党的角度出发。这就要始终

[①] 习近平.决胜全面建成小康社会　夺取新时代中国特色社会主义伟大胜利——在中国共产党第十九次全国代表大会上的报告［M］.北京：人民出版社，2017：20.
[②] 毛泽东.毛泽东文集：第8卷［M］.北京：人民出版社，1999：305.
[③] 邓小平.邓小平文选：第1卷［M］.北京：人民出版社，1994：6.
[④] 习近平.决胜全面建成小康社会　夺取新时代中国特色社会主义伟大胜利——在中国共产党第十九次全国代表大会上的报告［M］.北京：人民出版社，2017：20.
[⑤] 中国共产党第十九次全国代表大会文件汇编［M］.北京：人民出版社，2017：10.
[⑥] 中国共产党第十九次全国代表大会文件汇编［M］.北京：人民出版社，2017：10.

坚持马克思主义思想意识，而习近平新时代中国特色社会主义思想作为马克思主义中国化最新成果，不仅集中体现了党中央治国理政的目标任务、理念方略、政策主张、思路举措，还为实现民族复兴提供了行动指南，为解决各种问题提供了理论遵循。所以，在新时代"四史"教育上，要始终从党的角度和认识出发，在增强学理分析、拓宽研究视野、丰富研究方法、加强理论建构等方面进行深化，这样才能不偏离党是领导一切的社会发展的主线。

（二）夯实基础：加强社会主义思想文化建设

文化是民族的血脉，是人民的精神家园。从某种程度上讲，"四史"教育具有文化生成本质，蕴含有价值导向的社会发展进化过程。新时代"四史"教育需要文化支撑，也需要加强思想文化建设。作为党和国家事业重要组成部分的中国特色社会主义文化，站在了一个新的历史起点上，进入了一个新的发展阶段，也就是说，进入了建设中国特色社会主义文化的一个新时代。因此，加强社会主义思想文化建设是新时代"四史"教育不可或缺的一部分。思想文化建设需要始终坚持马克思主义的指导地位，在此基础上传承发展中华优秀传统文化、弘扬革命文化、吸收借鉴一切先进优秀成果。马克思主义是党和国家的指导思想，同样也是我国思想政治教育在文化建设中的指导思想。习近平总书记曾告诫全党："马克思主义就是我们共产党人的'真经'，'真经'没念好，总想着'西天取经'，就要贻误大事！"[①]诚然，马克思主义对人类认识世界、改造世界、推动社会进步具有不可替代的指导作用，也为哲学、社会、科学各个领域提供了基本的世界观和方法论。坚持马克思主义指导，是社会主义思想文化建设的深厚底蕴和灵魂，用科学理论引领思想文化建设，才能凝聚起更广大人民群众的意志和力量，助力新时代"四史"教育平稳推进。习近平总书记在纪念马克思诞辰200周年大会上指出，学习马克思，就要学习和实践马克思主义关于文化建设的思想。同样，高举马克思主义思想大旗，是我们发展先进的社会主义文化，开展新时代"四史"教育不容置疑的文化立场。实现社会主义先进文化建设，促进社会主义先进文化的凝聚和融合，推动现代社会的和谐与进步，都需要坚定不移地贯彻落实马克

---

① 习近平关于全面从严治党论述摘编［M］.北京：中央文献出版社，2016：66.

思主义精神，真正把马克思主义这个看家本领学精、悟透、用好，坚持为我所用、学以致用，主动用以改造客观世界和主观世界，做到虔诚而执着、至信而深厚。因此，加强社会主义思想文化建设是新时期"四史"教育的坚实基础。

社会主义思想文化建设在新时代应该是多元的，所以，除了应坚持马克思主义思想，把其发展为中国特色社会主义文化之外，还要对我国传统文化推陈出新，取其精华，去其糟粕。在世界古代文明中，中华文明是唯一没有中断而且延续至今的文明。老子、孔子、墨子等思想家提出的很多理论，如孝悌忠信、礼义廉耻、仁者爱人、与人为善、天人合一、道法自然、自强不息等，至今仍然深深影响着中国人的生活。我国传统文化对中国特色社会主义文化建设具有非常重要的作用，可以说是我国文化的"根"和"魂"。这些都是新时代思想政治教育形成和发展的重要文化涵养和精神支撑。在每一个历史时期，中华民族都留下了无数不朽作品。在五千多年文明发展中孕育的中华优秀传统文化，在党和人民伟大斗争中孕育的革命文化和社会主义先进文化，都是中华民族伟大智慧的结晶，代表了中华民族独有的文化精神特质。在这样一片文化底蕴丰富的沃土上，社会主义文化建设将会有非常辉煌的明天。同时，只有大力弘扬中国特色社会主义文化，坚定文化自信，才能增强对中华文化的认同，增强对中国特色社会主义道路的认同，这对于新时代"四史"教育具有非常重要的意义。当然，我们应该致力于发展传统文化中的优秀文化，而不是把所有传统文化都当作落后的文化，对所有的封建文化都加以取缔和批判。在这个过程中，我们要不断地"出新"，在传统文化的基础上，继续发扬传统优秀文化的魅力，与新时代文化建设接轨，不断推陈出新，融入新时代中国特色社会主义文化建设，充分滋养新时代"四史"教育。

改革开放40多年来，我国的文化发展更加多元化，如何最大限度凝聚社会共识，成为重要议题。党的十八大以来，党和国家培育和践行社会主义核心价值观，社会主义核心价值观把涉及国家、社会、公民的价值要求融为一体，继承了中华优秀传统文化，体现了社会主义本质要求和时代精神。社会主义核心价值观是一个民族赖以维系的精神纽带，是一个国家共同的思想道德基础。在党的十九大报告中，习近平总书记强调："发挥社会主义核心价值观对国民教育、精神文明创建、精神文化产品创作生产传播的引领作用，把社会主义核心价值观融入社会发展各方面，转化为人们的情感认同和行为习惯。"①鉴于此，新时代"四史"教育也要以社会主义核心价值观为引领，将核心价值观教育融入社会思想文化建设各方面，尤其是学生教育、管理、服务各环节以及学习、生活、实践各方面。当然，思想文化建设还应该面向现代化、面向世界、面向未来，扩大主流价值观念的影响力，提高国家文化软实力。随着中国对外开放程度日益深入，外来文化对中国特色社会主义文化也形成了巨大的冲击。中华民族自古就有积极进取、海纳百川的文化气度。新时代"四史"教育，也需要吸收借鉴国外一切优秀文化成果，引进有利于我国文化发展的人才、技术、经营管理经验，努力建设面向现代化、面向世界、面向未来的，民族的科学的大众的社会主义文化，使我国的社会主义文化有序健康发展，为新时代"四史"教育提供更多的保障。总而言之，新时代的社会主义思想文化是新时代"四史"教育的文化基础，必须在党的领导下，坚持马克思主义，坚定不移、与时俱进地推进社会主义先进文化建设，同时应汲取中华优秀传统文化精华，借鉴国外一切优秀文化成果，以人的全面发展和社会发展为目标，为社会主义现代化建设培养更多时代新人。

（三）激发动力：拓宽"四史"教育"需求侧"

党的十九大报告明确规定："中国特色社会主义进入新时代，我国社会主要矛盾已转化为人民日益增长的美好生活和不平衡不充分的发展之间的矛盾。"②所以，人们对美好事物的需求就需要不断得到扩大。人们的物质生活水平不断得到提高的同时，思想政治教育水平也能和社会发展水平相适应。与以往较长时期内"人民日益增长的物质文化需要同落后的社会生产之间的矛盾"的表述相比，党的十九大报告用"美好生活"取代"物质文化"，这不仅表现出人民需求数量和质量的不断上升、层次的不断提高，还表现出需求范围不断拓宽，结构也不断多样化。更为重要的是，需求属性在已经发生的

---

① 党的十九大报告辅导读本[M].北京：人民出版社，2017：326.

② 习近平.决胜全面建成小康社会　夺取新时代中国特色社会主义伟大胜利——在中国共产党第十九次全国代表大会上的报告[M].北京：人民出版社，2017：11.

基础上不断持续地深刻变化，即不仅仅是关注个人的需求，还应进一步发展为关注公共需求。在认识和价值观方面主要体现出思想政治教育方面的需求，这些都是推进公共服务型政府建设和深化以职能为导向的党和国家机构改革的重要原因。"人们日益增长的美好生活需求"是一种优质需求，可以带来健康的增长。习近平总书记经常强调，要树立为人民做学问的理想，尊重人民主体地位，聚焦人们实践创造，自觉把个人学术追求同国家和民族发展紧紧联系在一起。在新时代，人们物质生活水平不断提高，"四史"教育也要与当前的社会物质生活水平相适应，而且人民从关注个人的需求转到关注公共需求。

其一，注重"公平与效率并重"。伴随着改革开放的进程，公平越来越引起人们的关注。党的十九大报告重新确定了我国社会的主要矛盾，社会矛盾的转换，意味着价值取向和工作重心的转移。在过去的几十年里，我们的社会矛盾主要是"人们日益增长的物质文化需要同落后的社会生产之间的矛盾"，强调效率优先，同时兼顾公平，把经济建设作为社会发展的中心。现在，经济这块蛋糕不断做大之后，如何更好地分配便成为一个主要问题。毛泽东认为，生产力和生产关系的对抗消失了，在人民利益根本一致的基础上，还存在以"思想问题、是非的辨别问题"为基本表现形式的人民内部矛盾，解决人民内部矛盾"只能用民主的方法去解决"[1]。面对着新时代"人民日益增长的美好生活需要和不平衡不充分的发展之间的矛盾"，人民更加注重"公平与效率并重"，工作重心逐渐转移到实现平衡、充分发展上。新时代"四史"教育，注重公平与效率并重的问题有助于减少思想问题的发生，有助于拓展解决问题的思路，是思想政治教育同经济业务工作相结合的重要切入点。

其二，多元化需求更为明显。新时代的社会需求具有"动态性""提升性"和"延展性"等特征。具体表现为三个方面：一是结构更加趋于复杂化。多元化需求在新时代社会中更多地被需要，需求结构要素更为丰富，这种多元化需求，不仅仅是对生活质量有了更高的追求，而且对情感的归属也有了更高的要求，还有对自身价值实现的需求。有生存的需求，也有健康、娱乐休

---

[1] 毛泽东.毛泽东文集：第7卷[M].北京：人民出版社，1999：29.

闲的需求，还有公共服务需求，等等。二是水平不断提高。人民对美好生活的向往，会随着时代进步而不断变化、不断提高，这也是社会发展的一个动态过程。三是范围不断扩大。过去的"物质文化生活"需求，逐渐扩大为包括民主、法治、公平、正义、安全、环境等全方位的诉求。譬如，大数据时代，人民群众理论需求呈现出生产角度多、表达维度广、转换速度快、满足精度高、主流辨度难、分化程度大等复杂多变的特征。①这在本质上其实是思想政治教育需求多元化的具体表现，这意味着对需求的满足提出了更高、更多维、难度更大的要求。

其三，需求方向更为精确。从供给侧看需求侧，"不平衡"和"不充分"分别对应供给的结构性问题和水平不够高的问题，二者本质上都属于供求不契合、不对应的问题。从原来的供不应求到现在的供求不匹配，尤其是物质匮乏而导致的单一矛盾，被经济社会文化环境不同步发展而导致的多元矛盾所取代。社会需求总体上得不到充分满足很可能会产生发展动力不足的问题，这必然会阻挡社会发展的脚步。显然，新时代"四史"教育离不开社会的需求，社会需求得不到满足就会形成社会矛盾。而且，社会主要矛盾的变化，是关系我国全局的历史性变化，它要求新时代"四史"教育更加注重发展要与人民美好生活需要相适应。鉴于此，新时代"四史"教育必须坚持以人民为中心的发展理念，发展依靠群众，发展就是为了满足人民日益增长的美好生活需要，进而不断促进人的全面发展。此外，"四史"教育并非无依附地孤立存在，尤其是思想政治理论课，其需要与大学生的生活境遇、生活实践、生活期待建立关联，即与大学生美好生活之间具有内在契合性与互通性。②

其四，大学生成为需求主力。在如今快速发展的社会中，大学生是新时代社会发展的主力军。大学生在思想政治教育方面的需求越来越大，成为思想政治教育"需求侧"的主要力量。开展"四史"教育，可以加强他们的爱国责任、家国情怀和担当精神，提高承担社会责任的能力，有利于为社会培

---

① 储著源.大数据时代人民群众理论需求：特征、类型与对策[J].马克思主义研究，2017（12）：106.
② 王润稼.美好生活的显扬：提升思想政治理论课获得感的可行向度[J].思想教育研究，2018（6）：89.

养新的接班人和建设者，有利于他们在以后管理国家和社会事务中能够更好地从我国现实出发，具备问题意识和现实关怀。因此，新时代大学生"四史"教育需要从大学生的实际和发展需求出发，引导大学生能够正确认识和面对系列问题，调整好心态，迎接挑战，努力学习自己专业方面的知识，全面发展，提升自身。此外，需求离不开供给，否则所有的需求都将成为一纸空谈；供给也离不开需求，如果没有了需求，供给的存在也将毫无价值和意义。同时，我们也不能单一地从需求侧去把握社会发展规律，还要看到供给侧与需求侧之间的密切关系，尤其是新时代"四史"教育的"供给侧"和"需求侧"，只有处理好二者之间的关系，才能更好地使社会矛盾得到解决。

（四）把握重点：优化"四史"教育"供给侧"

当今社会，教育工作与经济、政治、文化以及整个社会生活紧密相连，经济上的"供给侧改革"必然呼唤并引领教育上的改革。供给侧与需求侧二者是相辅相成的关系，同时存在，互相成就共生，供给创造需求，需求也能刺激供给。二者就像是硬币的两面，相互配合又相互统一。当然，在需求侧和供给侧二者相互共生的情况下，需要更加注重优化供给侧，因为供给侧不仅仅是一种手段，还是一种思维。新时代"四史"教育就应该把握重点，以不断解决新的社会矛盾为主要目标，符合新时代不断发展的社会形式。当然，"四史"教育又具有特殊性，其本质就是把一定社会的思想观念、政治意识、道德规范，通过施加有计划、有组织的影响，转化为受教育者个体的思想品德的实践活动。面对我国进入全面深化改革的新时代，高校思想政治教育也面临着急需改变、思潮多元化等问题和挑战。从全局来看，要求我们在"四史"教育方面应该输入供给侧思维，推动"四史"教育在高校中的深化开展。

在当代高校大学生思想政治教育方面，中央明确指出，当前形势下，进一步加强高校思想政治理论教育。2016年习近平总书记在全国高校思想政治工作会议上指出："要用好课堂教学这个主渠道，思想政治理论课要坚持在改进中加强，提升思想政治教育亲和力和针对性，满足学生成长发展需求和期待。"[1]有针对性地解决提升新时代"四史"教育的重要落脚点和突破口，解决

---

[1] 习近平. 习近平谈治国理政：第2卷[M]. 北京：外文出版社，2017：378.

供给侧的过于单一、针对性不强、活力不足等问题,是新时代高校思想政治教育供给侧改革的重要方向。

因此,新时代"四史"教育要科学地综合使用各种方法,注重从学生主体出发,以学生的真实需求和内在感受为导向,尊重学生的能动性和多样性,通过双向互动,提升受教育者的积极性。在这一系统工程中,必须突破传统思政教育的单一模式,建立一支党委领导下的各级党员干部、思想理论工作者、文艺宣传工作者、教育工作者、辅导员等共同参与的高素质的"四史"教育队伍,增强实效性,并将其作为固本工程和铸魂工程。

强调"四史"教育的"供给侧改革",并不是要否定需求侧在其中的重要性,也不是一味满足学生的自然需求,而是以思想政治教育的目的和学生现实需求为出发点,重新建立一种新的供需模式,努力为学生提供具有引领性、有效性以及精准性的教育供给模式,从而实现供给侧与需求侧协调平衡和良性互动,持续不断地提高"全要素生产率",以达到提高"四史"教育质量和效率的最终目的。

二、"四史"教育培养新人才

培养人是思想政治教育的落脚点,也是工作的重点。而培养中国特色社会主义建设者和接班人必然是新时代"四史"教育的重要目标。习近平总书记在党的十九大报告中提出了"培养担当民族复兴大任的时代新人"[①]的新要求。担当民族复兴大任的时代新人,是建设者和接班人的时代体现,深刻回答了党在新时代"培养什么人、如何培养人、为谁培养人"[②]等根本问题,为新时代中国特色社会主义的人才培养指明了方向。培养时代新人关乎社会主义现代化建设和民族复兴伟业,是全社会的共同责任,需要从多方面系统发力以及建立配套的体制机制保障。此外,培养时代新人也需要坚持发展理念,

---

① 习近平.决胜全面建成小康社会 夺取新时代中国特色社会主义伟大胜利——在中国共产党第十九次全国代表大会上的报告[M].北京:人民出版社,2017:42.

② 习近平谈治国理政:第2卷[M].北京:外文出版社,2017:376.

在拓展和深化教育的历史之维、国际之维、责任之维和实践之维上下功夫[①]，才能更有利于促进人的全面发展和社会的发展进步。

（一）回答"为谁培养人"

教育是国家公器，是关涉长治久安的大事，而"为谁培养人"是教育的核心议题，不可回避，也不容回避。为谁培养人，这是一个意识形态的问题，只有确定好培养什么人，才能确定为谁培养人，解决如何培养人的问题。2016年12月7日，习近平总书记在全国高校思想政治工作会议上发表重要讲话，对我国高等教育发展方向提出了"四个服务"，即为人民服务、为中国共产党治国理政服务、为巩固和发展中国特色社会主义制度服务、为改革开放和社会主义现代化建设服务。

其一，为人民当家作主培养新人。人民的当家作主，是社会主义民主政治的本质和核心。民主是长期以来人类社会所共同追求的价值目标。对于民主的内涵和民主的实现途径，各个国家和不同的阶级在不同的历史时期有着不同的思考和实践要求，是以人民当家作主为根本特征的社会主义民主政治。人民的当家作主就是人民自主管理国家和社会，这是保证人民主体地位的国家政治制度在实践中的必然体现。从新中国确立人民民主制度开始，中国就走上了一条与西方民主政治完全不同的发展道路，这是由中国的历史、文化和现实条件决定的。人民作为国家的主人，有权参与国家的治理，因而在培养人才方面也需从人民的角度考虑。此外，从历史的角度看，提出教育"为人民服务"是对中国教育价值取向选择的历史经验总结的结果，是一个符合历史要求和现实需要的选择。新时代"四史"教育也必须坚持"为人民服务"，在政治思想和价值导向上始终坚持"为人民服务"的根本要求，为人民办教育、为人民培养人才。

其二，为党和国家治国理政培养新人。党的十八大以来，以习近平同志为核心的党中央从坚持和发展中国特色社会主义的战略全局出发，提出并形成了协调推进"四个全面"的战略布局和"五位一体"总体布局，体现了马

[①] 冯秀军.时代新人培养与新时代的大学使命[J].东北师大学报（哲学社会科学版），2019（2）：35.

克思主义哲学原理，显示了中国特色社会主义和中华民族伟大复兴的锦绣前程。党和国家治国理政的过程实际上就是不断发展和实现人民根本利益的过程，新时代"四史"教育必须为党治国理政提供坚实的人才支撑。中国共产党的领导是中国特色社会主义最本质的特征，是中国特色社会主义制度的最大优势。在党的领导下，今天的中国前所未有地靠近世界舞台中心。新时代"四史"教育必须在党的领导下为党和国家培养新人，而且中国共产党能否长期执政，将关系着中国特色社会主义事业的发展，关系着国家长治久安、人民安居乐业。因此，为党和国家治国理政培养新时代人才是一项重要而艰巨的任务。

其三，为巩固和发展中国特色社会主义制度培养新人。2014年5月4日，习近平总书记在与北大师生的座谈中指出："办好中国的世界一流大学，必须有中国特色。没有特色，跟在他人后面亦步亦趋，依样画葫芦，是不可能办成功的。"[①]一个大学的特色与它所处文化传统、社会制度、时代环境是密不可分的。我国是世界上最大的社会主义国家，《中华人民共和国宪法》第一条明确规定："社会主义制度是中华人民共和国的根本制度。"[②]中国的大学，必然具有鲜明的社会主义属性，这是我们与西方大学最本质的区别，也是中国大学的最大特色。显然，扎根中国大地办大学，最重要的一条，就是要坚持社会主义办学方向，坚持中国特色社会主义"四个自信"。中国特色社会主义是中国共产党在改革开放中把科学社会主义的理论逻辑和中国社会发展的历史逻辑、实践逻辑有机结合起来的伟大创造，其制度建设必然会经历由不够成熟到逐步成熟，由不够定型到逐步定型的过程。[③]改革开放40多年以来，尤其是党的十八大以来，党和国家事业发展取得了全方位、开创性的成就，这也充分表明中国特色社会主义道路、制度、理论和文化的正确性，而中国特色社会主义进入新时代，面临的不稳定性、不确定性因素依然非常突出，这也需要面对新任务，进行新实践，培养更多时代新人。

---

① 习近平.习近平谈治国理政：第2卷［M］.北京：外文出版社，2014：174.
② 十二大以来重要文献选编：上［M］.北京：人民出版社，1986：219.
③ 包心鉴.在改革开放中完善和发展中国特色社会主义制度［N］.光明日报，2018-12-24（11）.

其四，为改革开放和社会主义现代化建设培养新人。邓小平同志在1992年南方谈话中指出："恐怕再有三十年的时间，我们才会在各方面形成一套更加成熟、更加定型的制度。在这个制度下的方针、政策，也更加定型化。"①这一论断，在党的十八大以来得到了创造性的继承和发展。党的十九大提出在全面建成小康社会的基础上分两步走，全面建设社会主义现代化国家的新目标，描绘了从现在到21世纪中叶我国现代化建设的宏伟蓝图，体现了以习近平同志为核心的党中央的战略视野、高远眼光与科学谋划，是实现"两个一百年"奋斗目标的时间表，是全面建成社会主义现代化强国的任务书，是实现中华民族伟大复兴中国梦的路线图。建设现代化国家和实现中华民族伟大复兴，是近代以来中国历史发展的一条主线。青年兴则国家兴，青年强则国家强。党的十九大报告结尾落笔在青年，含义深远。彰显了人才是第一资源，国力的较量最终是人才的较量。社会主义现代化强国建设是一项世纪工程，需要各种类型高素质人才的强力支撑，需要江山代有才人出，一代人又一代人的接力奋斗。②总之，面对新时代、新使命、新要求，只有培养更多符合新时代的时代新人，才能更好促进社会发展、解决社会矛盾，助力实现中华民族伟大复兴的中国梦。显然，在中国共产党的领导下，中华民族充满信心，日益走近世界舞台的中央，人民当家作主得以真正地实现，并且人民享有更多的权利，治国理政平稳推进，中国特色社会主义制度建设也因人才而更加繁荣，中华民族伟大复兴的中国梦也越来越近，这些都离不开时代新人的培养。所以，"四史"教育必须坚持"四个服务"，培养更多更好的担当民族复兴大任的时代新人。

（二）内含"培养什么人"

培养担当民族复兴大任的时代新人要在办好人民满意的教育上下功夫。百年大计，教育为本。中国特色社会主义进入新时代，这是我国发展新的历史方位。实现中华民族的伟大复兴，是中国共产党人的历史要求。习近平总

---

① 邓小平．邓小平文选：第3卷［M］．北京：人民出版社，1993：372．
② 康涛．"双一流"建设要融入社会主义现代化强国的总体布局［J］．北京教育，2018（2）：8．

书记指出:"青年一代有理想、有本领、有担当,国家就有前途,民族就有希望。"[1]新时代"四史"教育在培养时代新人的时候,要以时代发展的目标和目前社会存在的矛盾为重点,进行针对性的人才培养,而且培养担当民族复兴大任的时代新人内含了"培养什么人"的问题。

其一,时代新人要有坚定的理想信念。理想指引人生方向,信念决定人生成败,没有理想信念就会导致精神上"缺钙"。一个人树立什么样的志向,决定着他的胸怀、气度和人生所能达到的高度。理想信念动摇是最危险的动摇,理想信念滑坡是最危险的滑坡。时代新人要在明确"四个正确认识"的基础上,坚定马克思主义信仰,自觉成为共产主义远大理想和中国特色社会主义共同理想的坚定信仰者和忠实实践者,坚定"四个自信"和"四个认同",在世界和中国的发展中站稳脚跟、保持定力、找准方向。

美好的人生理想应该与国家和民族的事业融为一体,需要在奋斗中实现,而想要坚定理想信念则需要做到"三懂",即懂得何谓理想、理想为谁以及如何实现理想。概而言之,理想是现实和未来的统一体,指向个人理想与社会理想的统一。习近平总书记指出"立志是一切开始的前提。青年要立志做大事,而不是做大官"[2],这既是对广大青年的衷心期盼,也是对自身经历的高度总结。有理想的时代新人,要"不忘初心、牢记使命",坚持用习近平新时代中国特色社会主义思想武装头脑,把个人奋斗同为实现中国特色社会主义共同理想的奋斗紧密结合起来,不为任何风险所惧、不为任何干扰所惑,矢志不渝朝着崇高理想奋进;唯有理想远大、信念坚定,将个人理想和国家富强、世界发展融为一体,明确自身承担的时代责任和历史使命,将个人的发展和国家民族的前途命运紧密相连,才能承担起时代赋予的历史使命。

其二,时代新人必须具有真本领。新时代是一个比拼能力的时代,必须有真本领,才能在社会上立足,才能在国家赋予使命的时候肩负起大任。时代赋能将让当代青年更有能力去完成自己的使命。时代新人既要有专业知识,又要有广博的学识。当然,本领不应当仅仅以掌握的知识为局限,更要有能力,除此之外,真本领还需要有广阔的视野,了解国际、国内的经济、政治、

---

[1] 中国共产党第十九次全国代表大会文件汇编[M].北京:人民出版社,2017:56.

[2] 习近平.摆脱贫困[M].福州:福建人民出版社,1992:27.

文化、社会、生态等。

习近平总书记曾寄语广大青年,"要坚持面向现代化、面向世界、面向未来,增强知识更新的紧迫感,如饥似渴地学习,既扎实打牢基础知识又及时更新知识,既刻苦钻研理论又积极掌握技能,不断提高与时代发展和事业要求相适应的素质和能力"[1],这是新时代大学生磨炼本领需要始终牢记的信条。伴随人类文明的不断进步和经济全球化的不断发展,未来国家间的竞争会更加激烈,国家实力的增强和国际竞争力的提升将更加注重知识价值的增加。因此,人才的培育尤其要注重学习能力和技能水平、应用实践能力的提升,这是未来国家发展和中华民族复兴不可或缺的条件和支撑。所以,新时代"四史"教育在培养时代新人的时候要引导广大青年学有所长。同时,广大青年应该把学习作为首要任务,作为一种责任、一种精神追求,懂得树立理想从学习开始,让勤奋学习成为青春远航的动力,让增长本领成为青春搏击的能量,全身心地投入中国特色社会主义建设中去。

其三,时代新人必须有担当精神。"天下兴亡,匹夫有责。"新时代赋予新的使命,履行使命需要责任担当,担当精神是中国共产党人从历史中继承的优秀品质,也是时代新人必备的精神。在实现中华民族伟大复兴中国梦的过程中,必然面临各种重大挑战、重大风险、重大阻力、重大矛盾,而时代新人不论是学习还是工作,都要敢于担当、善于担当,都要严谨务实、苦干实干、服务社会、奉献祖国,进而在实践中锤炼品格和担当。

习近平总书记指出,如今,我们比历史上任何时期都更接近、更有信心和能力实现中华民族伟大复兴的目标。当然,中华民族的伟大复兴,绝不是轻轻松松、敲锣打鼓就能实现的。作为实现中华民族伟大复兴的生力军,当代青年必须牢记使命、勇担责任,要有无私奉献的为民担当、坚定不移的改革担当、恪尽职守的职业担当精神。担当精神的本质在于责任意识与家国情怀。在实现中华民族伟大复兴的过程中,必须时刻保持着高度的责任感,如此才能真正地发自内心地把实现中华民族伟大复兴的中国梦作为自己的任务,激发时代新人锲而不舍的进取精神、驰而不息的奋斗力量、坚定执着的担当意识,奋勇

---

[1] 十八大以来重要文献选编:上[M].北京:人民出版社,2014:279.

前行。总而言之，民族复兴大任并非一朝一夕就可以完成的，时代新人培养仍然要时刻保持与世界发展同频共振，要大力培养有坚定的理想信念、有远大的志向抱负、有鲜明的价值追求、有良好的道德品质的时代新人。

（三）体现"如何培养人"

新时代中国特色社会主义建设的伟大成就，为新时代"四史"教育带来了前所未有的机遇。培育和造就能够担当民族复兴大任的时代新人，就是要用习近平新时代中国特色社会主义思想武装当代大学生的头脑，增强中国特色社会主义的道路自信、理论自信、制度自信和文化自信。培养时代新人关乎社会主义现代化建设和民族复兴伟业，是全社会的共同责任，需要从社会需要的方向着重培养。因此，在培养时代新人时应该将人才培养方向、立德树人的根本任务和社会主义核心价值观作为重点。

其一，培养时代新人，要把握好人才培养方向。新时代"四史"教育的对象差异性大。大学生来自不同的民族，来自各个社会阶层，在信息化时代接收着来自各种渠道的各种信息，在成长过程中有着各自的人生经历，有各自的追求和抱负。然而，在独特的历史、独特的文化、独特的国情基础上，办好中国特色社会主义大学，把握人才培养方向是培养时代新人的关键所在。因此，新时代"四史"教育要把握人才培养根本方向。这样才能为社会、为国家培养出合格的人才，才能针对国家和社会存在的矛盾和问题进行解决。新时代"四史"教育能够团结凝聚富有想象力、具有活力的大学生群体，发挥育人优势，激发学生内在动力，让学生自觉成长为担当民族复兴大任的时代新人。

其二，培养时代新人，要紧抓立德树人环节。习近平总书记强调"高校立身之本在于立德树人"[①]。这一重要论断，为新时代"四史"教育工作指明了方向、提供了基本遵循。立德树人，就是要求我们不忘教育强国之初心、牢记民族复兴之使命，自觉用习近平新时代中国特色社会主义思想武装头脑、指导实践，深入推进高校思想政治工作领域的综合改革，着力培养德智体美劳全面发展的社会主义建设者和接班人，着力培养担当民族复兴大任的时代

---

① 习近平.习近平谈治国理政：第2卷[M].北京：外文出版社，2017：377.

新人，为实现"两个一百年"奋斗目标、实现中华民族伟大复兴的中国梦提供强大的人才保障和智力支撑。要以培养担当民族复兴大任的时代新人为着眼点，把"四史"教育转化为大学生的情感认同和行为习惯，使广大时代新人在理想信念、价值理念、道德观念上紧密团结在一起。对于确保我国在激烈的国际竞争中始终立于不败之地，确保中国特色社会主义事业兴旺发达、后继有人，确保实现中华民族伟大复兴的中国梦，具有重大而深远的战略意义。

新时代"四史"教育必须贯彻落实到高校培养人才的各个方面，不能过于狭隘。培养担当民族复兴大任的时代新人，不是一朝一夕的事情，这是一项伟大的事业，是实现民族复兴大任的前期准备。新时代大学生在学习的过程中，应该将个人梦想与中华民族伟大复兴的中国梦结合起来，掌握马克思主义的精髓所在，形成自己对社会发展规律、国际比较与中国特色、新时代责任与历史使命、目标与实际之间的独到见解。党和国家也要优化教育改革，提高大学生的学习能力和社会适应能力，使其不断增强对民族复兴的强烈责任感，为实现伟大中国梦不断乘风破浪、砥砺前行。

三、"四史"教育把握新思路

新时代"四史"教育是符合社会发展潮流的，应审时度势地切合新时代的发展境遇和现实需求，把握好思想政治教育的新发展方向。同时，优化教育结构体系，是新时代"四史"教育必然要进行的重要任务。新时代"四史"教育应该不忘初心，吸收优秀传统文化和革命文化的精髓，同时也要兼收并蓄，批判借鉴人类一切优秀文明成果。还要根据时代发展，从我国的国情和社会主要矛盾出发不断创新，推进新时代"四史"教育全面纵深发展。

（一）不忘本来，续写初心

纵观中国上下五千年历史文明，无论是古代还是近代，思想政治教育的硕果累累，中华优秀传统文化和革命文化以及社会主义先进文化是涵养"四史"教育的重要文化资源，而且古代思想政治教育和革命时期的思想政治教育本身也为中华民族留下了很多宝贵的精神财富，这对新时代"四史"教育起到了不可估量的作用。

其一，辩证审视传统文化，滋养新时代"四史"教育。党的十九大报告指出，要"深入挖掘中华优秀传统文化蕴含的思想观念、人文精神、道德规范，结合时代要求继承创新，让中华文化展现出永久美丽和时代风采"[①]。传统文化蕴含着极为丰富的思政教育资源，历经千年的积淀、筛选和发展，直到今天仍具有巨大的生命力和教育的价值，这对于新时代"四史"教育是一种宝贵的精神财富。这也为新时代"四史"教育的理论研究和教育实践提出了新的目标任务、创造了新的发展机遇。

中华优秀传统文化与新时代"四史"教育具有多维契合性，中华优秀传统文化中的精髓思想、优秀方法等在"四史"教育中发挥着重大而独特的作用。一方面，挖掘传统文化中丰富的做人做事的资源。博大精深的传统文化所蕴含的丰富道理，值得新时代"四史"教育借鉴。同时，传统文化中所倡导的"修齐治平"与新时代"四史"教育中所倡导的家国情怀，以及所广泛开展的爱国主义教育等有异曲同工之妙。另一方面，借鉴优秀传统文化倡导的学习方法。中华优秀文化蕴含丰富的学习方法，譬如强调自省、省察克制、知行合一等，尤其是通过对自身的反省，找出自己的不足，学习他人的长处，以形成良好品德。此外，在中国传统文化中，教育者是完美的体现者，要有谦恭的态度、博学多识，并教育学生、感染学生，为学生树立良好的典范。这对新时代"四史"教育有很好的示范作用。可见，中华优秀传统文化对新时代"四史"教育具有重要意义。因此，"四史"教育必须立足当下，也要紧跟时代步伐，符合社会发展的基本规律，审时度势，紧密联系社会实际情况，既要继承中国古代思想政治教育方法的合理之处，又要开创时代的新思维方式。

其二，充分弘扬革命文化，助力新时代"四史"教育。中国共产党带领中国人民在革命、建设、改革的伟大实践中，创造了独特的革命文化。革命文化代表着信仰希望、勤劳勇敢、自力更生、艰苦奋斗等，这是中国共产党的价值追求和中华民族精神内涵最生动的象征。同时，中国共产党与仁人志

---

① 中国共产党第十九次全国代表大会文件汇编[M].北京：人民出版社，2017：34.

士在革命战争与建设实践中形成的人格魅力、道德情操是集革命传统教育、理想信念教育等于一体的"四史"资源,是伟大的民族精神和时代精神的最好表现。

革命文化是马克思主义基本原理同中国具体实际相结合的精神结晶,是对中华优秀传统文化和世界优秀文化的继承、发展与创新,也是新时代"四史"教育的红色文化营养。一方面,革命文化中蕴含为实现社会主义和共产主义理想而奋斗的革命道德。列宁指出:"为巩固和完成共产主义事业而斗争,这就是共产主义道德的基础。"[①]在腥风血雨的革命斗争中,广大共产党人牢牢树立坚定的社会主义和共产主义理想信念,在各种恶劣的条件下不断克服各种各样的困难和挫折,取得了一次又一次的胜利。进入新时代,大学生要树立正确的世界观、人生观和价值观,要坚定正确的政治方向、科学的理想和信念,就要传承并践行这种革命精神。一方面,革命文化有利于构建诚信奉献、服务社会、服务人民的社会主义文化,是促进社会主义市场经济健康发展的强大精神动力和文化基础。而且有利于引导受教育者晓国家大义、明义利之辨,在正确处理个人与国家、个人与集体、个人与个人的相互关系过程中,引导学生树立为党为公、执政为民、坚持不懈、无私奉献、修身自律的精神。新时代"四史"教育不仅仅是思想政治教育的着力点,而且也是大学生人才培养方面的有效保证。譬如,战争遗址、红色家书、烈士陵园等物质性与精神性革命文化既能发挥"四史"教育的载体功能,又可融入"四史"教育内容体系,成为"四史"教育的积极因素。

(二)吸收外来,兼收并蓄

文明因交流而多彩,文明因互鉴而丰富。因此,一个国家或民族的发展进步,既要注意在文明交流中坚守自身优秀传统,又要在文明互鉴中积极吸收其他有益成果。新时代"四史"教育,不仅要汲取中国古代和革命时期的思想政治教育精髓,还要吸收外来,兼收并蓄,借鉴人类文明优秀成果。当然,在这个过程中,要从我国的基本国情出发,借鉴一切优秀成果中的合理成分,为新时代"四史"教育提供新的视角和思路。

---

① 列宁.列宁全集:第31卷[M].北京:人民出版社,1958:262.

其一，辩证审视国外思想政治教育情况。不同国家和地区思想政治教育的名称各式各样，但实质及性质都是相同的，都是为统治阶级服务的。国外虽然不一定有思想政治教育之名，但存在并高度重视思想政治教育则是事实。加强对国外思想政治教育的研究，了解世界各个不同国家和地区思想政治教育的历史、现状、特点和发展趋势，通过比较、鉴别、吸收，加深对我们思想政治教育普遍规律和共同本质的认识，对于增强新时代"四史"教育工作实效具有十分重要的意义。

如今的西方发达国家，都非常重视思想政治教育工作的开展，毕竟国家思想政治教育工作开展的好坏，直接影响着大学生的人生观、价值观、世界观，进而影响着该国的经济、政治、文化等发展目标的实现程度。譬如，美国、英国等发达国家通过通识教育传授给学生文化、知识和技能的同时，潜移默化地传输思想政治教育。以美国为例，美国主要是把宪法和《独立宣言》作为最高经典向大学生进行传播和灌输，宣扬美国的三权分立政治制度和民主、自由、平等、博爱的价值观。美国就是将爱国主义教育直接植入学生的观念中，让学生由爱和信任产生报效祖国的信念和提高对国家的忠诚度。

其二，批判借鉴国外思想政治教育的精华。学习是文明传承之途、人生成长之梯、政党巩固之基、国家兴盛之要。一直以来，中华文明就以善于学习、海纳百川闻名于世。历史经验表明，发展中国家不断扩大对外开放，提升对外开放水平，有利于减少摸索实践，发挥后发优势，实现跨越式发展。当代中国的伟大社会变革不是其他社会主义国家实践的再版，也不是西方现代化发展的翻版，不可能找到现成的教科书，必须在社会主义现代化建设中兼容并包、博采众长，批判性地借鉴他人，择善而从。[①] 当代世界各国的文化、经济之间的联系越来越密切，人们之间的思想观念都在不断地融合变化，在这种变化过程中，各国的思想政治教育理念相互碰撞，对本国有益的思想政治教育方式，要为己所用。新时代我们更不能安于现状，要立足于我国的基本国情，培养世界眼光，具备现实关怀，只有这样才能把新时代"四史"教育做好。在实际工作中，要加强创新观念，借鉴国外有益思想政治教育的部

[①] 张波.合理借鉴人类文明一切优秀成果[N].人民日报，2018-11-16（7）.

分，博采众长、兼收并蓄，在交流借鉴中不断发展完善。

（三）面向未来，与时俱进

20世纪80年代，中央提出三个面向，即教育必须"面向现代化，面向世界，面向未来"[①]。中国改革开放40多年来，"三个面向"发挥了深远的影响力，对我国教育发展颇具积极意义。[②] 在新时代的历史背景下，开展"四史"教育依然要积极处理好面向现代化、面向世界与面向未来的问题。解决好这些问题对于构建具有中国特色、中国风格和中国气派的新时代"四史"教育合理发展的整体框架、逻辑结构与时代话语具有十分深远的影响。

面向现代化，新时代"四史"教育要在实现社会主义现代化强国过程中实现合理发展。辩证唯物主义认为，物质决定意识，意识是物质的反映。"四史"教育是做人的工作，而人的正确思想不是从天上掉下来的，也不是自己头脑里所固有的，而只能是从社会生产和斗争实践中得来的，人们的社会存在决定了人们的思想。这就要求新时代"四史"教育在方法上不断有新的发展，提高教育质量和教育效率，多出人才，出好人才，为我们全面建设社会主义现代化国家、谱写社会主义现代化新征程的壮丽篇章输送新鲜血液。

面向世界，"四史"教育要在"走出去和引进来"中实现创新发展。现代世界是一个开放的世界，相互交流与合作的世界。在这样一个时代，一个国家、一个民族，若总是孤芳自赏，恐怕难以迎合世界发展的需要。随着交流合作的不断发展，人们对教育一般规律的认识正在逐步深化，而且教育日益具有国际性。经济全球化，不仅给"四史"教育带来了机遇，也带来了极大的挑战。尤其在当前，新冠肺炎疫情常态化，我们面临经济、科技和意识形态领域的严峻挑战，这要求我们要经常了解、研究正在发展、变化的世界，并使自己国家的教育与发展、变化了的世界和国际教育发展、改革的趋势相适应。[③] 面向未来，新时代"四史"教育要积极预判所要面向的"未来"，并

[①] 光辉的成就——庆祝中华人民共和国成立三十五周年文集：下册[M].北京：人民出版社，1984：412.

[②] 张聪，于伟."三个面向"与我国基础教育合理发展的内在逻辑探讨[J].东北师大学报（哲学社会科学版），2016（1）：109.

[③] 王冀生.宏观高等教育学[M].北京：高等教育出版社，2000：71.

为此积极做好现实准备。未来究竟是什么样的，我们无法确切预知，但教育本身具有先导性和前瞻性。在1978年4月的全国教育工作会议上，邓小平指出："不但要看到近期的需要，而且必须预见到远期的需要；不但要依据生产建设发展的要求，而且必须充分估计到现代科学技术的发展趋势。"[1]"四史"教育是做人的工作，关注人的存在是关注未来的重要切入点，未来社会如何发展也在一定程度上取决于人的存在状态。人的真实存在并不总呈现出当下的样态，而是更加趋于未来发展的态势。新时代社会主要矛盾的改变说明人们在新时代，需求质量提升、需求数量增加。这要求"四史"教育从社会主要矛盾点出发，不断满足人民日益增长的美好生活需要。此外，新时代"四史"教育要着眼于为祖国实现现代化的伟大目标服务，也要为实现中华民族伟大复兴服务。

总之，"四史"教育要不忘本来、吸收外来、面向未来，促进文明借鉴，共享人类智慧。在新时代人类命运共同体的大背景下，教育是民族的，也是世界的。新时代"四史"教育是中国的，也是世界的。新时代"四史"教育要在实现中华民族伟大复兴中国梦的历史使命中，不断加强力量建设，不断深化改革创新，不断加深中外教育文化交融，为促进世界文明多样性和各国人民和谐共进做出更大贡献。

第二节 新时代大学生"四史"教育的科学思维

先进思想的诞生离不开科学思维的引导，"一个民族要想站在科学的最高峰，就一刻也不能没有理论思维"[2]。"四史"教育无论是作为政治性的活动还是一种教育性的实践，都有其根本指导思想。我国思想政治教育始终以马克思主义理论为指导，运用辩证唯物主义和历史唯物主义的方法论分析问题和解决问题，引导广大学生，坚持共产主义理想信念。新时代下"四史"教育同样是以马克思主义理论为指导，基于辩证唯物主义和历史唯物主义的立场、

---

[1] 邓小平.邓小平文选：第2卷[M].北京：人民出版社，1994：108.
[2] 马克思恩格斯全集：第22卷[M].北京：人民出版社，1971：384.

观点和方法，结合当前中国发展实际，融汇于习近平新时代中国特色社会主义思想的各个方面。新时代新形势下，我们应从国内、国际两个大局，从传统、现实和未来发展的历史路径以及经济、政治、文化、社会和生态五个层面多维立体地解读党中央一系列重要讲话精神，从战略思维、历史思维、辩证思维、底线思维、创新思维五方面探寻新时代推动"四史"教育逐步形成发展的方法论动因。

一、战略思维

在一个国家的发展进程中，战略思维是具有宏观性和长远性的思维，是人类尤其是领导者决策思维体系中不可或缺的思维方式。党的十八大以来，习近平总书记充分运用战略思维，立足国内、国际两个大局，强调"宣传思想工作一定要把围绕中心、服务大局作为基本职责，胸怀大局、把握大势、着眼大事，找准工作切入点和着力点，做到因势而谋、应势而动、顺势而为"[①]。习近平新时代中国特色社会主义思想的战略思维，是推动当前"四史"学习教育不断创新发展的方法论动因，推动了新时代思想政治教育思想在国内、国际两个大局中的四个维度教育的创新与发展，为培养适应时代需要的社会主义建设者和接班人提供了科学指引。

（一）保持战略定力

习近平总书记系列重要讲话中，多次强调"定力"一词，其主旨在于强调一种坚定的信念和一种超越性的睿智。运用战略思维保持战略定力是坚持中国特色社会主义道路自信、理论自信、制度自信的思维前提，也是当前"四史"教育中坚持中国特色社会主义建设的具体表征。新时代中国特色社会主义思想是"四史"教育必须始终坚持的政治方向。"不忘初心，方得始终"，是新时代保持战略定力的表现之一，它进一步深化了"四个自信"的政治信念教育。在政治信念教育方面，面对全面深化改革带来的国内外发展机遇和挑战、纷繁复杂的思想观念和利益诉求的相互激荡，"四个自信"的教育穿透这多元不定的事物表象，在变化运动中将人们的思想统一于新时代的政治理

---

① 习近平谈治国理政：第1卷［M］.北京：外文出版社，2018：50.

想信念中。

　　社会中的个人是理想与现实的统一体，它既是一种现实的存在，也是一种理想的存在。"信念"是人在现实发展过程中自我超越的价值追求。政治信念是属于全党、全国人民世界观和人生观的范畴，其核心是高举中国特色社会主义伟大旗帜，坚持党的基本路线不动摇。习近平总书记指出："理想指引人生方向，信念决定事业成败。没有理想信念，就会导致精神上'缺钙'。"[①]中国共产党成立100多年来，带领全国人民不断发掘和发挥社会主义体制优势，为中国特色社会主义社会的发展奠定了一定的经济、政治和文化基础，但是在信息时代背景下，中国特色社会主义建设也面临着一系列挑战。如多元思想文化的交融不断突破区域界限，社会意识形态斗争呈现出一些新动向，文化交流中潜藏的价值观激烈碰撞，新兴媒体中对话语权的激烈争夺，西方国家以其"普世价值"加紧对我国进行思想文化渗透，等等。面对多元思想文化，理想信念的坚守显得尤为重要，因此必须深化"四个自信"的政治信念教育。"四个自信"的政治信念教育，是积极践行战略思维中"坚持什么、反对什么，说什么话、做什么事，都要符合党的要求，过得硬、靠得住，真正做到'千磨万击还坚劲，任尔东西南北风'"[②]的思想观念。在"四史"教育中，"四个自信"既是一种政治承诺，也是一种政治信念，要始终将坚持马克思主义信仰、坚持"四个自信"作为精神指引。中国特色社会主义是中国历史发展的必然，"四个自信"的历史自觉教育是对取得成功的中国特色社会主义建设的历史经验的总结，是对国民心态及政治信念的积极教育，也是对未来改革发展的理性预期。

　　党的十九大报告强调："中国特色社会主义进入新时代，意味着近代以来久经磨难的中华民族迎来了从站起来、富起来到强起来的伟大飞跃……意味着中国特色社会主义道路、理论、制度、文化不断发展，拓展了发展中国家走向现代化的途径。"[③]中国共产党在马克思主义理论指引下，坚持不断探索符

---

① 习近平谈治国理政［M］.北京：外文出版社，2014：50.

② 习近平.谋求持久发展　共筑亚太梦想——在亚太经合组织工商领导人峰会开幕式上的演讲［N］.人民日报，2014-11-02（2）.

③ 习近平.决胜全面建成小康社会　夺取新时代中国特色社会主义伟大胜利——在中国共产党第十九次全国代表大会上的报告［M］.北京：人民出版社，2017：10.

合本国国情的社会主义道路。自中华人民共和国成立以来特别是在改革开放之后，中国的综合国力日益增强，有力证明了中国特色社会主义道路、理论、制度、文化的科学性和生命力。恩格斯认为："在社会历史领域内进行活动的，是具有意识的、经过思虑或凭激情行动的、追求某种目的的人；任何事情的发生都不是没有自觉的意图，没有预期的目的的。"[①] 深化"四个自信"的历史自觉教育，推动广大党员和学生深入理解"四个自信"理论的历史合理性及合法性根据，为新时代社会的建设发展提供认同动力。

"四个自信"是一个有着内在逻辑关系的有机统一整体，每一个自信背后都有其充分的理论根据和价值支撑。要有效开展"四个自信"教育，就要推进对"四个自信"的整体性认识和理解。"四个自信"的提出诠释了中国特色社会主义历史发展中理论逻辑与历史逻辑的统一。"四个自信"都源于中国特色社会主义发展的历史与实际，其中文化是根本，理论是灵魂，制度是本质，道路是表征。"四个自信"的表述促成了理论与实践的和谐统一，尤其是习近平总书记从"三个自信"到提出"四个自信"、增加了"文化自信"后，意味着"四史"教育不仅要关注当前，联系历史，还要着眼未来，辩证地看待社会发展。深化"四个自信"的科学体系教育既是引导党和当代大学生对客观物质世界进行认识和把握，更是对意义世界的理解和信仰，有助于实现"四史"教育中物质与意识、主体与客体的有机统一。

（二）胸怀发展大局

中华民族伟大复兴的中国梦是当代中华民族的总目标，这一目标具有全局性和战略性。当前，我国面临百年未有之大变局，国家发展、民族复兴再也不是一个局部性的问题，而是事关全局和长远的战略课题。习近平总书记强调："正确认识时代责任和历史使命，用中国梦激扬青春梦，为学生点亮理想的灯、照亮前行的路。"[②] 这要求当前"四史"教育应具有大局意识和反映中华民族伟大复兴的强国思想。

[①] 马克思恩格斯文集：第4卷［M］.北京：人民出版社，2009：301.
[②] 习近平.把思想政治工作贯穿教育教学全过程　开创我国高等教育事业发展新局面［N］.人民日报，2016-12-09（1）.

自古以来，中华民族就以"家国同构"的统一体形式存在，正所谓"一家仁，一国兴仁"。"家"作为社会存在的基本单位，是"国"存在的基本单元，"国"作为家的同构放大，具有全局性、引领性。传统社会中，以家为单位的社会个体利益与国的利益高度一致，二者是整体与局部的关系。虽然"家国同构"的轴心是君权，其根本目的在于维护剥削阶级的意志，但有的君王凭借良好的德行和优秀的治理才能，通过中间阶级将每一个家庭串联为一个集体、一个民族乃至一个国家，有效地将社会个体在家庭中对父权的尊重和依附同构放大为对君王的认同和对国家的忠诚。

进行"四史"教育，"家国同构"的思想中存在着可资借鉴的部分。传统的"家国同构"思想，深刻说明国家命运与民族兴亡、个体利益息息相关。"不谋全局者不足谋一域，不谋万世者不足谋一时。"[①]习近平总书记强调："中国梦是国家的、民族的，也是每一个中国人的。国家好、民族好，大家才会好。只有每个人都为美好梦想而奋斗，才能汇聚起实现中国梦的磅礴力量。"[②]这一方面强调国家发展依靠人民力量，另一方面体现人民自由个性的彰显又是立足在国家富强基础之上的社会现实。在引导全体社会成员为国家发展贡献智慧力量的同时，要引导他们形成独立意识和培养独立人格。既要体现国家这个"大我"的整体性，以"大我"的整体发展实现"小我"的独立与幸福，同时也要求个体这个"小我"的自我超越与发展应融于"大我"的进步之中，进而发挥"大我"的引领价值。

（三）持续着眼大事

当今世界，和平与发展依然是时代主题，习近平总书记指出："世界繁荣稳定是中国的机遇，中国发展也是世界的机遇。"[③]新时代，习近平总书记持续着眼大事，在科学把握和平发展这一时代主题的基础上，进一步深化了"四史"教育中的和平与发展的时代主题教育。

不同的时代背景，决定了思想政治教育内容的差异。1985年，邓小平在

---

① 何毅亭.学习习近平总书记8·19重要讲话［M］.北京：人民出版社，2013：40.
② 习近平谈治国理政：第1卷［M］.北京：外文出版社，2018：49.
③ 习近平谈治国理政：第1卷［M］.北京：外文出版社，2018：249.

会见日本代表团时指出："现在世界上真正大的问题，带全球性的战略问题，一个是和平问题，一个是经济问题或者说发展问题。"[①]和平与发展作为世界主题的提出，促使中国共产党的思想政治教育内容因时代背景的变迁，与时俱进地变化与更新。

进入21世纪以来，世界人民越发倡导和积极践行和平发展理念，党的十九大报告强调："世界正处于大发展大变革大调整时期，和平与发展仍然是时代主题……和平发展大势不可逆转。"[②]"将发展置于全球宏观政策框架的突出位置，加强主要经济体政策协调……构建更加平等均衡的全球发展伙伴关系，推动多边发展合作进程协同增效……构建全球发展命运共同体。"[③]在坚持和平发展战略下，从以往谋求和平发展的战略思维到维护和平发展实现伟大复兴的转变，是新时代"四史"教育创新发展的指向。

通过走和平发展道路以实现中华民族伟大复兴，不是英雄主义的理念，而是坚持唯物史观、群众史观的表现。中国的和平发展道路需要依靠广大人民的智慧和共同努力，"四史"教育更是凝聚人心的"思想武器"。在当前的"四史"教育中，和平发展理念是民族精神的体现，更注重新时代国民心态的转变。为应对国际社会上有人提出的"中国威胁论"，夯实和平发展道路的基础，就应更好统筹好国内国际两个大局。独木不成林，中国的和平发展与世界的和平发展是一个双向互动过程。当前的"四史"教育要立足于培养具有良好素质和坚定的民族精神的建设人才，更好致力于培养具有良好发展心态、具有世界眼光和包容发展的世界成员。因此，从根本上说，"四史"教育为大学生参与中华民族伟大复兴的建设，坚持世界和平与发展提供了智力支持。

（四）科学把握大势

"大时代需要大格局，大格局需要大智慧。"[④]共赢思想是面临全球化战略

[①] 邓小平. 邓小平文选：第3卷[M]. 北京：人民出版社，1993：103.
[②] 习近平. 决胜全面建成小康社会 夺取新时代中国特色社会主义伟大胜利——在中国共产党第十九次全国代表大会上的报告[M]. 北京：人民出版社，2017：58.
[③] 习近平. 坚定信心 共克时艰 共建更加美好的世界——在习近平出席第七十六届联合国大会一般性辩论上的讲话（2021年9月21日）[EB/OL]. 人民网，2021-09-22.
[④] 习近平. 谋求持久发展 共筑亚太梦想——在亚太经合组织工商领导人峰会开幕式上的演讲[N]. 人民日报，2014-11-02（2）.

局面时，科学把握大势，寻求多元利益均衡发展的思想，主要表现在树立人类命运共同体意识和倡导共享发展理念两个方面。这既是对马克思主义共享思想的探索和尝试，也是新时代"四史"教育立足中国发展实际，对国际形势的科学认识和理性把握。

2013年3月24日，习近平主席在莫斯科国际关系学院发表的演讲中，首次在国际上阐述了"人类命运共同体"思想。习近平在演讲中批判了殖民扩张思维、冷战思维，阐述了合作共享是时代的潮流。习近平主席说"我们主张，各国和各国人民应该共同享受尊严""各国和各国人民应该共同享受发展成果""各国和各国人民应该共同享受安全保障"。[①]

"人类命运共同体"意识，是"四史"教育中世界意识的范畴，与自然形成的共同体不同。新时代旨在强调全球化发展过程中利益共享、风险共担的发展意识。而古代共同体以一种完全不同的个人关系为前提。经济全球化时代下，国与国已不仅是政治共同体或经济共同体，还是多元发展要素为一体的综合共同体。正如马克思所说："各民族的精神产品成了公共的财产。民族的片面性和局限性日益成为不可能。"[②] 新时代"四史"教育在把握国际形势的过程中秉持了马克思主义的全球化思想及其共享观，深刻意识到人类在参与社会发展过程中的利益共享和风险共担的同约性，以及不可逆的历史发展实际情况。用"人类命运"定位其共同体思想，体现了习近平在原有发展理念上，包容了文化、社会、生态等与现代国家、现代个体交往等相关的思想。"人类命运共同体"意识，旨在强调国家利益与世界利益的辩证统一，意味着国家发展在追求本国利益的同时，需合理关切他国发展，以建立更加平等均衡的全球发展关系。

"人类命运共同体"意识，实际上是用科学把握大势的战略思维看待全球战略问题。对"人类命运共同体"性质的定位，强调了社会发展中的个体意识、民族意识和国家意识。在世界各国逐渐走向联合的今天，在战略思维的指导下，"四史"教育指明了国家、社会和个人的责任担当。该思想促进了"四史"教育在内容上更加注重国际形势，统筹协调国际国内两个大局的教育，

---

① 习近平. 顺应时代前进潮流 促进世界和平发展 [N]. 人民日报, 2013-03-24 (2).
② 马克思恩格斯文集：第2卷 [M]. 北京：人民出版社, 2009：35.

因为当今世界正在发生深刻复杂的变化。在生产力逐步发展的条件下，各国相互交往、融合的历史必然也是"四史"教育立足世界发展的最新内容。

以马克思主义理论为指导的"四史"教育要做到入耳、入脑、入心，首先需要了解教育对象的思想情况。新时代"四史"教育的战略思维就教育的成效而言，不仅立足于现实，还观照历史发展的文化基因，以提升现实的指导价值，发挥对个体发展的长远性引导作用。在中国，大同社会的美好愿景和传统社会中的共有制度，赋予了中国人期盼世界大同、财富共享的民族心理以及共享发展的历史土壤。日本学者沟口雄三认为，日本缺少中国自古以来就有的"公有"思想和传统。无论是《礼记》中的"天下为公"思想，还是宋代的族田义庄制度，都带有传统的共有和共享意蕴。这在沟口雄三看来，"中国接受社会主义是与中国思想的发展有着内在关联的，这个关联就是中国'公'的观念"[①]。虽然中国传统社会中的共享思想和制度带有强烈的封建意识和宗法性质，但共享的民族文化基因依然嵌于民众思想之中。这一点与共产主义理论在价值层面有契合之处，也是"四史"教育的战略思维所观照的历史元素。

"四史"教育的战略思维具有重要作用，它能为国家、民族的长远发展培育具有科学发展理念和具有共享意识的个人。21世纪以来，中国共产党人在马克思主义理论的指导下，逐步明确了人民共建与人民共享的辩证关系，并于党的十八届五中全会上提出"创新、协调、绿色、开放、共享"新发展理念。其中"共享"理念既契合了人民追求和谐共享的民族文化心理，也承袭了马克思主义"人的自由全面的发展"理论。"四史"教育的主体是人民，培育人民的共享意识及共享能力是新时代思想政治教育的重要组成部分。正如《共产主义原理》中倡导的"通过消除旧的分工，通过产业教育、变换工种、所有人共同享受大家创造出来的福利，通过城乡的融合，使社会全体成员的才能得到全面发展"[②]，"四史"教育就是要引导个体树立共享意识、自觉参与共享的"理论武器"。

---

① ［美］迈克尔·哈特，［意］安东尼奥·奈格里.大同世界［M］.王行坤，译，北京：中国人民大学出版社，2016：3.
② 马克思恩格斯选集：第1卷［M］.北京：人民出版社，1995：243.

总之，当前我国正处在"两个大局"的新发展阶段，国家发展、民族复兴不仅需要政治经济等制度要素和物质要素的支撑，同时，还需要科学思维、理想信念等精神要素的支持。在战略思维的指引下，"四史"教育在国内、国际两个大局的背景下，在实现中华民族伟大复兴的进程中，为培养社会发展所需的新一代青年提供思想指引。

二、历史思维

习近平总书记的系列重要讲话，充分体现出对历史的敬畏，曾先后对领导干部、党员、青年学生等多个群体强调要重视学习与反思历史。正如恩格斯1844年1月在其撰写的《英国状况——评托马斯·卡莱尔的〈过去和现在〉》一文中所强调的："历史就是我们的一切，我们比任何一个先前的哲学学派，甚至比黑格尔都更重视历史。"习近平总书记希望广大党员特别是青年党员认真学习马克思主义理论，结合学习党史、新中国史、改革开放史、社会主义发展史，在学思践悟中坚定理想信念，在奋发有为中践行初心使命，努力为实现"两个一百年"奋斗目标、实现中华民族伟大复兴的中国梦贡献智慧和力量。

（一）树立历史意识

当前和平与发展仍然是时代主题，以习近平同志为核心的党中央的治国理念，鲜明体现了坚持和平与发展的思想，推动国内、国际两个大局协调发展的战略思维。如此宏大的战略思维不是无源之水、无本之木，而是建立在对中华民族悠久文明历史深刻认识之上的。如今，我国虽然处于和平年代，但战争的惨痛教训仍不能遗忘；虽然处于现代化建设新时期，但新时代传统的"修身治国齐家平天下"文化意识仍然值得我们借鉴、传承。因此，新时代开展"四史"学习教育，强调学习历史，树立历史意识，是以史为鉴的前提，是学好历史这本"教科书"的第一步。

唯物史观认为，现今一切物质和精神财富的发展，都是建立在以往历史发展所提供的物质与精神基础之上的。我们要始终坚持以唯物史观为指导，首先要学习历史，树立科学的历史意识，在历史的发展进程中把握社会发展的普遍规律。所谓历史意识,并非是一种时序性的对历史知识的简单认识,而是"人们由历史知识凝聚、升华而成的经验性心理、思维、观念和精神状态"[1]。历史意识的树立,有助于人民客观地审视,并重视历史发展,增进社会成员对民族文化的归属感,塑造具有民族特色的文化精神,从而形成认同历史存在、守护民族发展的内聚力。

(二)形成理性思维

借鉴历史,形成理性思维,是"四史"教育在历史维度的致思路径。以史为鉴是中华民族自古以来的优良传统,历史往往有惊人的相似之处,无论是悲剧性的还是喜剧性的,都是我们探索未来发展道路的宝贵财富。借鉴历史、反思历史是形成理性思维的必要前提。习近平总书记强调,要在"对历史的深入思考中做好现实工作、更好走向未来"[2],深入思考历史并不是保守主义,而是为了以一种更加理性的历史思维构建人们的思想。马克思认为:"极为相似的事变发生在不同的历史环境中就引起了完全不同的结果。如果把这些演变中的每一个都分别加以研究,然后再把它们加以比较,我们就会很容易地找到理解这种现象的钥匙。"[3]而这种对每一个历史部分加以研究和比较的过程,就是形成理性历史思维的过程。回顾中华民族的历史,每一段都呈现出不同的文化、理念,"每一时代的理论思维,从而我们时代的理论思维,都是一种历史的产物,在不同的时代具有非常不同的形式,并因而具有非常不同的内容"[4]。因此,在"四史"教育中,理性思维的形成不仅建立在继承优秀传统文化精髓上,还需要在借鉴历史经验中积极摒弃历史糟粕。习近平总书记强调,历史的经验值得注意,历史的教训更应引以为戒。"四史"教育中的理性思维是属于自觉、自省的意识,其价值意蕴就在于需要批判地继承历史文化,秉持历史发展的核心要义,但历史思维又不完全等同于批判思维,

---

[1] 徐兆仁.历史意识的内涵、价值与形成途径[J].中国人民大学学报,2010(1):109.

[2] 习近平.在对历史的深入思考中更好走向未来 交出发展中国特色社会主义的合格答卷[N].人民日报,2013-06-27(1).

[3] 马克思恩格斯选集:第3卷[M].北京:人民出版社,1995:342.

[4] 马克思恩格斯全集:第20卷[M].北京:人民出版社,1995:284.

它有很强的实践和空间对应性。因此，对于历史文化的破与立，对于价值观的审视，我们应坚持历史唯物主义方法，将分析问题的视角、现实与未来的需要结合在一起进行思考，坚持在历史发展中回顾、反思及展望未来。

（三）敬畏民族精神

中华民族的民族精神是社会主义核心价值观的思想来源和精髓，是国家改革发展的精神动力，也是新时代"四史"教育的重要内容。回溯历史，自强不息的爱国精神、和合统一的团结精神以及崇德善治的人本精神，都是神圣民族精神的典型代表，是中华文化的"根"。

在个人层面上，首先要强调的就是爱国主义。以爱国主义为核心的民族精神是社会主义核心价值体系的精髓，也是社会主义核心价值观内容的组成部分。其中，自强不息是爱国主义的主要表现，是支撑着数千年中华民族文化延绵不息的重要精神动力。早在《周易·乾卦》中就有强调君子自强不息的理念，一位君子，一位有人格尊严的民族成员，面对天道的周而复始，应努力向上，不断奋勇前进。这是古代君子作为单个主体，一种内生式的爱国自觉。自古以来，自强不息的君子典型比比皆是，无论是古代"鞠躬尽瘁、死而后已"的诸葛亮，近代"天下兴亡，匹夫有责"的顾炎武，还是现代"亲民爱民、艰苦奋斗、科学求实、迎难而上、无私奉献"的焦裕禄等，都是中华民族在不同发展阶段显现出自强不息、忠贞爱国的表率。爱国主义自古以来就是促使国家独立和强盛的精神核心。

新时代"四史"教育体现了自强不息的爱国精神，不仅强调爱国主义在社会个体中的内生性，还突出通过教育和教化，以及普及和深化爱国主义精神，强调国家、政党与社会主义的统一性，体现了新时代"四史"教育中历史性、社会性和政治性的统一。我们既要发扬传统民族精神，自强不息奋勇拼搏，又要解放思想，冲破定式思维的藩篱，将党、国家和社会形态作为历史发展中的整体，延伸爱国主义的对象化范畴。

（四）传承核心价值观

民族精神作为一种伟大的精神动力，推动、要求着我们担当起传承历史的重任。中华民族精神是中国人民历经磨难形成的非凡的民族凝聚力,也为如今的社会主义核心价值观提供灵魂支撑。从民族精神的本质上看,它作为本民族文化当中最深刻、最内在的灵魂,一旦生成,就嵌入了中华民族的国民心理文化结构之中,深入社会成员的意识形态当中,成为中华民族的文化基因,具有一定的稳定性,但随着时代的变化、社会的发展,又会为传统核心价值观赋予新的理解思路。例如,在传统观念中,捍卫祖国领土完整是任何时候都不会改变的爱国信条。"从历史的角度看,包括儒家思想在内的中国传统思想文化中的优秀成分,对中华文明形成并延续发展几千年而从未中断,对形成和维护中国团结统一的政治局面,对形成和巩固中国多民族和合一体的大家庭,对形成和丰富中华民族精神,对激励中华儿女维护民族独立、反抗外来侵略,对推动中国社会发展进步、促进中国社会利益和社会关系平衡,都发挥了十分重要的作用。"[①] 但是在传统观念中,爱国即等于爱君,忠君与爱国紧密相连,忠君是爱国主义的表现之一;而随着剥削制度在中国的消亡,人民成为国家的主人,忠君的思想不复存在,爱国主义中的忠君思想逐步转化为发展为了人民、发展依靠人民、发展成果由人民共享、全心全意为人民服务等思想。这意味着同样的爱国主义精神,由于社会制度的更替,其在不同时代要用不同的理解方式理解。这也就要求我们对传统核心价值观在继承中发扬,在发扬中与时俱进。

三、辩证思维

"四史"教育始终坚持辩证唯物主义的世界观和方法论,高举中国特色社会主义伟大旗帜,在国家制度建设、意识形态建设和社会发展建设等方面,有着强烈的忧患意识、战略意识和担当意识。习近平总书记运用战略思维,在"四史"教育中,主张强化问题意识,抓住发展中的主要矛盾;坚持矛盾的普遍性和客观性,注重教育对象和内容的综合平衡;尊重客观实际,直面矛盾,力戒主观专断。

---

① 习近平. 在纪念孔子诞辰2565周年国际学术研讨会暨国际儒学联合会开幕式上的讲话[M]. 光明日报, 2014–09–25(1).

（一）坚持问题导向

意识形态领域的问题与成果是"四史"教育形成的现实基础，运用辩证思维，坚持以现实问题为导向，善于抓住问题关键，是提高"四史"教育实效性的需求所在。"四史"教育重点从理想信念这一意识形态的"总开关"和坚持完善中国特色社会主义制度建设这一马克思主义根本原则入手，辩证地去把握。

"追求理想"是马克思主义政党的精神特质之一，中国共产党以追求人民幸福、人类解放的共产主义为终身奋斗目标。世界共产主义运动史，就是无产阶级及其先锋队不断追求、践行这个社会理想的拼搏过程。

新时代"四史"教育深化了对理想信念的定位和教育意义。党的十九大报告强调："要把坚定理想信念作为党的思想建设的首要任务，教育引导全党牢记党的宗旨，挺起共产党人的精神脊梁，解决好世界观、人生观、价值观这个'总开关'问题，自觉做共产主义远大理想和中国特色社会主义共同理想的坚定信仰者和忠实实践者。"[1] 作为精神之"钙"的理想信念，是社会个体发展不可替代的精神元素。

在唯物史观看来，社会历史发展的不同阶段都应有与之相匹配的理想信念指引社会发展方向，推动着那个时代的社会成员积极开拓。处于现实社会中的个人的发展，并非一元和绝对正面的，由于生存环境的复杂性决定了个人精神生活的多元化和易变性，个体发展存在着多维的可能空间。理想信念是一定发展阶段的期盼和规划，其实现一般需要时间的积累和质的飞跃，因此在一定时期内，理想信念有别于其他精神产物，具有相对的稳定性和不可替代性。同时，相对于其他精神产物而言，理想信念的不可替代性还体现在理想信念一旦根植于人的头脑中，将不断产生出令人奋斗拼搏的动力。"理想信念就是人的志向"[2]，志存高远才能勇往直前，有所获益。这是对高尚人格的积极塑造和对主体个性的适度张扬，只有具备高尚的人格才可能有高尚的奉献，这是社会个体实现自我肯定和社会认同的必要前提。相反，科学理想信

---

[1] 习近平. 决胜全面建成小康社会 夺取新时代中国特色社会主义伟大胜利——在中国共产党第十九次全国代表大会上的报告 [M]. 北京：人民出版社，2017：63.

[2] 习近平谈治国理政 [M]. 北京：外文出版社，2014：413.

念的缺失容易使个体滋长狭隘的个人主义。因此，作为精神之"钙"的理想信念，应进一步成为社会成员的自觉、自省意识。

马克思列宁主义、毛泽东思想和新时代中国特色社会主义理论体系是一脉相承的思想体系，是新时代"四史"教育的理论来源。新民主主义革命的胜利、中华人民共和国的成立、改革开放的成果实践都有效证明了马克思主义对于中国民族独立解放、社会建设和发展的重要意义。习近平总书记强调："一个国家实行什么样的主义，关键要看这个主义能否解决这个国家面临的历史性课题。在中华民族积贫积弱、任人宰割的时期，各种主义和思潮都进行过尝试……是马克思列宁主义、毛泽东思想引导中国人民走出了漫漫长夜、建立了新中国，是中国特色社会主义使中国快速发展起来了。"[1]这一方面意味着，马克思主义在中国近代以来的历史发展进程中得到了科学的运用和发展，取得了良好的效果；另一方面意味着，在新时期，无论是面临国内社会的转型升级，还是面对国际社会对中国特色社会主义道路的质疑，新时代"四史"教育应始终坚守马克思主义的基本原则，使其担当中国未来发展方向的导引。

要坚守马克思主义的基本原则，从根本上讲就是要完善社会主义社会制度建设。制度问题是带有根本性、全局性、稳定性和长期性的问题。因此，在"四史"教育的宣传过程中，制度宣传是重点，这是理解社会发展环境、举措以及引导大学生投身社会建设的根源性问题。习近平总书记指出要善用辩证思维，使"四史"教育坚持问题导向，善于抓住关键，从制度建设这一根本上解决当前人民群众思想困惑，解决部分党员干部迷失方向、理想信念动摇，解决社会发展公平正义等方面的问题。习近平总书记在社会意识形态建设、思想宣传路径以及维护社会公平正义等方面，都强调了制度建设和制度创新的重要性。在社会主义核心价值观建设方面，习近平总书记强调培育和弘扬社会主义核心价值观，不仅要靠思想政治教育和实践养成，还要靠体制机制来保障。在社会发展的公平正义方面，习近平总书记强调"不论处在什么发展水平上，制度都是社会公平正义的重要保证。我们要通过创新制度安排，努力克服人为因素造成的有违公平正义的现象，保证人民平等参

---

[1] 十八大以来重要文献选编：上［M］.北京：中央文献出版社，2014：109.

与、平等发展权利"[1]，必须"注重制度建设，花钱买制度而不是简单花钱买稳定"[2]。

（二）立足全面视角

习近平总书记在讲话中多次强调经济建设是党的中心工作，而意识形态工作是党的一项极端重要的工作。这一方面强调了物质文明、精神文明和政治文明各自的重要性，另一方面也阐释了物质文明、精神文明与政治文明的辩证关系。就物质文明与精神文明而言，"四史"教育是精神文明建设的重要组成部分，其建设伴随着物质文明发展而不断发展。习近平总书记在"四史"教育中，充分运用了立足全面、综合平衡的辩证思维，使得其系统贯穿于各个领域，辐射到社会的各个阶层。

辩证思维方法注重用联系、发展的观点看问题、办事情。"四史"教育正是运用马克思主义辩证思维而形成的。它立足全面视角，渗透于经济、政治、文化、社会、生态等各个领域，具有较强的系统性。习近平总书记强调："要在全社会广泛开展党史、新中国史、改革开放史、社会主义发展史宣传教育，普及党史知识，推动党史学习教育深入群众、深入基层、深入人心。"[3]这意味着"四史"教育应根据社会不同发展领域的具体情况开展有针对性的宣传教育，强调在各领域的整体性。只有在各个领域进行系统的跟进和宣传，才能真正做到理论和实践双向的与时俱进。

在辩证思维中，"四史"教育作为一个系统，作为一个整体存在，由教育内容、对象、原则、方法等多个子系统构成，而且不同子系统内部还由多个要素组成。就宏观层面而言，"四史"教育在国家发展面临百年未有之大变局这一大环境基础之上，与政治、经济、文化、社会等领域的发展相生相长。同时，人民的生产生活方式的转变、外来思想的融合、历史文化的延伸、政策法规的出台、主流价值观的引导以及社会阶层分化等因素，也在不断影响着"四史"教育的成效。因此，就辩证思维的整体性而言，新时期"四史"

---

[1] 习近平谈治国理政：第1卷[M]．北京：外文出版社，2018：97.
[2] 习近平关于全面深化改革论述摘编[M]．北京：中央文献出版社，2014：100.
[3] 习近平．在党史学习教育动员大会上的讲话[J]．求是，2021（7）：11.

教育的形成立足于全面视角，观照了社会发展的各个领域。

在当前多质的大众群体中，个体思想的发展越发多元、易变，"四史"教育是一项特殊的教育实践活动，其内容构成也十分丰富。例如，习近平总书记曾针对党政领导干部、部队官兵、青年学生等不同教育对象，从不同角度强调"四史"教育方面的一系列问题。这就意味着"四史"教育要培养的是在思想观念、政治立场、道德规范上"完全同一"的人。将"四史"教育传播到社会各个阶层，是基于一定的政治立场和思想道德要求，通过不同领域的各自视角表现出来的。因此，在辩证思维的影响下，新时代"四史"教育更加注重宏观与微观相结合的整体性、旧质与新质相结合的科学性、传统与现代相结合的时代性、民族与世界相结合的前瞻性，创新优化了其内容结构。

（三）发挥主观能动性

尊重客观实际、发挥主观能动性，是辩证思维的特点之一，也是新时代"四史"教育的一个特点。"四史"教育虽然存在主体意识层面的教育，但是基于辩证唯物主义立场的思考，并不意味着我们能够随便联系或是将脱离实际的想象强加于客观对象。只是基于现实的客观环境以及发展需求，在根本理念以及方法论上做了本质说明。新时期"四史"教育中，运用辩证思维，尊重客观实际，力戒主观专断，是避免主观唯心主义的表现。习近平总书记在尊重客观实际的同时，强调"宣传思想工作创新，重点要抓好理念创新、手段创新、基层工作创新，努力以思想认识新飞跃打开工作新局面，积极探索有利于破解工作难题的新举措新办法，把创新的重心放在基层一线"[①]。其中，思想教育创新、理念创新是积极发挥主观能动性的表现。但是，主观能动不等于主观专断，"专断"是脱离客观实际，停留于个人思想层面的感性存在。这种感性存在易于陷入形而上的片面性和极端化。根据马克思主义唯物辩证法思想，矛盾是客观存在的，现存世界充满着矛盾，没有矛盾就没有世界。但是，这并不意味着我们在矛盾面前无能为力。相反，我们要以积极的态度正视矛盾，树立强烈的问题意识，以问题倒逼我们的主观能动性，在尊重客观矛盾的同时，认识矛盾、把握矛盾，这也是"四史"教育与时俱进的

---

① 习近平谈治国理政：第1卷[M].北京：外文出版社，2018：155.

要求和动力所在。

四、底线思维

当今世界正面临百年未有之大变局，无论是给政党或国家还是给社会或个人，都带来了一定的发展机遇，但同时也使其面临着各种考验和挑战。在这个情况下，坚持底线思维、增强底线思维能力就显得越发重要。底线思维不仅是习近平总书记在治国理政过程中坚持的科学思维，还是党的十八大以来思想政治教育思想形成进程中强化"居安思危"意识的主要思维方法。所谓"底线思维能力，就是客观地设定最低目标，立足最低点，争取最大期望值的一种积极的思维能力"[①]。当前中国共产党面临着"四大危险""四大考验"和"八大斗争"，中国社会发展中的生态危机和道德滑坡的现象依然存在，这些都倒逼中国共产党要强化"居安思危"意识，这也是新时代"四史"教育应承载的必然使命。

（一）遵守"党性原则"

党性原则指共产党员在党的实际活动中坚持党性必须坚持的原则，这些原则构成了全体党员的基本行为规范。当前，在党的建设方面，面临着"四大危险""四大考验"以及"八大斗争"；在社会建设方面，生态的破坏和生态红线的警示，要求要着力发展转型；在公民道德建设方面，道德滑坡现象和泛道德化批判现象的产生，都对"四史"教育提出了更高的要求。由此，新时代"四史"教育运用底线思维，强化"居安思危"意识，就表现为遵守"党性原则"强化宗旨意识，明确"生态红线"强化红线意识，维护"人格底线"强化道德意识。

坚持以马克思主义作为行动指南，是"四史"教育要始终坚持的根本理论，同时也是衡量一个共产党员有无党性和党性强弱的首要标志。马克思主义理论强调，共产党人"是各国工人政党中最坚决的、始终起推动作用的部分"[②]。马克思主义理论是中国共产党带领中国人民实现民族独立、国家富强的

---

① 习近平总书记系列重要讲话读本［M］.北京：人民出版社，2014：180.
② 马克思恩格斯选集：第1卷［M］.北京：人民出版社，2012：285.

科学理论。然而，在新的时代条件下，随着党员队伍不断在壮大、多元思潮相互激荡，党员队伍建设也面临着新的危险和考验，这在很大程度上归咎于部分党员干部未深入学习领会马克思主义，被现实生活中表象的物质享受所蒙蔽，偏离了马克思主义的立场、观点和方法，从而动摇了自己的思想政治立场。

如果说，坚持以马列主义、毛泽东思想和习近平新时代中国特色社会主义理论体系为行动指南，是保持先进性的"灵魂"所在，那么每个共产党员则是构成党的先进性的"细胞"。为了适应社会发展的新形势和完成新任务，习近平总书记针对党员群体的思想政治状况，强调应树立风险意识，不断加强党性锻炼，自重、自省、自励，自觉进行政治修养、理论修养、道德修养和优良传统作风修养，掌握马克思主义的立场观点和方法。党的十九大报告指出："全党要更加自觉地坚定党性原则，勇于直面问题，敢于刮骨疗毒，消除一切损害党的先进性和纯洁性的因素，清除一切侵蚀党的健康肌体的病毒，不断增强党的政治领导力、思想引领力、群众组织力、社会号召力，确保我们党永葆旺盛生命力和强大战斗力。"[①] 为在中国后续发展中始终保持党员干部的先进性，在广大人民群众中发挥引领作用，首先要通过"四史"教育，纠正错误思想，用马克思主义理论武装全党，增强和巩固每位党员的党性意识，加强党性锻炼和修养，坚定为共产主义事业奋斗终生的政治立场。

全心全意为人民服务是党的宗旨，也是运用群众史观加强党员队伍思想政治建设的指导思想。唯物史观的创立揭示了人类社会发展的普遍规律，并从事实判断和价值判断两个维度确定了人民群众在历史发展过程中的主体地位。"人民群众是历史的创造者"构成了中国共产党人在社会历史问题上的根本观点，而共产党人"没有任何同整个无产阶级的利益不同的利益"[②]，马克思、恩格斯、列宁都强调无产阶级政党必须同人民群众保持密切联系，坚持群众史观；"全心全意为人民服务"作为中国共产党的根本宗旨，是党性原则的集中体现，也是新时代"四史"教育的重要内容。党性和人民性是统一的，

---

① 习近平.决胜全面建成小康社会 夺取新时代中国特色社会主义伟大胜利——在中国共产党第十九次全国代表大会上的报告［M］.北京：人民出版社，2017：16.

② 马克思恩格斯选集：第1卷［M］.北京：人民出版社，1995：285.

是每一个共产党员都应该明白的道理，都必须始终坚守的准则。能不能全心全意为人民服务，是检验一个共产党员的试金石。新时代"四史"教育，要始终坚持马克思主义的群众史观，坚持从群众中来到群众中去这一理念。

批评与自我批评是中国共产党的优良传统；勇于开展批评与自我批评，坚持真理、修正错误，是我们党区别于其他政党的显著标志。批评与自我批评在针对党性修养方面，与"四史"教育有着共同的目标指向，增强了"四史"教育中的批判意识和自我批判发展意识。当前，在我国发展机遇与挑战并存、党员队伍庞大而复杂的现实境遇下，中国共产党需要以更高水平的执政能力和更严格的党建原则来迎接挑战，中国共产党比以往任何时候都更需要通过批评与自我批评，加强党员的批判意识和党性修养。所谓党性修养，就是指共产党员按照党性原则所进行的自我改造、自我约束、自我教育、自我提高、自我培养、自我完善的过程，是将党的性质内化为自身党性的具体途径。党性修养侧重的是党员自身发展的内在动因，它强调党员应坚守党性原则，加强理论联系实际，提升自我身心修养。党性修养是做合格共产党员的必由之路。

（二）强化道德意识

马克斯·韦伯认为："我们的时代，是一个理性化、理智化，总之是世界祛除巫魅的时代；这个时代的命运，是一切终极而最崇高的价值从公众生活中隐退——或者遁入神秘生活的超越领域，或者流于直接人际关系的博爱。"[1]当前，随着我国经济、政治、文化等方面的发展和调整，部分学生存在着对新秩序的不适应及价值观的扭曲，严重冲击着个体道德建设的心里底线。正因为如此，习近平总书记强调，要加强社会主义核心价值体系建设，积极培育和践行社会主义核心价值观，全面提高公民道德素质。

"崇德向善"是中华民族历久弥坚的民族精神，"善"是良好道德的体现，坚守人格底线强化道德意识是社会成员追求"至善道德"的前提。但是，随着现代社会的转型，传统道德所游刃的熟人社会已逐渐向生人社会转变，传

---

[1] GARTH H H, MILLS C W.From Max Weber: Essays in Sociology [M].Oxford: Oxford University Press, 1946: 155.

统社会的同质性与封闭性趋于消散。"至善"在现代社会中表现为民主、公平、正义。因此，作为社会个体一员的大学生，所承担的不仅有对熟人的情感底线，还应承担起对生人、对社会公共领域事物的是非善恶的明辨。在生人社会的公共领域，道德的善恶也代表着社会的正义问题，正如有关学者所认为的："道德问题，首先是一个社会正义问题，缺乏基本的社会正义，人类道德问题就无从得到基本的解释。"[①]在道德培育过程中，强调善恶底线，是现代人基本生存和发展所需。善恶底线的存在是规范社会成员对他者行为。习近平总书记指出："对党员、干部来说，思想上的滑坡是最严重的病变，'总开关'没拧紧，不能正确处理公私关系，缺乏正确的是非观、义利观、权力观、事业观，各种出轨越界、跑冒滴漏就在所难免了。思想上松一寸，行动上就会散一尺。思想认识问题一时解决了，不等于永远解决。"[②]

五、创新思维

"创新是引领发展的第一动力。"[③]创新思维是一切创造性活动中具有根源性意义的存在，重视思维方式和方法的创新，也是马克思主义的科学世界观与方法论的基本品格。党的十九大报告指出："实践没有止境，理论创新也没有止境。……我们必须在理论上跟上时代，不断认识规律，不断推进理论创新、实践创新、制度创新、文化创新以及其他各方面创新。"[④]在创新思维的推动下，新时期"四史"教育需要强调创新者的理念。

（一）解放思想

解放思想、实事求是是马克思主义的理论精髓，也是中国化马克思主义理论体系的精髓。新时代，中国经济新常态理念的提出与实施，是党在经济领域的最新发展思路，这不仅要求"四史"教育要及时动态跟进，同时，新

---

① 万俊人.现代西方伦理学史：下卷［M］.北京：北京大学出版社，1992：723.
② 习近平.在党的群众路线教育实践活动总结大会上的讲话［N］.人民日报，2014-10-08（2）.
③ 习近平关于科技创新论述摘编［M］.北京：中央文献出版社，2016：7.
④ 习近平.决胜全面建成小康社会　夺取新时代中国特色社会主义伟大胜利——在中国共产党第十九次全国代表大会上的报告［M］.北京：人民出版社，2017：26.

常态理念也助推了"四史"教育顺应时代发展规律、发挥创新意识能动性。

在"四史"教育中,新常态理念顺应历史发展规律,是对社会主义初级阶段党的基本路线的创新理解。要坚持以经济建设为中心,就要适应经济发展新常态。要适应经济发展新常态,首先要吸取照搬照抄的教训和打破盲目追求经济总量增长的惯性思维,这是顺应历史发展规律的必然。习近平总书记始终反复强调反对"唯经验定势",原因在于"唯经验定势"存在很大的思维局限性。它或者存在时空狭隘性,或者存在主体狭隘性,或者存在经验之外的偶然性,这些都将成为一种"致命的限制"。一旦形成"迷信经验"的惯性思维,势必降低创新能力,形成固定思维,造成"唯经验定势"。[①] 新常态理念的提出,是在谋求单纯增长的瓶颈期的创造性转变,是与个人发展紧密相连的包容性增长。经济建设的主体是人,要使大学生充分理解新常态理念、适应新常态发展需要,就要通过"四史"教育去引导,这是对党在社会主义初级阶段的基本路线的一种创新理解。

新常态理念,体现了习近平总书记在尊重社会发展客观规律基础上的创新意识,推动了对新时代经济发展理念的把握和教育。习近平总书记秉持经济发展新常态理念,全面深化经济体制改革,注重科技意识的导向性,并将其渗透于新时代的"四史"教育中。

第一,创新理解马克思主义经济制度。以改革创新为动力、发挥中国经济发展的后发优势,是经济新常态的重要意蕴,也是新时代"四史"教育对马克思主义经济制度的最新理解。习近平总书记指出:"能不能适应新常态,关键在于全面深化改革的力度。"[②] 在经济体制改革中,按照马克思主义的社会主义理论,社会主义制度下的经济制度应是生产资料公有制、计划经济和按劳分配,然而处于社会主义初级阶段的中国显然无法照搬照用该理论。党的十五大提出:"公有制为主体、多种所有制经济共同发展,是我国社会主义初级阶段的一项基本经济制度。这一制度的确立是由社会主义性质和初级阶段

[①] 石国亮.领导干部的看家本领——哲学与领导智慧[M].北京:外语教学与研究出版社,2014:39.

[②] 习近平.谋求持久发展 共筑亚太梦想[N].人民日报,2014-11-10(1).

的国情决定的。"①这是生产关系必须适应生产力的理论应然,是社会主义初级阶段国家经济发展的时代所需。

第二,在新常态下进一步树立科技意识。所谓"科技意识",顾名思义,即对科技在社会建设发展中的地位、价值的认识和理解。在经济新常态下,生产力的发展依托于强大的科技及科技意识。这里所说的科技,不单纯指科学技术,而是一个系统的整体,其中包括在"四史"教育中对科技地位、生产力价值和社会发展作用的认知和把握。当前我国科技动力仍不足,其中一方面原因在于以往的科技式微。在经济新常态下,要发挥科技创新的后发动力,首先要在思想上树立对科技的理性认识。马克思在评判资本主义社会的科技动力时曾强调:"资产阶级在它的不到一百年的阶级统治中所创造的生产力,比过去一切时代创造的全部生产力还要多,还要大。"②资本主义社会的迅猛发展足以验证科技的强大动力,在该动力背后是鲜明的科技意识,但建立在剥削制度之上的科技意识只代表少数统治阶级的意志。在实行社会主义制度的国家,科技的发明创造是为全体社会成员服务的,并成为人民对自我异化积极扬弃的有力武器。

(二)和谐发展

新时代以来,习近平总书记多次提到"政治生态"这一概念。他指出:"做好各方面工作,必须有一个良好政治生态。"③净化政治生态、营造民主廉洁的良好氛围,是中国特色社会主义政治文明建设的重要目标。在新时代"四史"教育中,净化政治生态、实现和谐发展是其实现政治价值的体现。

政治生态理念,是党根据当前我国建设实际,应对现代政治风险、加强政治文明建设的创新成果。政治生态理念,是在传统人与人、人与社会关系的基础上,创造性地将生态文明理念引入政治建设领域,实现个人、社会和自然的和谐统一的一种理念,"不以确保社会生态系统中自然、人、社会等某一单项指标的最优化为目标,而是努力实现人与自然相互关系在社会意义上

---

① 中国共产党第十五次全国代表大会文件汇编[M].北京:人民出版社,1997:21.
② 马克思恩格斯文集:第2卷[M].北京:人民出版社,2009:36.
③ 习近平关于全面从严治党论述摘编[M].北京:中央文献出版社,2016:33.

的最适化，即充分兼顾人、自然、社会诸项因素，使之以最合理的方式协调地、平衡地发展"①。政治生态理念的宣传适应了当前我国政治文明建设的实际需求，深刻诠释了人民立场对当前我国和谐政治生态建设的重要价值。政治生态能否得以健康存在和文明发展，很大程度上取决于社会成员尤其是党员干部对当前政治体系、社会环境以及人化自然的关系的理性认知。因此，新时代"四史"教育必须有机融入政治生态理念的内容，以推进大学生对该理论的理性认识和把握，同时也以此坚定政治立场。

净化政治生态环境，有助于坚定"四史"教育中的政治立场、观点。列宁曾指出在各方面的教育工作中，我们都不能抱着教育不问政治的旧观点，不能让教育工作不联系政治。在现代社会，政治生态的核心主要表现为政党政治。净化政治生态环境，是政治文明发展到当下保持中国共产党先进性的应然要求。习近平总书记多次强调："自然生态要山清水秀，政治生态也要山清水秀。"②加强党的建设，必须营造一个良好的从政环境，是全面从严治党的重要命题，也是"四史"教育者在引领和谐民主政治导向过程中所必须吸收借鉴的内容。习近平总书记指出："每一个共产党员特别是领导干部都要牢固树立党章意识，自觉用党章规范自己的一言一行，在任何情况下都要做到政治信仰不变、政治立场不移、政治方向不偏。"③

（三）返本开新

"文化是民族的灵魂，是维系国家统一和民族团结的精神纽带，是民族生命力、创造力和凝聚力的集中表现。"④在新时期"四史"教育中，应有效地将传统文化与现代社会、民族精神与世界文化传承交融，让中国文化活起来，将传统优秀文化作为新时期"四史"教育的机制支撑。

一个民族优秀文化的传承，是指引该民族人民团结奋斗持之以恒的精神

---

① 周德明.智力圈：人与自然关系新论［M］.北京：科学出版社，1991：177.
② 习近平总书记系列重要讲话读本［M］.北京：人民出版社，2016：122.
③ 习近平.更加科学有效地防治腐败 坚定不移把反腐倡廉建设引向深入［N］.人民日报，2013-01-25（1）.
④ 习近平.干在实处 走在前列——推进浙江新发展的思考与实践［M］.北京：中共中央党校出版社，2016：293.

动力。在实现中华民族伟大复兴的建设发展中，民族的认同感和人民的凝聚力不可或缺，而这种认同感和凝聚力不是无源之水、无本之木，它需要社会成员对自己所属国家民族进行认知、接纳和认同。中华优秀传统文化"以其独特的精神价值和理论建构特别是正大日新、革故鼎新的品格而具有穿越千年时光的持久魅力，使得中华民族无论经历怎样的危难与变故始终作为一个命运共同体和情感共同体而存在，使得世世代代的中国人无论身在何处处于何种地位始终葆有难以摧毁的精神根柢和气象"①。而后人这种对传统文化的觉醒、继承和创新，就是一种文化自觉的表现。费孝通先生曾经指出："文化自觉是一个艰巨的过程，首先要认识自己的文化，理解所接触到的多种文化，才有条件在这个正在形成中的多元文化的世界里确立自己的位置，经过自主的适应，和其他文化一起，取长补短，建立一个有共同认可的基本秩序和一套与各种文化能和平共处、各抒所长、联手发展的共处条件。"②在全球化中，我国面临外来文化的冲击越发剧烈，习近平总书记十分重视文化的力量，强调坚守文化自觉，强调对中华文化的学习和传承。坚持文化自觉，不仅是对传统文化的延续，更关乎在多元价值浪潮的冲击中安身立命的根基，只有建立在对自身传统文化的深刻领悟和强烈自觉的基础之上，才能激发社会成员强烈的文化认同和热爱，以实现民族文化的自信在新时期的精神引领和价值创新中的作用。

新时期"四史"教育从人们思想形成的客观实际出发，把握人们思想形成、变化、发展的客观规律，强调在文化自觉的基础上，人们应当回归本民族文化并挖掘其内在精华与核心文化机制，在立足自身的基础上取其精华、去其糟粕，将民族文化作为自身热爱祖国、拥护中国共产党领导、融入社会发展的精神动力。

从历史视角分析，当前思想政治教育中的"四史"教育、中国梦教育、社会主义核心价值观等内容，都是建立在传统文化核心精髓的支撑上，有着一脉相承的价值引领。传统文化为当代中国梦思想以及社会主义核心价值观

---

① 王泽应.论承继中华优秀传统文化与践行社会主义核心价值观[J].伦理学研究，2015（1）：7.
② 费孝通.对文化的历史性和社会性的思考[J].思想战线，2004（2）：4.

提供了理论来源和价值支撑，是久经历史考验的文化经典在当代精神文化中的集中体现。从实践视角分析，文化自信的动力不仅体现在精神层面，更需要落实到人的行为当中。实践是马克思主义理论中一以贯之的范畴，在马克思看来，"全部社会生活在本质上是实践的"①。从根本上讲，传统文化的精神动力最终要转化为人的实践，在实践中认识社会、改造社会，并推动社会向前发展。习近平总书记强调："在漫长的历史进程中，中国人民依靠自己的勤劳、勇敢、智慧，开创了各民族和睦共处的美好家园，培育了历久弥新的优秀文化。"②历久弥新的优秀文化来源于实践，并通过不断的实践创新形成稳固的文化自信，这正是在历史唯物主义的基础上，将传统文化精髓与马克思主义基本原理相结合，运用马克思主义的方法论反思和践行传统文化的创新表现。

在经济全球化时代，跨区域交往日趋频繁，各区域在交往过程中都不同程度承载着各自的文化元素和精神内核。在各国文化交错移植的过程中，多元复杂的文化产物在新技术媒体的推动下被快速传递和消费，由此呈现出多质文化的包容发展。对此，习近平总书记既注重各国文化的包容发展，也强调在全球多元文化并存条件下增强文化反思，在反思中实现返本开新。党的十八大以来，习近平总书记在不同场合多次提到"一枝独放不是春，百花齐放春满园"的理念。新时期"四史"教育中的文化活力，一方面在于包容发展，积极提倡区域间的文化交流，只有交流互鉴，一国的文化才能延绵长久、充满活力；另一方面在于增强文化的创造力，更好地融合多元文化的精华，葆有和延续本民族文化的生命力，在全球文化竞争中占据优势地位并获得话语权。否则，在全球交往中就容易丧失本国文化符号和特征，会削弱文化自信心与吸引力，进而影响到本国的经济、政治和其他领域的发展。

---

① 马克思恩格斯选集：第1卷［M］.北京：人民出版社，2009：501.
② 习近平谈治国理政：第1卷［M］.北京：外文出版社，2018：4.

第三节　新时代大学生"四史"教育的实践路径

　　2020年1月，习近平总书记在"不忘初心、牢记使命"主题教育总结大会上明确指出："要把学习贯彻党的创新理论作为思想武装的重中之重，同学习马克思主义基本原理贯通起来，同学习党史、新中国史、改革开放史、社会主义发展史结合起来。"2020年4月，教育部等八部门联合印发了《关于加快构建高校思想政治工作体系的意见》，当中提到"加强政治引领"的重要内容之一就是"加强党史、新中国史、改革开放史、社会主义发展史教育"。2020年6月，习近平总书记在给复旦大学《共产党宣言》展示馆党员志愿服务队全体队员的回信中谈到，希望广大党员特别是青年党员认真学习马克思主义理论，结合学习党史、新中国史、改革开放史、社会主义发展史，在学思践悟中坚定理想信念，在奋发有为中践行初心使命，努力为实现"两个一百年"奋斗目标、实现中华民族伟大复兴的中国梦贡献智慧和力量。紧接着，教育部发文明确要求在全国高校师生中开展党史、新中国史、改革开放史、社会主义发展史学习教育，并且与加强爱国主义教育、落实立德树人根本任务贯通起来。至此，在庆祝中国共产党百年华诞之际，关于推进"四史"学习教育的文件、讲话精神的接连出台，在全国上下掀起了一股学习"四史"的新热潮。

　　高校作为培养新时代中国特色社会主义事业合格建设者和可靠接班人的主阵地，坚持"四史"学习教育与立德树人紧密结合，推进"四史"学习教育与思想政治工作深度融合，引领广大青年学生学好"四史"这门必修课，从"四史"中筑牢信仰根基、锤炼意志品质、汲取奋进力量。"四史"学习教育必将成为加强和改进新形势下高校思想政治工作的重要内容。

一、强化顶层设计，协同育人促提升

（一）牢牢掌握党对高校工作的领导权

　　习近平多次提出要重视学校思想政治教育，深入开展"四史"教育，并

做出了一系列重要指示。2014年12月，习近平对第二十三次全国高校党建工作会议做出重要指示，指出要"坚持和完善党委领导下的校长负责制，不断改革和完善高校体制机制"①。

2016年12月，习近平在全国高校思想政治工作会议上强调："办好我国高等教育，必须坚持党的领导，牢牢掌握党对高校工作的领导权，使高校成为坚持党的领导的坚强阵地。""高校党委对学校工作实行全面领导，承担管党治党、办学治校主体责任，把方向、管大局、作决策、保落实。"②2018年9月，习近平在全国教育大会上指出："加强党对教育工作的全面领导，是办好教育的根本保证。教育部门和各级各类学校的党组织要增强'四个意识'、坚定'四个自信'，坚定不移维护党中央权威和集中统一领导，自觉在政治立场、政治方向、政治原则、政治道路上同党中央保持高度一致。各级党委要把教育改革发展纳入议事日程，党政主要负责同志要熟悉教育、关心教育、研究教育。各级各类学校党组织要把抓好学校党建工作作为办学治校的基本功，把党的教育方针全面贯彻到学校工作各方面。思想政治工作是学校各项工作的生命线，各级党委、各级教育主管部门、学校党组织都必须紧紧抓在手上。"③

党的十八大以来，党中央出台了多项重要文件，对加强党对高校思想政治工作的领导，进一步完善高校思想政治教育领导体制进行了布置和要求。2014年，中共中央办公厅印发的《关于坚持和完善普通高等学校党委领导下校长负责制的意见》中明确指出党委要统一领导学校工作，"领导学校思想政治工作和德育工作，坚持用中国特色社会主义理论体系武装师生员工头脑，培育和践行社会主义核心价值观，牢牢掌握学校意识形态工作的领导权、管理权、话语权。维护学校安全稳定，促进和谐校园建设"④。另外，校长主持

---

① 习近平就高校党建工作作出重要指示强调　坚持立德树人思想引领　加强改进高校党建工作[N].人民日报，2014-12-30（1）.

② 习近平在全国高校思想政治工作会议上强调　把思想政治工作贯穿教育教学全过程　开创我国高等教育事业发展新局面[N].人民日报，2016-12-09.

③ 习近平在全国教育大会上强调　坚持中国特色社会主义教育发展道路　培养德智体美劳全面发展的社会主义建设者和接班人[N].人民日报，2018-09-11.

④ 中办印发《关于坚持和完善普通高等学校党委领导下的校长负责制的意见》[N].人民日报，2014-10-16.

学校行政工作,"组织开展思想品德教育,负责学生学籍管理并实施奖励或处分,开展招生和就业工作"[①]。该意见对高校党委和行政在思想政治教育中的地位和任务做出了明确规定,是当前和今后一个时期该项工作领导管理体制确立和变革的依据。2015年,中共中央组织部、中共中央宣传部、教育部印发《关于领导干部上讲台开展思想政治教育的意见》,文件明确要求:"每个领导干部每学期至少上一次讲台。保证每所高校的学生每学期至少听1次地市级以上领导干部的报告或形势与政策课。"2017年,中共中央印发《关于加强和改进新形势下高校思想政治工作的意见》,明确提出要加强和改善党对高校的领导。具体包括:"要完善高校党的领导体制,坚持和完善普通高校党委领导下的校长负责制,高校党委对本校工作实行全面领导,履行管党治党、办学治校的主体责任,切实发挥领导核心作用。"关于高校领导班子的任务和责任,文件指出:"按照社会主义政治家、教育家标准,选好配强高校领导班子特别是党委书记和校长。高校党委书记主持党委全面工作,履行高校思想政治工作和党的建设第一责任人的职责。校长是学校的法人代表,在党委领导下组织实施党委有关决议,行使高等教育法规等规定的各项职权。其他党委班子成员履行'一岗双责',结合业务分工抓好思想政治工作和党的建设工作。"[②]

(二)多措并举优化加强"四史"教育工作队伍建设

党的十八大以来,高校思想政治工作队伍建设进入了新的阶段。中共中央宣传部、中共教育部党组《关于加强和改进高校宣传思想工作队伍建设的意见》指出:"统筹推进高校党政干部和共青团干部、思想政治理论课教师和哲学社会科学课教师、辅导员和班主任、心理健康教育教师和学生骨干等宣传思想工作队伍建设,培育建设网络评论队伍,是全面落实新形势下高校宣传思想工作战略任务的基础工程。"在新的战略定位下,高校思想政治教育队伍建设进入了一个新阶段。

一是建设一支可信、可敬、可靠、乐为、敢为、有为的思政课教师队伍,

---

① 中办印发《关于坚持和完善普通高等学校党委领导下的校长负责制的意见》[N].人民日报,2014-10-16.

② 中办印发《关于坚持和完善普通高等学校党委领导下的校长负责制的意见》[N].人民日报,2014-10-16.

当好青年"四史"学习教育的"主讲人"。习近平高度重视思政课教师队伍建设，在全国教育大会上明确指出："要配齐建强思政课专职教师队伍，建设专职为主、专兼结合、数量充足、素质优良的思政课教师队伍。"①2018年，教育部办公厅印发《高校思想政治理论课教师队伍建设专项工作总体方案》，文件从完善思政课教师队伍建设规划、创新思政课教师队伍培养举措、加强思政课教师工作指导、不断夯实高校思政课教师队伍建设各项保障四个方面对整体推进思政课教师队伍建设做出了规定。2019年，中共中央办公厅、国务院办公厅在《关于深化新时代学校思想政治理论课改革创新的若干意见》中强调要加快壮大学校思政课教师队伍，提出"高校要严格按照师生比不低于1∶350的比例核定专职思政课教师岗位，在编制内配足，且不得挪做他用，并尽快配备到位"，此外，还强调要切实改革思政课教师评价机制，并提出"按教师比例核定思政课教师专业技术职务（职称）各类岗位占比，高级专业技术职务（职称）岗位比例不低于学校平均水平，指标不得挪做他用"等多项实际举措。

二是重视辅导员队伍建设。高校辅导员作为高校思政队伍的重要组成部分，是开展大学生思想政治教育的骨干力量。2017年，教育部对《普通高等学校辅导员队伍建设规定》进行了修订。文件规定：高等学校应当按总体上师生比不低于1∶200的比例设置专职辅导员岗位，按照专兼结合、以专为主的原则，足额配备到位；高等学校可以从优秀专任教师、管理人员、研究生中选聘一定数量兼职辅导员。兼职辅导员工作量按专职辅导员工作量的三分之一核定。除保证数量要求外，进一步促进辅导员队伍专业化职业化发展也是新时代思想政治工作的重要特征。采取的主要举措包括组织开展辅导员职业能力大赛，专门划拨博士招生名额，实施辅导员访问学者项目，促进专家型辅导员培养、严格落实辅导员"双重身份、双线晋升"和辅导员专业晋升职务单列指标、单设标准、单独评审政策等。

（三）构建新时代高校"四史"教育工作体系

体系化是新时代高校思想政治工作加强改进、创新发展的着力点。习近

---

① 习近平谈治国理政：第3卷［M］.北京：外文出版社，2020：331.

平指出:"人才培养体系涉及学科体系、教学体系、教材体系、管理体系等,而贯通其中的是思想政治工作体系。加强党的领导和党的建设,加强思想政治工作体系建设,是形成高水平人才培养体系的重要内容。"① 立足"大思政"理念,构建新时代高校"四史"教育工作体系的主要着力点有以下两个。

一是加强党对"四史"教育的领导,集中力量办好思政课。2019年3月19日,习近平主持召开了中华人民共和国历史上的首次学校思想政治理论课教师座谈会,为办好思想政治理论课提出了根本要求,指明了新时代扎实推进思想政治理论课建设的方法和路径。习近平对破解思想政治理论课工作在体制问题上的难题做出了明确指示,指出:"各级党委要把思想政治理论课建设摆上重要议程,抓住制约思政课建设的突出问题,在工作格局、队伍建设、支持保障等方面采取有效措施。""要建立党委统一领导、党政齐抓共管、有关部门各负其责、全社会协同配合的工作格局,推动形成全党全社会努力办好思政课、教师认真讲好思政课、学生积极学好思政课的良好氛围。""要完善课程体系,解决好各类课程和思政课相互配合的问题。"② 习近平的上述重要论断,为破解高校思想政治理论课的体制机制障碍指明了方向。2019年,中共中央办公厅、国务院办公厅印发《关于深化新时代学校思想政治理论课改革创新的若干意见》,明确提出"加强党对思政课建设的领导",推动建立高校党委书记、校长带头抓思政课机制,建立健全高校党委书记、校长及职能部门力量深入一线了解学生思想动态、服务学生发展的制度性安排,也为"四史"教育提供了重要路径参考。

二是构建党委统一领导、各部门各方面齐抓共管的工作格局。习近平在全国高校思想政治工作会议上的重要讲话中提出"把思想政治工作贯穿教育教学全过程,实现全程育人、全方位育人""建立部门协作常态机制""加强高校党的基层组织建设,提高党的基层组织做思想政治工作能力,是做好高校思想政治工作的基础"③ 等涉及高校思想政治工作领导体制的重要问题。在

---

① 习近平.在北京大学师生座谈会上的讲话[M].北京:人民出版社,2018:10.
② 习近平谈治国理政:第3卷[M].北京:外文出版社,2020:331-332.
③ 习近平.决胜全面建成小康社会 夺取新时代中国特色社会主义伟大胜利[N].人民日报,2017-10-28.

完善工作领导机制方面，2015年，中共中央办公厅、国务院印发《关于进一步加强和改进高校宣传思想工作的意见》，明确指出，高校党委宣传部部长由学校党委常委兼任。

2017年，中共中央《关于加强和改进新形势下高校思想政治工作的意见》指出："坚持全员全过程全方位育人，把思想价值引领贯穿教育教学全过程和各环节，形成教书育人、科研育人、实践育人、管理育人、服务育人、文化育人、组织育人长效机制。""要强化院（系）党的领导，发挥院（系）党委（党总支）的政治核心作用，履行政治责任，保证监督党的路线方针政策及上级党组织决定的贯彻执行。"[①] 在随后印发的配套文件《高校思想政治工作质量提升工程实施纲要》中，对课程、科研、实践、文化、网络、心理、管理、服务、资助、组织十大育人体系建设进行了规定。2019年，党的十九届四中全会提出："改进学校思想政治教育，建立全员、全程、全方位育人体制机制"，将"三全育人"体制机制建设作为坚持和完善社会主义制度、推进国家治理体系和治理能力现代化的一项重大任务。2020年，教育部等八部门颁布《关于加快构建高校思想政治工作体系的意见》，这也是中华人民共和国成立以来国家出台的第一个专门面向高校思想政治工作体系建设的里程碑式政策文件。文件提出以建立完善全员、全程、全方位育人体制机制为关键，抓住了高校思想政治工作的难点、痛点和问题所在。文件要求各高校党委要加强体制机制、项目布局、队伍建设、条件保障等方面的系统设计，定期分析高校思想政治领域情况，研究解决重大问题，协调推进重点任务落实，明确党委书记是思想政治工作第一责任人，校长和其他班子成员履行"党政同责、一岗双责"。

二、优化课程教学，以史育人培真知

（一）强调"四史"教育的整体性

强调"四史"教育的整体性是由"四史"所包含的知识体系决定的。"四史"并不是毫无内在关联、各自独立的四个知识体系，而是一个相互内隐，具有内在逻辑关联的知识体系。从"四史"各自的内容看，党史主要涉及的

---

① 十八大以来重要文献选编：下［M］.北京：中央文献出版社，2018：496.

是自1921年中国共产党成立以来，有关党的理论创新、自身建设等方面的内容；新中国史主要涉及的是自1949年中华人民共和国成立以来，中国共产党领导人民进行社会主义革命、建设和改革的历史；改革开放史则主要讲述自1978年改革开放以来，中国共产党领导中国人民进行社会主义现代化建设的历史；社会主义发展史则主要讲述世界社会主义运动500年的历史。虽然各自的时间起点不一，但从深层次来讲，"四史"各自间存在着相互交织、相互贯通、接续传承、因果递进的内在关联。在对"四史"教育整体性的认识上应注重以下三个方面的内容：一是把握好贯通"四史"的理论遵循——马克思主义。马克思主义是党和国家事业的理论指导，是我国的根本指导思想，在"四史"的演进中贯穿始终。"四史"是一部社会主义、马克思主义发展史，也是一部马克思主义中国化的历史。二是把握好贯通"四史"的逻辑主线——中国共产党的领导，正是在中国共产党的领导下，才有了新中国发展的辉煌成就、才有了改革开放的不断深化、才有了社会主义的强大生命力。三是把握好贯通"四史"的价值导向——为民情怀。全人类的解放和每个人的自由全面发展是马克思主义理论的最终价值旨趣，无论从中国共产党的性质和宗旨、党的群众路线、中华民族伟大复兴的中国梦、新发展理念、以人民为中心的发展思想等，人民导向始终是贯通在"四史"中的重要价值追求。高校把握"四史"教育的整体性，则必须在顶层设计层面树立培养学生大历史观的教育理念。所谓大历史观就是"以数千年大历史观之"，即把"四史"放在更广阔的历史长河中予以认识、看待和评价。大历史观能以宽广、深邃的视野观察历史，既有助于消解历史研究碎片化带来的弊端，也有助于揭示历史发展的进程、规律与趋势，更为客观地呈现历史、评价历史。

高校通过"四史"教育培养学生的大历史观，则需要做好两个方面的教育引导工作。一是教育引导学生认清历史发展的主流和支流，在历史发展主流中洞察历史发展规律和历史发展的必然性，进而坚定共产主义的理想信念。二是教育引导学生正确进行历史比较，在纵向的中国各个历史发展阶段的比较和中国与世界其他国家的横向比较中加深对中国发展道路和发展模式的认识，进而增强中国特色社会主义的理论自信、道路自信、制度自信和文化自信。通过上述两个方面的教育引导，帮助学生深刻领会"中国共产党为什么能""中国特色社会主义为什么好""马克思主义为什么行",真正调动大学生积极投身党和国家事业的积极性和主动性,切实增强高校"四史"教育的育人成效。

(二)凸显"四史"教育的层次性

强调"四史"教育目标的层次性是由"四史"知识体系的层次性所决定的。美国著名教育学家、心理学家布鲁姆曾把教育目标分为认知领域、情感领域和动作技能领域三个维度。认知领域的教育目标主要是帮助学生了解、掌握基本知识,在此基础上形成认知认同;情感领域的目标在于接受并形成情感上的支持态度,进而形成较为稳定的价值观,实现情感认同和思想认同;动作技能领域的目标在于能具备利用所学知识和思想指导现实实践的能力,获得行为上的认同和践行。从认识认同到情感认同、思想认同,再到行为认同也体现了教育目标的层层递进关系。这一教育目标分类理论对"四史"教育目标的制定亦具有很强的指导意义。一方面,"四史"教育是集历史认知教育、历史思维教育和历史规律教育等多维度教育内容于一体的综合教育,力求使受教育者在教育过程中能够加强历史知识储备,提高历史认识水平,养成历史思维方式和运用历史规律分析解决现实问题的能力等,包含了在认知领域、情感领域和动作技能领域的目标要求;另一方面,"四史"教育要体现三个层面教育目标的递进关系。受教育者只有具备了丰富的历史知识,具有一定的历史认知水平,才能在复杂的历史现象中把握历史发展线索,才能在情感和思想深处深刻认识历史发展的必然性,也才能学会运用历史思维,洞察历史发展规律,用正确的历史观来分析和解决现实发展问题。这种内在递进关系也启示高校在开展"四史"教育时必须在教育目标上注重采用循序渐进的方式,在教育目标的设立上体现层次性。高校"四史"教育目标的层次性制定,必须遵循大学历史教学的学情变化特点,注重对大学生历史思维能力的培养。大学历史教学相较于中小学历史教学而言,学情已发生较大变化,大学生经过系统的中小学阶段历史课程的教学,已具备了一定的历史知识,对历史发展脉络具有了一定的认知。因此,高校历史教学应在进一步丰富历史认知的基础上更加注重历史思维方法的训练,并以此来帮助大学生提高运用历史规律来分析现实问题的能力,也就是在教育目标上更加关注情感领域目标和动作技能领域目标的实现。历史思维是一种历史观点和历史方法,是知古鉴今、以史为鉴,运用历史视角认识事物发展规律、把握前进方向、指导当下和未来工作的观点和方法。①

高校培养大学生的历史思维能力,一方面是要系统进行历史唯物主义的教育,引导学生运用唯物史观的基本立场、观点和方法提升历史素养;另一方面是要在"四史"教育中做到史论结合。施教者要注重对史料的运用,要以客观翔实的史料来支撑"四史"的有关结论,同时要辅之以透彻的理论分析,深入阐释"四史"蕴含的历史事件的重大影响、历史人物的重要价值等,深化大学生对历史的认同及历史精神的培育;力求在"四史"教育中做到历史故事感人、学理分析服人,真正让学生更好地把握历史进步规律和发展趋势,坚定共产主义理想信念追求。

(三)注重史学类课程间的协同性

从学科发展史的视角看,各个专业学科其实都蕴含着非常丰富的历史教育资源,这也启示我们必须加强不同课程之间的协同性,实现"四史"教育的全课程覆盖。从当前高校课程体系来看,需要重点关注以下三类涉史类课程:一是高校思政课。坚持学习马克思主义理论与学习历史相结合是中国共产党思想政治理论教育的传统,也是高校思政课建设的传统。②从内容来看,各门思政课都蕴含着"四史"教育的内容,"思想道德修养与法治"课中关于价值评价、革命道德、共产主义理想信念等内容,与"四史"教育密切相关,对于帮助学生正确进行历史事件、历史人物评价,深刻把握历史发展进步规律等具有重大指导意义;"中国近现代史纲要"课本身就是历史教育与思想政治教育结合最密切的课程,是进行"四史"教育的最主要课程;"毛泽东思想和中国特色社会主义理论体系概论"课讲述了马克思主义中国化的历史进程,是对"四史"教育中有关党史、新中国史、改革开放史相关内容的深入解读,

---

① 司天卓.历史思维是领导干部必备的思维能力[N].学习时报,2019-04-15(4).
② 宋俭,廖玉洁.将"四史"教育融入高校思想政治理论课教学体系的思考[J].思想理论教育,2020(7)26.

其历史教育功能不言而喻;"马克思主义基本原理"课中有关唯物史观、社会主义发展史、资本主义发展史等内容为"四史"教育提供了最直接的方法论的指导,亦是"四史"教育的重要内容。可见,"四史"教育一直内隐在各门思政课教学内容中,只是相互之间缺乏有效的衔接与配合。二是历史学专业的相关课程。这部分课程主要针对历史学专业的学生,受众面较小,但亦是高校"四史"教育的重要课程。三是各门专业课程中有关史学类教育内容的课程,如学科发展史、专业发展史类课程,这些课程在一定程度上与"四史"教育内容息息相关,亦是通过专业课程进行"四史"教育的有效载体。

高校要实现各类史学课程间的协同,一是鼓励各类课程挖掘自身蕴含的史学教育资源,并结合"四史"教育制订贴合各个学科专业课程特点的"四史"教育课程建设实施方案,调动各门课程参与"四史"教育的积极性。二是明确各门课程所承担的"四史"教育的具体任务。高校要尽快出台相应的"四史"教育指导实施意见,明确各类各门涉史教育类课程的责任及所承担的具体教育教学任务,做到分工明确、优势互补,避免重复和相互冲突。三是建立起各类课程之间的协同机制,做到资源共享、衔接有序和同频共振,凝聚起"四史"教育的强大课程合力。在协同机制建设上,存在着两个层面的协同,一个是高校思政课之间的协同,一个是高校思政课与其他各类史学课程之间的协同。高校思政课间的协同可以由马克思主义学院内部层面予以落实,较容易实现;对于高校思政课与其他课程之间的协同,则需要学校层面的整体规划,需要具体的平台或载体予以落地。可以利用当前高校正在实施的"课程思政"工作作为主要抓手,在"课程思政"资源库中丰富历史教育的元素,加强专业课程中的历史教育,通过这一载体打通高校思政课与各专业课程之间的学科壁垒,既有益于高校"课程思政"工作的推进,又有助于高校有关"四史"教育的各类课程间协同联动机制的建立。

三、丰富教育载体,实践育人显成效

中国共产党成立以来,高校实践育人伴随时代变迁、社会发展经历了从自发到协同、由单一到多元、由临时向长效的转变过程,认识程度不断深化、内容类型更加多元、工作机制日益规范，对促进高等教育发展，培养德智体美劳全面发展的社会主义建设者和接班人做出了重要贡献，取得了显著成效。习近平总书记指出："社会是个大课堂。青年要成长为国家栋梁之材，既要读万卷书，又要行万里路。社会实践、社会活动以及校内各类学生社团活动是学生的第二课堂，对拓展学生眼界和能力、充实学生社会体验和丰富学生生活十分有益。"

（一）坚持以马克思主义为指导推进实践育人理论创新

思想是行动的先导，正确的思想会使人们采取正确的行动，而错误的思想必将会导致错误的行动。马克思主义使我们党拥有了科学的世界观和方法论，拥有了认识世界、改造世界的强大思想武器。毛泽东讲过我们敢想、敢说、敢做、敢为的理论基础是马列主义。正因为有了马克思主义的指引，我们党才能做到心明眼亮、意志坚定，在关键抉择面前不摇摆，在艰难困苦面前不畏缩，在危机重重面前不消沉，信心百倍走向胜利。[①]

中国共产党成立以来，高校实践育人的发展历程充分说明，发挥高校实践育人的重要作用，实现高校实践育人的持续健康发展，必须坚持以马克思主义为根本指导。首先，坚持以马克思主义认识论为指导。马克思主义认识论认为，人的认识离不开实践，实践是认识的来源，是认识发展的动力，也是检验人们认识正确与否的唯一标准。马克思主义认识论从哲学高度阐述了实践教育的重要性，也对高校实践育人具有重要的方法论意义。其次，坚持以马克思主义实践观为指导。马克思主义实践观认为，实践是人们为满足一定需要而进行的能动地改造物质世界和探索物质世界的活动。实践是人类社会特有的现象，是人类所特有的本质活动，是人的存在方式。实践创造了人类生存和发展的基本条件，创造出社会意识和人类社会关系等人之为人的一切特征。人是在实践中存在与发展的，实践构成了人的基本存在方式。实践是主体和客体之间相互作用的过程。实践观不仅是马克思主义不断改变自己的形式以及丰富和发展自己理论的依据，也是评价社会进步的重要标尺，科

---

① 习近平.用好红色资源　赓续红色血脉　努力创造无愧于历史和人民的新业绩[J].求是，2019（14）：13.

学实践观对于指导高校实践育人的发展与进步具有重要价值。最后，坚持以马克思主义关于人的全面发展理论为指导。马克思主义关于人的全面发展理论，从社会实践出发理解人，把人看成现实的活生生的人，进而揭示人的本质和人的全面发展的内涵，阐明了实现人的全面发展的条件，从而为科学地确定教育目的、方针提供了理论依据。

马克思主义是对时代、实践和科学发展不断发展的思想理论体系。高校实践育人要坚持以马克思主义为根本指导，更要以马克思主义中国化的最新成果为行动指南、基本遵循。毛泽东思想、邓小平理论、"三个代表"重要思想、科学发展观、习近平新时代中国特色社会主义思想，这些理论成果都是中国共产党人将马克思主义与中国具体实际、时代特征相结合的产物，是中国化的马克思主义，在我国革命、建设和改革的不同历史时期发挥了重要的指导作用。历史经验证明，什么时候我们能够坚持以马克思主义为指导，不断推进理论创新和实践创新，我们党的各项事业，包括思想政治工作，就能不断取得发展和进步，否则就会遭遇挫折和失败。进入新时代，面对复杂形势、严峻挑战，要完成好高校思想政治教育实践育人的使命任务，就必须贯彻落实党的教育方针，推进党史、新中国史、改革开放史、社会主义发展史进教材、进课堂、进学生头脑，在解决培养什么样的人、怎样培养人、为谁培养人这个根本问题上发挥重要作用。在开启全面建设社会主义现代化国家新征程的时代背景下，更需要引导广大青年学生在实践历练中增强"四个意识"、坚定"四个自信"、做到"两个维护"，自觉把个人的梦想融入中华民族伟大复兴中国梦之中，把个人的发展融入中国特色社会主义事业之中。

（二）加强理论教学与实践育人统一，促进学生知行合一

辩证唯物主义认为认识与实践是辩证统一的关系，实践决定认识，是认识的源泉和动力，也是认识的目的和归宿。认识又反作用于实践，正确的认识能指导和推动实践，错误的认识会延缓和阻碍实践。认识和实践的统一是科学地考察全部哲学以至人类历史的重要方法论原则。这一基本原理和重要方法，与中国传统文化对于知行关系的阐释有着许多相似相同之处。中国共产党在推进高校实践育人的各个历史时期，始终坚持实践第一的观点，强调

认识和实践要统一、理论必须联系实际，体现在高校实践育人中，就是在搞好高校理论教学的同时，注重结合理论教学开展丰富多彩的实践活动。"五四"时期，大批青年学生和知识分子走出城市，深入工厂，深入农村，深入工农群众中去，使学生运动与工农运动结合起来，形成了全国范围的革命运动。这一时期的国内工农互助运动和留法勤工俭学运动共同体现了民主与科学的思想，主张人民大众的教育，劳心与劳力结合、教育与生产劳动结合等，对"五四"以后新教育运动有着深刻的影响。中国共产党成立以后，在革命、建设和改革的各个历史时期，始终强调，大学生除了学习专业知识外，必须走向社会，走到工农群众中去，同他们打成一片，将所学知识与生产劳动、社会实践相结合，转化为服务社会的本领。

习近平既坚持和发展马克思主义关于认识与实践关系的原理，也高度重视对中国传统知行观的创造性转化和创新性发展，并以此勉励广大青年做到学、思、用贯通，知、信、行统一。党的十八大以来，习近平曾多次引经据典论及"知行合一"，仅针对青少年谈"知行合一"至少有6次。如2014年5月4日，习近平在考察北京大学时勉励大学生："道不可坐论，德不能空谈。于实处用力，从知行合一上下功夫，核心价值观才能内化为人们的精神追求，外化为人们的自觉行动。"[1]2016年4月26日，在知识分子、劳动模范、青年代表座谈会上，习近平指出："所有知识要转化为能力，都必须躬身实践。要坚持知行合一，注重在实践中学真知、悟真谛、加强磨炼、增长本领。"[2]2016年9月9日，习近平在北京市八一学校考察时说："教育要注重以人为本、因材施教，注重学用相长、知行合一，着力培养学生的创新精神和实践能力。"[3]2018年5月2日，习近平在北京大学师生座谈会上指出：广大青年要"做到知行合一、以知促行、以行求知，正所谓'知者行之始，行者知之成'"[4]。广大青年在日常生活和学习工作中，坚守知行合一、格物致知，才能知其道，行有方。若将二者分离，只知而不行，则会只知其一不知其二，甚至导致言行不符，

---

[1] 习近平关于青少年和共青团工作论述摘要［M］.北京：中央文献出版社，2017：28.
[2] 习近平关于青少年和共青团工作论述摘要［M］.北京：中央文献出版社，2017：53.
[3] 习近平关于社会主义社会建设论述摘编［M］.北京：中央文献出版社，2017：57.
[4] 习近平.在北京大学师生座谈会上的讲话［M］.北京：人民出版社，2018：13.

表里不一；若只行而不知，便会迷失方向，不知何处。

当前，全国高校围绕"四史"学习教育，全面开展丰富多样的实践教育活动，通过主题宣讲、班团活动、知识竞赛、微电影拍摄、经典诵读等丰富多彩的活动，加强对学生的价值引导，培养大学生的爱国主义精神，增强大学生的道路自信、理论自信、制度自信；利用网络新媒体传播优势，结合大学生思想实际，有针对性地进行教育，积极引导大学生面对纷繁复杂的信息时代，善于甄别真善假恶，引领大学生坚定理想信念，促进大学生的自主成长与健康发展。习近平总书记指出，加强党史的学习和教育，要着力抓好对广大青少年的教育。把党的历史作为各级各类学校思想政治课的重要内容，开展形式多样的党的历史知识、光荣传统和优良作风、英雄模范事迹的教育，从小培养青少年热爱党、热爱社会主义的感情极为重要，任何时候都不可忽视。课堂教育之外，要组织青少年学生瞻仰革命遗址，参观红色旅游经典、革命博物馆和纪念馆，学习革命英烈事迹，等等。这些都是对青少年进行党史教育的重要形式。

（三）实践育人课程化、基地化建设

要从根本上解决高校实践育人参与面不广、随意性大的问题，课程化建设是一个必然选择。为此，各地高校借鉴第一课堂建设思路，强化社会实践的课程化建设，开发出了一些科学精准、严谨规范的实践活动课程，并将其列入人才培养方案，纳入必修学分，为实现社会实践的规范管理和考核创造了条件。与此同时，思政课实践教学作为高校实践育人的主渠道、主阵地不断得到强化。2021年下发的《教育部等部门关于进一步加强高校实践育人工作的若干意见》指出，各高校要结合专业特点和人才培养要求，分类制定实践教学标准，增加实践教学比重，确保人文社会科学类本科专业不少于总学分（学时）的15%、理工农医类本科专业不少于25%、高职高专类专业不少于50%。师范类学生教育实践不少于一个学期，专业学位硕士研究生不少于半年。2015年教育部印发的《高等学校思想政治理论课建设标准》提出，要将实践教学纳入教学计划，统筹思想政治理论课各门课的实践教学，落实学

分（本科2学分，专科1学分）、教学内容、指导教师和专项经费，确保实践教学覆盖全体学生，建立相对稳定的校外教学基地。

为了确保高校实践育人拥有固定的教学场所、环境和可持续的教育条件，做到实践活动可控、可测、可持续，还需要拓展建立起稳定的、多元的实践基地。《教育部等部门关于进一步加强高校实践育人工作的若干意见》指出，要积极联系爱国主义教育基地、城市社区、农村乡镇、工矿企业、驻军部队、社会服务机构等，建立多种形式的社会实践活动基地，力争每个学校、每个院系、每个专业都有相对固定的基地。2020年3月，中共中央、国务院印发的《关于全面加强新时代大中小学劳动教育的意见》提出：要大力拓展实践场所，满足各级各类学校多样化劳动实践需求。充分利用现有综合实践基地、青少年校外活动场所、职业院校和普通高等学校劳动实践场所，建立健全开放共享机制。近年来，各地高校深化与地方政府、行业和相关单位的合作，建立起一批稳定的、高水平的社会实践活动基地，并精心选配社会实践活动基地的实践指导教师，进一步促进校地合作、协同育人，不断拓展了实践育人的社会资源。

（四）构建实践育人共同体

共同体的概念最早出现在德国社会学家滕尼斯1887年发表的《共同体与社会》一书中。"共同体"概念历经100多年的发展得到了新的扩展，已经在不同的话语体系与特殊语境中变成完全崭新的概念。一般而言，高校实践育人共同体是政府、高校、企业、社会各方面力量按照"目标"共同、机制共建、责任共担原则围绕高校加强和改革实践教学、有效提升大学生社会责任感和实践能力所形成的各方面力量共同参与、共同发挥作用的结合体。

坚持整合各种资源，调动校内外各方面的积极性，推动构建政府、社会、学校和家庭协同联动的"实践育人共同体"，努力形成全社会关心、支持实践育人的良好局面，是新时代高校实践育人呈现的新趋势、发展的新成就。党的十八大以来，我国高校围绕"立德树人"这一根本任务的落实，通过组织实践教学、社会实践、创新创业、军事训练等不断加强实践育人工作，在活动组织、载体建设等方面取得了突出成绩。2014年教育部首次提出"建设高校实践育人共同体"目标，同年教育部、共青团中央又提出要以政府、高校、企业为主体实施"高校实践育人共同体建设计划"。2017年12月，教育部制定的《高校思想政治工作质量提升工程实施纲要》提出，要完善支持机制，推动专业课实践教学、社会实践活动、创新创业教育、志愿服务、军事训练等载体有机融合，形成实践育人统筹推进工作格局，构建"党委统筹部署、政府扎实推动、社会广泛参与、高校着力实施"的实践育人协同体系。2019年8月，中共中央办公厅、国务院办公厅印发《关于深化新时代学校思想政治理论课改革创新的若干意见》强调，坚持开门办思政课，推动思政课实践教学与学生社会实践活动、志愿服务活动结合，思政小课堂和社会大课堂结合，鼓励党政机关、企事业单位等就近与高校对接，挂牌建立思政课实践教学基地，完善思政课实践教学机制。这就从战略高度对高校实践育人提出了新要求、明确了新任务。

可见，进入新时代以来，高校实践育人得到党和国家的高度重视、全面认可，指导思想从教育与社会实践相结合的"识国情、受教育、长才干、做贡献"，逐渐提升到与人的全面发展相结合、与中华民族伟大复兴的中国梦相结合，引导大学生运用马克思主义立场观点和方法观察、研究社会，"学党史、悟思想、办实事、开新局"，在亲身参与和体验中增强社会责任感、提升实践能力、树立家国情怀，培育和践行社会主义核心价值观。

四、营造文化氛围，引领育人方向

文化从何而来？又因何而影响人的观念和认知？西方哲人认为是神意创造了诗性智慧，而这种智慧的积淀催生了文化。中国古代思想家则将文化产生归于圣人理想情怀。然而，马克思主义历史唯物主义的观点认为，文化产生的根源既不是神创，也不是圣人理想，而是人类的生产生活实践的产物。因此，文化并非抽象的存在，它具有时代属性和社会属性。因而文化从最初起，便具有明确的教化功能、认同功能和凝聚功能，让天下人有相同的知识体系、思维方式、价值观念、思想信仰和行为规范，形成强大的亲和力和凝聚力。

中国共产党在探索中国特色社会主义建设的过程中，在继承中国优秀传统文化、创新革命文化、吸收外国优秀文化、立足当代中国发展具体实际的内外条件下，凝练出了符合当代中国发展需求的主观性、观念性的认识。学校是落实立德树人这一教育目标的责任主体，要充分发挥育人功能在大学生成长成才过程中完成价值观培育、人格塑造和优化的根本任务。大学文化育人，作为思想政治教育的途径之一，要以代表着社会主流价值的文化观念、文化载体、文化活动对学生进行价值塑造。

（一）以中国梦激励大学生提升文化自信

2012年11月29日，在国家博物馆参观《复兴之路》展览过程中，习近平总书记正式提出中国梦。习近平总书记定义"中国梦"——实现中华民族伟大复兴就是中华民族近代以来最伟大的梦想，而且满怀信心地表示这个梦"一定能实现"。中国梦代表着一个多世纪以来中国人共同的梦想，蕴含着一代代中华儿女为之奋斗的民族文化基因。民族振兴、国家富强、人民幸福的价值内涵，包含了一个整体的价值系统和完整的体系目标，是高校思想政治教育的必然要求。在中国梦的引领下，高校文化育人被赋予了新的时代内涵，指明了以文育人、以文化人的发展方向。

随着全球经济的发展，意识形态领域的竞争异常激烈。西方强权国家在通过经济和政治交流，控制着世界话语权的同时，将其文化和价值观渗透到不发达国家或地区，试图造成民族文化危机。新自由主义保留甚至极端强化个体价值与个人权利，在强调自由和人权的同时主张去国家化、去社会化；唯消费论则主张宣扬以自我为中心，以自我利益的实现消解公共利益的合理性，以追求财富最大化为人生最终目标，使人们沦为金钱的奴隶。西方资本主义的价值输出，对部分青年大学生造成负面影响，他们渴望一夜成名、一日致富。个别学生对西方文化盲目崇拜，对中国传统文化以及社会主义先进文化保持怀疑甚至否定态度。为厘清当代学生的文化认知，促使其正确认识中国特色社会主义文化特质，提升文化自信，弘扬中国精神，在中国共产党的领导下，相关部门高度重视中国梦文化内涵的发掘，围绕中国梦在青年学生中大力开展宣传教育活动。2013年1月13日,在国家互联网信息办公室、共青团中央的联合指导下,团中央网络影视中心、中国青年网主办了"我的中国梦——青春励志故事"网络文化活动,奏响了党的十八大后在互联网上引导全国青少年树立"三观三热爱"理想信念、践行伟大中国梦的青春序曲。该活动每周推出3个当代优秀青年典型的励志故事,中央主要新闻网站、地方重点新闻网站和主要商业网站在首页开设专栏,同步转载。除了线上活动外,还开展了知识大赛、青春励志宣讲等丰富的线下活动。①

同年2月,教育部下发《关于在全国各级各类学校深入开展"我的中国梦"主题教育活动的通知》,要求各地和各级各类学校以组织开展"我的中国梦"征文大赛、组织开展"我的中国梦"主题宣讲、大力推进"我的中国梦"主题校园文化建设、扎实开展"我的中国梦"主题社会实践活动、组织开展"最美中国"主题摄影及微电影创作大赛、组织开展以"我的梦·中国梦"为主题的网络文化和书信文化活动、大力培育选树学生先进典型为活动内容,加强领导,精心设计方案,认真组织实施,推动"我的中国梦"主题教育活动取得实效。

高校以中国梦为主题开展的系列教育活动,有利于进一步提升大学生的理想信念。中国梦具有丰厚的文化底蕴和文化属性,实现中华民族伟大复兴,这样一个伟大梦想,表达了对中华民族几千年优秀传统文化的传承和继往开来,蕴含着坚定的文化自信。中国是世界文明古国之一,上下五千年的华夏文明滋养了一代又一代中国人。中华民族曾经创造了璀璨的文明,为世界文明的发展做出了自己的贡献,这是我们引以为傲的历史。深挖中国梦的文化属性,将中国梦的美好愿景与文化育人相结合,有利于促使青年学生形成对中华文化的认同,树立文化自信,养成中华民族自立自强的精神品格,树立正确的世界观和人生观,树立为民族振兴而努力奋斗的理想信念和决心,在创造性转化、创新性发展中不断谱写中华文化新辉煌。

文化是激励和凝聚国民精神的重要力量,党的十八大以来,高校为深入

---

① 冯刚.改革开放40年高校思想政治教育编年史(1978—2018)[M].北京:北京师范大学出版社,2019:488.

贯彻十八大精神,全面贯彻党的教育方针,高度重视中国梦的文化激励作用,将中国梦的宣传教育和大学生爱国主义教育深度融合,在实现中华民族伟大复兴中国梦的实践中培养爱国主义情怀,采取以梦育人、以文化人的方式推动高校爱国主义教育的开展,在青年学生中厚植以爱国主义为核心的民族精神和以改革创新为核心的时代精神,旨在培育学生的爱国情、强国志、报国行,激发大学生对国家、对人民的热爱,让他们懂得取之于民、用之于民的道理,对祖国和人民心怀感恩。

中国梦强调民族振兴、国家富强和人民幸福的科学内涵,大学生的前途和国家命运紧密相连,在高校开展中国梦的爱国主义教育活动,有利于青年学生中国梦与个人梦的统一。每个人都有自己的梦想,都有自己对美好未来的憧憬,但是个人梦想实现的前提是民族复兴、国家富强。中国梦代表了中国人在建设小康社会和社会主义文明社会时的共同梦想。习近平曾用三个好来说明国家、民族和个人的关系,从梦想对象角度来揭示中国梦的本质。国家好、民族好大家才会好,这一句最简单、最朴实的话语,把国家、民族前途和个人理想有机地结合在一起,有助于大学生树立为中华民族的伟大梦想而奋斗的勇气和决心。

(二)以优秀传统文化坚定大学生的文化自觉和文化自信

文化自觉这一概念,由著名学者费孝通1997年在北大社会学人类学研究所开办的第二届社会文化人类学高级研讨班上提出。他认为文化自觉是反思传统文化、辨别借鉴西方先进文化的过程,是一种批判的实践、创造的实践过程。费孝通的"文化自觉论"首要之意便包含着对中华民族传统文化的自知与自省,通过反思传统,找寻其中对现代生存有利的精神价值。"论及'文化(culture)',通常指的是一个民族的整体生活方式及其价值系统,说得更明确些,它更多的应该是指人类的精神生产及其成果的结晶,包括知识、信仰、艺术、宗教、哲学、法律、道德等等。"[①] 作为文化认识论,文化自觉既

---

① 顾建平.简论大众文化冲击下的精英文化现状及出路[J].柳州职业技术学院学报,2009(2).

是对自我文化和他者文化的自觉体认，又是指文化主体对自我的反思与自觉。它主要体现了三层含义：其一，在全球化背景下，为适应文化多元化的社会现实，需要准确理解本民族的传统文化，了解其内生性文化特质，正确对待其中的积极与消极因素，从中解析出有利于现代社会发展的成分，各美其美，推动本土文化的继承与发展；其二，以包容的文化胸襟正确诠释各种异质文化的理论和应用价值，从中找寻具有造福人类的普适性的文化因子，并将之与本土文化的精神价值相结合，实现美人之美、美美与共的和谐文化理念；其三，在对各种文化进行比较、鉴别、整合的基础上，自觉发挥文化主体性作用，实现文化创新，形成和而不同的文化合力，增强本民族文化的实力，推动文化转型与重建。

中华人民共和国成立以来，中国人的文化认识论经历了否定之否定的曲折过程，由五四时期的否定传统，试图彻底注入新思想，到革命年代对民族传统文化、民族性格的弘扬，再到"文革"时期对传统文化的盲目批判，使中国人一度在文化断层中迷失了自我。进入新时代，面对多元文化的冲击，中国共产党认识到，引导人民开启对中华民族传统文化的自觉、自省、自信，是构建先进的话语体系、思维方式和价值标准的重要前提。

2013年，全国宣传工作会议在北京召开，习近平发表重要讲话，指出在全面对外开放的条件下做宣传思想工作，一项重要任务是引导人们更加全面客观地认识当代中国、看待外部世界，既要着力宣传阐释中国特色，又要积极借鉴人类文明创造的有益成果，讲好中国故事，传播好中国声音。中央对宣传工作的定调，对高校积极有效开展传统文化教育，引导学生正确对待中国传统文化提供了理论依据。

2014年，教育部印发《完善中华优秀传统文化教育指导纲要》，要求各类学校加强中华优秀传统文化教育。该纲要明确要求各高校以提高学生对中华优秀传统文化的自主学习和探究能力为重点，培养学生的文化创新意识，增强学生传承中华优秀传统文化的责任感和使命感。要求深入学习中国古代思想文化的重要典籍，理解中华优秀传统文化的精髓，强化学生文化主体意识和文化创新意识；深刻认识中华优秀传统文化是中国特色社会主义植根的沃土，辩证看待中华优秀传统文化的当代价值。要求将中华优秀传统文化融入课程和教材体系，编写中华优秀传统文化普及读物，高等学校统一推广使用马克思主义理论研究和建设工程重点教材《中国文化概论》；要求充分发挥高校思想政治理论课的作用，以爱国主义教育为核心，深入挖掘中华优秀传统文化中蕴含的丰富思想政治教育资源，创新教学方法和手段，提升教学效果。同时，还要求高校利用校史馆、博物馆等场所开展传统文化教育，开展各种经典文化作品传播的主题活动丰富校园文化生活。

中华民族传统文化蕴藏着几千年来积淀而成的民族性格、信仰、情感、伦理，具有经久不衰的生命力，这些文化精髓是高校文化育人的重要载体。中国的历代思想家无不主张对自身文化加以深刻反省和批判，通过文化实践实现历史文化的自觉担当。习近平总书记在十八届中共中央政治局第十二次集体学习时指出，对中国人民和中华民族的优秀文化和光荣历史，要加大正面宣传力度，通过学校教育、理论研究、历史研究、影视作品、文学作品等多种方式，加强爱国主义、集体主义、社会主义教育，引导我国人民树立和坚持正确的历史观、民族观、国家观、文化观，增强做中国人的骨气和底气。

（三）以革命文化锻造大学生艰苦奋斗、不怕牺牲的精神品质

中国共产党领导人民在革命、建设、改革中积累和形成了极为丰富的精神资源，锻造了革命精神，创造了革命文化，是中国特色社会主义文化的重要组成部分，发挥着巨大的精神动力作用。革命时期的红船精神、井冈山精神、长征精神、延安精神、西柏坡精神、三大战役精神等，建设时期的抗美援朝精神、大庆精神、大寨精神、"两弹一星"精神，改革时期的小岗精神、载人航天精神、抗洪精神、改革开放精神等，这些精神，形成独特的文化风景线，放射出耀眼夺目的光芒，照亮中华民族伟大复兴的前进之路。

革命精神构成革命文化的魂，它的内容极其丰富，包括坚定的理想信念、正确的政治方向、艰苦奋斗的工作作风、英雄主义的献身精神、百折不挠的革命意志等。这些伟大精神以文化的形态出现，必将在大学生的思想政治教育中发挥巨大作用，尤其可以弥补当代大学生比较缺乏的艰苦奋斗、不怕牺

牲等精神。革命的文化与精神之所以能够铸魂育人，在新时代发挥巨大的精神价值，主要有以下几个方面的原因：第一，中国革命文化与精神作为中国革命事业的精神遗产和文化传承，将随着这一事业的发展而不断延伸。中国革命文化与精神是中国革命事业的一部分，只要这个事业在继续发展，这个精神就会继续存在并发挥自己的作用。第二，中国革命文化与精神的核心内容是当时革命实践的升华，不仅直接适用于革命时期，而且间接适用于建设和改革时期。因为精神文化一旦产生，就具有相对的独立性和超越性。中国革命文化与精神的基本内容，不论是坚定的理想信念、正确的政治方向，还是艰苦奋斗的工作作风、百折不挠的革命意志，都是当前需要青年大学生不断去发扬光大的。第三，中国革命文化与精神体现了人性的光辉一面，是人性中崇高精神的集中体现，具有超越时空的永恒价值。当代大学生生活在和平富足的时代，享受着充裕的物质生活，但也表现出对物质的过分渴望，享乐主义在一定范围内时有体现。因此，继承和发扬艰苦奋斗的革命精神就显得十分必要。加强大学生中国革命文化与精神的教育，充分发挥革命文化的育人功能，具有重要的当代价值，在当前有其重要的现实意义。

（四）以社会主义先进文化激励大学生最深层的精神追求

社会主义先进文化，是马克思主义基本原理与中国文化发展相结合而产生的文化形态，包括世界观、人生观、政治观、价值观、革命观和群众观等一系列的思想观点，集中体现了社会主义中国的思维能力、精神品格和文明素质，能够对新时代中国特色社会主义伟大事业提供思想保证、精神动力和智力支持。社会主义先进文化能够激励青年大学生自身最深层的精神追求，在思想政治教育中发挥不可替代的作用。

第一，共产主义理想信念是社会主义先进文化的灵魂，能够激励大学生坚定崇高信仰。中国共产党人在革命斗争过程中所表现出来的坚定革命信仰和共产主义理想信念，以及革命的大无畏精神，是社会主义先进文化的重要内容。革命先辈为追求自己的理想信仰而表现出的崇高精神品质，能够感召青年大学生为实现中国特色社会主义共同理想和共产主义远大理想而奋斗。

习近平在谈到理想信念的重要性时指出："理想信念就是共产党人精神上的'钙',没有理想信念,理想信念不坚定,精神上就会'缺钙',就会得'软骨病'。"[①]青年大学生应该深入领会社会主义先进文化的精髓,树立共产主义远大理想,坚定共产主义崇高信仰,防止精神之"钙"的缺失,努力使自己成为中国特色社会主义事业的建设者和接班人。

第二,家国情怀是社会主义先进文化的根本,能够强化大学生的责任担当意识。家国情怀是中华民族传统文化的重要价值观,经过岁月风霜的洗礼,历久弥新。优秀的中国共产党人始终怀有浓厚的家国情怀。和平时期,保家卫国的历史使命相对弱化,而建设我们的美好家园却是十分重要的任务。青年大学生应该主动继承优良传统,怀揣家国情怀,接过先辈们的接力棒,努力学好本领,不断培养科学精神、创新精神、创业精神,积极投身于社会主义现代化建设的伟大事业。

第三,实践品格是社会主义先进文化的重要体现,能够激励大学生广泛投身社会实践。勇于实践是马克思主义的重要精神品质,是社会主义先进文化的重要体现。大学阶段是青年人生发展的关键阶段,青年大学生不能将大好光阴浪费在上网、打游戏等方面,而应该积极地投身社会实践,改造客观世界,同时改造自己的主观世界,在实践中体验创造的乐趣,有利于大学生积极思考人生的意义和价值,积极投身党领导和开创的宏伟事业。

(五)以大学精神彰显文化内涵和文化力量

大学是大学生生活的时空场域,大学的一草一木、一窗一物、一人一事,都会潜移默化地对大学生产生重要影响。大学精神是大学文化的重要组成部分,是大学文化的核心和灵魂。大学精神的载体大体可以分为两大类:一类是传统的物质形态,包括体现办学特色的校园主体建筑,展示校园文化的园林景观,反映办学理念的箴言警句以及校训、校旗、校徽、校歌等;另一类是现代的媒介形态,主要是以互联网为传播媒介的相关理念展示,集中反映为网络收视终端的数字化声光电图像和语言文字信息。无论是传统的物质形

[①] 习近平谈治国理政:第1卷[M].北京:外文出版社,2018:15.

态,还是现代的媒介形态,都是大学精神的呈现,潜移默化影响着大学生的思想和行为。

大学精神是大学教育价值取向的集中体现,是凝练学校办学理念、办学目标、办学特色、办学风貌的独特展示,大学通过营造独具特色的文化氛围,通过文化渗透塑造学生的良好思想品质,在大学生"四史"教育中发挥着独特的作用,主要表现在:一是校史文化传递。学校的发展史,往往是一部生动的艰苦创业史、改革创新史和文化发展史。例如一组新旧校门的对比照片,能够反映学校变迁的历史、记录学校变化的痕迹,可以使学生感受到学校厚重的文化底蕴和自己应该承担的责任;一个展示教师风采的专栏,可以让学生领略教师教书育人的风姿,引发学生对教师的尊敬和爱戴,有利于其在教师的教育引导下成长成才。利用校史展览室、荣誉陈列室等阵地向学生介绍学校的创业史和发展史,能够激励学生刻苦学习、立志成才。二是校情文化感知。让学生有目的地参观校园风貌、文化景观和先进的教学设施,可以使他们感受校园文化的新鲜与厚重,激发勤奋向上、锐意创新、逆境之中不畏艰难的壮志和热情;通过碑牌石刻、簇锦花坛、光电屏幕等综合展示学校文化,形成文化氛围浓郁的文化景观,使之成为学生汲取精神营养的"氧吧"。三是校园活动体验。校园文化活动是陶冶学生情操的重要载体。围绕"四史"教育举办一系列主题活动,能在学生中形成良好的成长氛围,厚植爱国主义情怀,增强学生凝聚力。

纵观高校实践育人的发展历程,不难看出,中国共产党开展实践教育,推进实践育人,始终立足特定时代背景,紧密结合社会发展的现实需要,来确定实践活动的主题、内容及形式,以历练、培养符合时代发展要求的青年人才。大学生实践教育的主要目的是塑造大学生的爱国主义情怀,培养大学生关心国家和民族兴旺的意识。进入中国特色社会主义新时代,高校实践育人主要聚焦于时代主题,着重培养学生的爱国、奋斗、劳动精神。如聚焦防汛抗洪、脱贫攻坚、乡村振兴、全面小康、中华人民共和国成立70周年、疫情防控、中国共产党成立100周年等重大主题,组织专项社会实践,培养大学生爱国精神;聚焦党史、新中国史、改革开放史、社会主义发展史,组织学生去博物馆、历史馆、名人纪念堂参观访问、调查研究,开展重走革命根据地、缅怀先烈活动,感受历史的波澜壮阔,培养大学生的奋斗精神;聚焦劳动主题,组织大学生走出学校,积极参与劳动、掌握劳动技能、增强感受劳动、体会劳动艰辛,养成勤俭节约、踏实肯干、热爱劳动的品质,培养大学生的劳动精神。就是要"在党的坚强领导下,全面贯彻党的教育方针,坚持马克思主义指导地位,坚持中国特色社会主义教育发展的道路,坚持社会主义办学方向,立足基本国情,遵循教育规律,坚持改革创新,以凝聚人心、完善人格、开发人力、培育人才、造福人民为工作目标,培养德智体美劳全面发展的社会主义建设者和接班人"[①]。

[①] 中共中央、国务院印发《中国教育现代化2035》[N].光明日报,2019-02-24(1).

参考文献

[1] 马克思恩格斯选集：第1卷［M］.北京：人民出版社，1995.

[2] 马克思恩格斯文集：第2卷［M］.北京：人民出版社，2009.

[3] 马克思恩格斯文集：第4卷［M］.北京：人民出版社，2009.

[4] 毛泽东选集：第1卷［M］.北京：人民出版社，1991.

[5] 毛泽东选集：第3卷［M］.北京：人民出版社，1991.

[6] 毛泽东选集：第4卷［M］.北京：人民出版社，1991.

[7] 毛泽东早期文稿［M］.长沙：湖南人民出版社，2013.

[8] 邓小平文选：第2卷［M］.北京：人民出版社，1994.

[9] 邓小平文选：第3卷［M］.北京：人民出版社，1994.

[10] 中国共产党中央委员会关于若干历史问题的决议［M］.北京：人民出版社，1953.

[11] 江泽民：狠抓各项工作的落实［M］//论党的建设.北京：中央文献出版社，2001.

[12] 胡锦涛.胡锦涛文选：第2卷［M］.北京：人民出版社，2016.

[13] 胡锦涛文选：第3卷［M］.北京：人民出版社，2016.

[14] 十六大以来重要文献选编：下［M］.北京：中央文献出版社，2008.

[15] 十八大以来重要文献选编：上［M］.北京：中央文献出版社，2014.

[16] 十八大以来重要文献选编：下［M］.北京：中央文献出版社，2018.

[17] 习近平.习近平谈治国理政：第1卷［M］.北京：外文出版社，

2018.

[18]习近平谈治国理政：第2卷［M］.北京：外文出版社，2017.

[19]习近平谈治国理政：第3卷［M］.北京：外文出版社，2020.

[20]习近平关于全面深化改革论述摘编［M］.北京：中央文献出版社，2014.

[21]习近平总书记系列重要讲话读本［M］.北京：人民出版社，2014.

[22]习近平.论中国共产党历史［M］.北京：中央文献出版社，2021.

[23]习近平.在庆祝中国共产党成立100周年大会上的讲话［M］.北京：人民出版社，2021.

[24]习近平.决胜全面建成小康社会 夺取新时代中国特色社会主义伟大胜利——在中国共产党第十九次全国代表大会上的报告［M］.北京：人民出版社，2017.

[25]习近平新时代中国特色社会主义思想学习纲要［M］.北京：学习出版社，2019.

[26]习近平.《中共中央关于坚持和完善中国特色社会主义制度、推进国家治理体系和治理能力现代化若干重大问题的决定》辅导读本［M］.北京：人民出版社，2019.

[27]习近平.自觉承担起新形势下宣传思想工作的使命任务［M］//论党的宣传思想工作.北京：中央文献出版社，2020.

[28]《中共中央关于党的百年奋斗重大成就和历史经验的决议》辅导读本［M］.北京：人民出版社，2021.

[29]中共中央党史研究室.历史是最好的教科书——学习习近平同志关于党的历史的重要论述［M］.北京：中共党史出版社，2014.

[30]中共中央文献研究室.习近平关于社会主义文化建设论述摘编［M］.

北京：中共中央文献出版社，2017.

[31]中共中央组织部党建研究所.党的建设大事记（十六大—十七大）[M].北京：党建读物出版社，2008.

[32]中国共产党简史[M].北京：人民出版社，2021.

[33]中华人民共和国简史[M].北京：人民出版社，2021.

[34]改革开放简史[M].北京：人民出版社，2021.

[35]社会主义发展简史[M].北京：人民出版社，2021.

[36]中共中央党史和文献研究院.毛泽东邓小平江泽民胡锦涛关于中国共产党历史论述摘编[M].北京：中央文献出版社，2021.

[37]中共中央党史和文献研究院.十九大以来重要文献选编：上[M].北京：中央文献出版社，2019.

[38]中共中央关于制定国民经济和社会发展第十四个五年规划和二〇三五年远景目标的建议[M].北京：人民出版社，2020.

[39]肖贵清.制度自信：中国特色社会主义制度自信研究[M].北京：高等教育出版社，2017.

[40][英]汤因比，[日]池田大佐.展望二十一世纪[M].荀春生，等译.北京：国际文化出版公司，1985.

[41][美]A.班杜拉.自我效能：控制的实施：上[M].上海：华东师范大学出版社，2003.

[42]郑彪.中国软实力[M].北京：中央编译出版社，2010年.

[43]徐艳玲.全球化与中国特色社会主义自信[M].北京：学习出版社，2017.

[44]文晓明，王立新.社会主义民主政治运行机制研究[M].北京：人民出版社，2004.

［45］吴潜涛，刘建军．新时期思想政治教育史论［M］．合肥：安徽人民出版社，2004．

［46］赵金科，林美卿．王道与霸道：中国和平崛起的文化自觉与路径选择［M］．北京：中国书籍出版社，2017．

［47］赵金科．中国文化建构和精神自觉的历史回顾与现代反思［M］．北京：中国社会出版社，2018．

［48］胡锦涛．在庆祝中国共产党成立90周年大会上的讲话［N］．光明日报，2011-07-01．

［49］习近平．顺应时代前进潮流　促进世界和平发展［N］．人民日报，2013-03-24．

［50］习近平就高校党建工作作出重要指示强调　坚持立德树人思想引领　加强改进高校党建工作［N］．人民日报，2014-12-30．

［51］中办印发《关于坚持和完善普通高等学校党委领导下的校长负责制的意见》［N］．人民日报，2014-10-16．

［52］习近平．在哲学社会科学工作座谈会上的讲话［N］．人民日报，2016-05-19．

［53］习近平在全国高校思想政治工作会议上强调　把思想政治工作贯穿教育教学全过程　开创我国高等教育事业发展新局面［N］．人民日报，2016-12-09．

［54］习近平在全国教育大会上强调　坚持中国特色社会主义教育发展道路　培养德智体美劳全面发展的社会主义建设者和接班人［N］．人民日报，2018-09-11．

［55］王沪宁在党史学习教育用书出版座谈会暨专题宣讲动员会上强调　深入学习贯彻习近平总书记重要讲话精神　推动党史学习教育

取得扎扎实实成效［N］.人民日报,2021-03-16.

［56］中办印发《通知》在全社会开展党史、新中国史、改革开放史、社会主义发展史宣传教育［N］.人民日报,2021-05-26.

［57］曲青山.中国共产党百年辉煌［N］.光明日报,2021-02-3.

［58］中共中国社会科学院党组理论学习中心组.必须坚持和发展中国特色社会主义［N］.人民日报,2021-08-31.

［59］梅宁华.实践成果与理论自信［N］.北京日报,2007-11-19.

［60］毛颖颖.以充分的制度自信推进民主政治［N］.北京日报,2011-11-11.

［61］刘志明.伟大成就坚定道路自信［N］.人民日报,2016-05-18.

［62］陈晨.在学习党史新中国史中坚定"四个自信"［N］.光明日报,2019-09-27.

［63］陈川.全方位提升质量治理水平［N］.光明日报,2019-12-24.

［64］李捷.把握新中国七十年发展的历史逻辑［N］.人民日报,2019-09-27.

［65］曲青山.党史学习教育的根本遵循［N］.人民日报,2021-03-24.

［66］张桂芳.青年党员学好"四史"的方法论遵循［N］.文汇报,2020-08-04.

［67］习近平.坚持和完善中国特色社会主义制度 推进国家治理体系和治理能力现代化［J］.求是,2010（1）.

［68］习近平.在"不忘初心、牢记使命"主题教育总结大会上的讲话［J］.求是,2020（13）.

［69］习近平.在全国抗击新冠肺炎疫情表彰大会上的讲话［J］.求是,2020（20）.

[70]习近平.在党史学习教育动员大会上的讲话[J].求是，2021（7）.

[71]习近平.在庆祝中国共产党成立100周年大会上的讲话[J].求是，2021（14）.

[72]刘志光，旧邦新命　和平发展——浅论中国文化的和平智慧及其影响[J].中华文化论坛，2007（1）.

[73]佘双好，冯茜.理论自信的表现及其培养路径探究[J].学校党建与思想教育，2013（9）.

[74]王伟光.当代中国马克思主义的最新理论成果——习近平新时代中国特色社会主义思想学习体会[J].中国社会科学，2017（12）.

[75]辛向阳.马克思主义视野下的中国特色社会主义制度和国家治理体系建设[J].当代世界与社会主义（双月刊），2020（1）.

[76]肖贵清，周昭成.中国特色社会主义制度自信的学理分析[J].马克思主义与现实，2013（4）.

[77]陈锡喜，桑建泉.文化自信的内涵及其在"四个自信"中的地位[J].高校马克思主义理论研究，2017（3）.

[78]曲青山.关于文化自信的几个问题[J].中共党史研究，2016（9）.

[79]王南湜.当代中国的哲学精神构建的前提反思[J].中国社会科学，2015（10）.

[80]韩庆祥.中国道路及其本源意义[J].中国特色社会主义研究，2020（2）.

[81]秦宣.道路自信、理论自信、制度自信的历史和现实依据[J].党建，2013（1）.

[82]肖贵清，夏敬芝.改革开放与中国特色社会主义自信[J].中国特色社会主义研究，2018（6）.

[83] 肖贵清,张安.关于坚定中国特色社会主义文化自信的几个问题[J].当代世界与社会主义(双月刊),2018(1).

[84] 韩庆祥,方兰欣.改革开放以来中国特色社会主义的发展逻辑[J].中国特色社会主义研究,2018(3).

[85] 田克勤,郑自立.坚定文化自信的三个基本维度[J].思想理论教育,2016(10).

[86] 刘仓.论习近平文化自信的多维理路[J].山东社会科学,2017(12).

[87] 秦志龙,王岩.论坚定文化自信的三个基本问题[J].科学社会主义(双月刊),2017(1).

[88] 范晓峰,郭凤志.关于中国特色社会主义文化自信的几点思考[J].思想教育研究,2016(7).

[89] 冯鹏志.从"三个自信"到"四个自信"——习近平总书记对中国特色社会主义的文化建构[J].政策,2016(9).

[90] 何畏.坚持和发展中国特色社会主义的根本方法论——学习领会习近平总书记"七一"讲话[J].江苏社会科学,2016(6).

[91] 李海星.坚持和发展中国特色社会主义——基于科学社会主义理论逻辑与中国社会发展历史逻辑相统一的视角分析[J].当代世界与社会主义,2013(4).

[92] 张士海.论习近平新时代中国特色社会主义思想的内在逻辑[J].中共中央党校学报,2018(4).

[93] 王治东."四个自信"的逻辑生成[J].毛泽东邓小平理论研究,2019(4).

[94] 季正聚.改革开放与"四个自信"——兼驳质疑改革开放的错误观点[J].马克思主义与现实,2017(4).

[95]韩震.论中国特色社会主义道路自信[J].中国特色社会主义研究,2012(6).

[96]赵金科.中国特色社会主义道路的文化意蕴[J].齐鲁学刊,2014(2).

后 记

本书是山东农业大学马克思主义学院部分教师集体学习和探讨"四史"教育与"四个自信"的阶段性研究成果。本书由陈慧文主编统稿、定稿，具体写作分工如下：第一章，侯爱萍；第二章，孙巧峰、胡立芹；第三章，齐廉允；第四章，陈慧文。

新时代中国共产党人深邃的党史学习教育和思想政治教育思想，绝不是一两本著作即可完成的。作为这一研究领域的初步探索，由于编者教学任务比较繁重，加之理论素养、思维能力和研究水平等因素的制约，本书定有许多不足，然如果能为今后全面深入推动党史学习教育和思想政治教育的研究提供参考与借鉴，我们将倍感欣慰。

本书在撰写过程中参考了相关方面学者的论述，撰写和出版得到了山东农业大学马克思主义学院的大力支持和帮助，在此一并表示衷心的感谢！不足之处敬请各位专家同人不吝赐教！